中谷和弘・菅原貴与志 編

航空法学

信山社

巻 頭 言

　この度，本書『航空法学』が刊行される運びとなりました。日本空法学会等で長年ご一緒している中谷和弘氏，菅原貴与志氏のご尽力により，航空法に関する基本的かつ最新の知識を体系的に学ぶための教科書が新たに編纂されたことを，心より嬉しく思います。

　航空法は，航空機の安全運航を確保し，空の秩序を維持するための重要な法律体系です。

　17年前，航空法の基礎から実務に至る幅広い知識を提供することを目的として，私たちは『新航空法講義』を刊行しました。当時，私たちが提示した理論と実務は，航空法の理解を深め，航空業界における法的枠組みを明確にするための重要な一歩であったと確信しているところです。

　本書は，その前著『新航空法講義』を承継しつつ，時代の変化に対応した最新の知識を盛り込むことで，読者の皆様にとってより有意義な一冊となることを目指しています。

　本書では，航空法の基本概念から最新の法改正，さらには国際的な航空法の動向まで幅広くカバーしています。航空法および航空業界に関わる全ての方々が，本書を通じて新たな知見を得て，実務に活かしていただければ幸いです。

　最後に，本書が航空法を学ぶ皆様の一助となり，さらなる航空法と航空産業の発展に寄与することを願ってやみません。

藤田勝利（大阪市立大学名誉教授）

はしがき

　航空法とは，航空機の利用に伴って生じる様々な社会的現象を対象とする法分野である。

　いまや航空機は旅客・貨物にとって不可欠な運送手段であり，現代社会において航空の果たす役割はますます重要になっている。経済のグローバル化の進展や民間航空事業の変革の加速化に伴い，航空機利用に関連して生起する問題はますます多様化し，その背後に存在する法的枠組みも複雑化している。したがって，今後とも航空法を学ぶ意義は大きい。

　本書『航空法学』は，航空法に関する基本的かつ最新の知識を体系的に学ぶための教科書として編纂された。藤田勝利編『新航空法講義』（信山社，2007年）の刊行から17年を経たが，これを継承するテキストでもある。

　航空法は，航空機の運航・安全・環境保護，航空関連事業者の責任など，多岐にわたる分野に関連している。私たちの生活や経済活動に深く影響を与えるこの法律は，国家間の調和が求められる分野でもある。

　本書では，空域や国際民間航空と国際法との関連性，日本における航空法，航空運送人の利用者や地上第三者に対する責任，航空に関する刑事法や競争法，さらには，航空機製造物責任，航空保険，航空機金融の最新動向についても解説した。

　航空法を学ぶことは，法律学の枠を越え，航空業界の実務や政策形成においても重要な資源となるであろう。本書を通じて，航空法の理解を深め，これに関連する様々な問題について考察し，実践的な視点を持つことができるよう，そのための手助けとなれば幸甚である。本書を手に取っていただいた読者に対し，著者一同，心より感謝を申し上げる次第である。

　なお，表表紙はボーイング787のコックピット（Wikimedia Commonsの写真），裏表紙は東京・西新橋の航空会館の屋上にある航空神社の写真である。同会館では毎年5月に各執筆者が会員である日本空法学会の研究大会を開催している。ご関心のある方は同学会のホームページ https://www.air-law.jp をご覧頂ければ幸いである。

　本書の刊行に際しては，信山社の皆様，とりわけ高畠健一氏にお世話になった。厚く御礼申し上げたい。

中谷和弘・菅原貴与志

目　次

巻頭言（藤田勝利）
は し が き

第 1 章　航空に関する国際法 …………………………………… *1*
 Ⅰ　空域の国際法上の地位（*2*）
 Ⅱ　国際民間航空条約（シカゴ条約）（*5*）
 Ⅲ　航空協定と航空輸送の自由化（*11*）
 Ⅳ　航空テロリズムと国際法（*23*）

第 2 章　日本の航空法 …………………………………………… *30*
 Ⅰ　は じ め に（*31*）
 Ⅱ　航　空　法（*32*）
 Ⅲ　その他の法律（*39*）
 Ⅳ　まとめ（課題）（*41*）

第 3 章　航空に関する刑事法 …………………………………… *44*
 Ⅰ　は じ め に（*45*）
 Ⅱ　国際法上の犯罪（*46*）
 Ⅲ　各国国内法上の犯罪（*47*）
 Ⅳ　刑事司法協力（*53*）
 Ⅴ　航空行政と刑事的規律（*54*）
 Ⅵ　航空機に対する実力の行使（*57*）
 Ⅶ　日本国内法（*59*）

第 4 章　航空に関する競争法 …………………………………… *60*
 Ⅰ　競争法の概要（*61*）

Ⅱ　競争政策と航空会社 (64)

第5章　航空運送人の責任 …………………………………… 76

　　Ⅰ　ワルソー体制の沿革と近代化 (77)
　　Ⅱ　モントリオール条約 (82)

第6章　地上第三者に対する責任 ……………………………… 104

　　Ⅰ　地上第三者に対する責任の統一化の意義 (105)
　　Ⅱ　ローマ条約の沿革 (107)
　　Ⅲ　9.11同時多発テロ後の条約の新展開 (111)
　　Ⅳ　わが国の地上第三者損害に対する法対応と課題 (116)

第7章　航空機製造物責任 ……………………………………… 120

　　Ⅰ　製造物責任の意義 (121)
　　Ⅱ　航空機製造物責任 (総論) (121)
　　Ⅲ　米国における航空機製造物責任の法理 (126)
　　Ⅳ　欧州における航空機製造物責任 (133)
　　Ⅴ　日本における航空機製造物責任 (134)
　　Ⅵ　まとめにかえて (137)

第8章　航　空　保　険 ………………………………………… 139

　　Ⅰ　航空保険の意義と特質 (140)
　　Ⅱ　航空保険の引受 (142)
　　Ⅲ　航空保険の種類 (143)
　　Ⅳ　戦　争　保　険 (149)

第9章　航空機金融 ……………………………………………… 152

　　Ⅰ　航空機金融の手法 (153)

- II　銀行貸付け（*154*）
- III　航空機担保（*155*）
- IV　アセット・ファイナンス（*159*）
- V　証券化と資本市場へのアクセス（*162*）
- VI　ケープタウン条約（*164*）

第 10 章　新技術と航空 ………………………………………… *168*

- I　無人・自動運転技術と航空（*169*）
- II　宇宙技術と航空（*179*）

第 11 章　航空に関する国際人道法 ……………………………… *188*

- I　国際人道法の基本的内容（*189*）
- II　航空に関する国際人道法 ―― 第二次世界大戦まで（*192*）
- III　航空に関する国際人道法 ―― 第二次世界大戦以降の動き（*194*）
- IV　航空に関連する新しい課題と国際人道法の原則（*199*）

執筆者紹介（＊は編者）

＊中 谷 和 弘（なかたに・かずひろ）　〔第1章〕
　東海大学法学部教授・東京大学名誉教授

大 沼 俊 之（おおぬま・としゆき）　〔第2章〕
　国際民間航空機関日本政府代表部特命全権大使

石井由梨佳（いしい・ゆりか）　〔第3章〕
　防衛大学校人文社会科学群准教授

田 畑 博 章（たばた・ひろあき）　〔第4章〕
　ANAホールディングス株式会社グループ法務部長

坂 本　　 滋（さかもと・しげる）　〔第4章〕
　ANAホールディングス株式会社グループ法務部担当部長

鈴 木 和 子（すずき・かずこ）　〔第4章〕
　ANAホールディングス株式会社グループ法務部マネジャー

大久保拓也（おおくぼ・たくや）　〔第5章Ⅰ〕
　日本大学法学部教授

松 嶋 隆 弘（まつしま・たかひろ）　〔第5章Ⅱ1・第5章Ⅱ3・第8章〕
　日本大学法学部教授・弁護士

＊菅原貴与志（すがわら・たかよし）　〔第5章Ⅱ2・第5章Ⅱ4・第7章〕
　日本大学法学部教授・慶應義塾大学特任教授・弁護士

重田麻紀子（しげた・まきこ）　〔第6章〕
　青山学院大学大学院会計プロフェッション研究科教授

小塚荘一郎（こづか・そういちろう）　〔第9章〕
　学習院大学法学部教授

寺田麻佑（てらだ・まゆ）　　〔第10章Ⅰ〕
　一橋大学大学院ソーシャル・データサイエンス研究科教授

笹岡愛美（ささおか・まなみ）　　〔第10章Ⅱ〕
　横浜国立大学大学院国際社会科学研究院教授

河合利修（かわい・としのぶ）　　〔第11章〕
　日本大学法学部教授

第1章　航空に関する国際法

要　旨

Ⅰ．国家は領空主権を有するため，外国航空機の領空飛行には領域国の許可を要し，許可なしでの領空飛行は領空侵犯という国際法違反となる。領空侵犯した民間航空機に対して領域国がとりうる措置については，大韓航空機撃墜事件後，明示的に撃墜を禁止するシカゴ条約3条の2が新設された。領空に隣接して設定されることがある防空識別圏は，公海上空飛行の自由と抵触しないようにしなければならない。

Ⅱ．国際民間航空条約（シカゴ条約）は，第1部が国際航空輸送に関する一般的な規定をおき，第2部が国際民間航空機関（ICAO）の設立条約となっている。「空の自由」とは領空主権を認めた上での条約上の特権であり，実質的には二国間航空協定によって認められてきた。シカゴ条約では，国際標準と勧告方式という独自のルールを採用している。

Ⅲ．二国間航空協定は，輸送力条項に応じて，①輸送力事後審査型，②輸送力事前決定型，③輸送力自由決定型，④その他の4つのタイプに大別される。日本が締結した航空協定は，1970年代までは①，1980年代から2000年代までは②のタイプのものが主流であったが，2010年代以降は③のオープンスカイ協定への移行が主流となっている。航空協定に関する国際仲裁判決は5件ある。アメリカはオープンスカイ協定の締結を強力にすすめてきたが，湾岸エアラインにおされて主張に変化が見られる。欧州連合域内では航空輸送は自由化されており，また欧州司法裁判所は，加盟国が締結した二国間航空協定は欧州委員会の権限を侵害し，EC条約に違反するとした。先進国においては，空港スロットが新たな問題として現れている。

Ⅳ．航空機と空港はテロリズムの標的に最もなりやすいものであり，テロリズムに関する14の普遍的な条約のうち，6つは航空テロリズムを主たる対象としたものであり，それらの主な内容は容疑者の所在地国に「引渡しか訴追か」の義務を課すものである。サミットでは，航空テロリズムに対処する非拘束的宣言が発せられた。パンナム機爆破事件は重大な外交問題となったが，国際法上も多くの論点を含むものである。

I　空域の国際法上の地位

1　領空主権

　国際法上，国家は，領土，領水及びそれらの上空である領空（territorial air）に対して，完全かつ排他的な主権を有する。空域と宇宙空間の境界は，国際法上，確立されていない。外国船舶に無害通航権が認められる領海と違って，無許可での外国領空の飛行は，通常，領空侵犯という国際法違反となってしまう。

　1919年のパリ国際航空条約においては，領空に対する領域国の完全かつ排他的な主権を承認する（1条）とともに，「他の締約国の航空機が本条約に定める条件を遵守する限り，平時において」という一定の制限の下に，外国航空機の無害通航の自由を認めた（2条）。これに対して，1944年の国際民間航空条約（シカゴ条約）は，1条において「締約国は，各国がその領域上の空間において完全且つ排他的な主権を有することを承認する」とし，ここに領空主権の排他性が確認された。外国航空機の無害通航をめぐる位置づけの変更は，とりわけ第二次世界大戦が航空戦になったことの影響が大きいといえる。主要各国は無害通航を安易に容認することは安全保障に対する脅威になると痛感するに至ったと考えられる。

　それゆえ現代国際法上，外国航空機に無害通航権は認められず，離着陸はもちろんのこと，上空飛行においても，領域国の許可を要する。この許可は，通常は，後述するように二国間航空協定において相互に付与される。国際法上，「空の自由」（freedom of the air）と言われることがあるが，これは「海洋の自由」とは全く異なるものであり，上記の領空主権の排他性を前提とした上で，一般国際法上の「権利」ではなく，あくまで条約上の「特権」として，外国航空機の自国領空の飛行を認めることである。

　もっとも，パリ国際航空条約は完全に過去の遺物となったわけではない。このことが立証されたのが，後述のミグ25亡命事件であった。

2　領空侵犯とそれへの対処

　領域国の許可なしでなされる外国航空機による領空の飛行は，領空侵犯となる。許可は，民間航空機の場合，二国間航空協定によって相互になされるのが通常であるが，後述する国際航空運送協定や国際航空業務通過協定の締約国間

では当該条約のカバーする範囲内での飛行許可が付与されることになる。軍用航空機の場合には，領域国の事前の許可（集団防衛条約等の条約または ad hoc な合意）が必要となる。

　領空侵犯は国際法違反（国際違法行為）であるが，領域国の事前の許可がなくても，一般国際法上の違法性阻却事由に該当する場合には国際法違反は回避されることとなる（国家責任条文草案第1部第5章参照）。領空侵犯に関する違法性阻却事由として主に考えられるのは，①領空侵犯後の領域国による同意，②不可抗力に該当する場合，③遭難に該当する場合である。②と③は典型的には，暴風雨の結果，ルートが変更して領空を侵犯した場合が考えられる。具体的には②は，航空機が暴風雨にあおられてルートが物理的に変更してしまい，結果として領空を侵犯してしまった場合が，③は，通常のルートを飛行して領空侵犯を回避することは物理的には不可能ではなかったが，暴風雨の中心部に突入する無理な飛行は乗客の生命を危機にさらす危険性が極めて高いため，やむを得ず飛行ルートを変更し，結果として領空を侵犯してしまった場合が想定できる。なお，シカゴ条約25条は，遭難航空機（領空侵犯して遭難した航空機も含む）について，「実行可能と認める救援措置」をとることを各締約国に対して求めている。国際法違反としての領空侵犯の国家責任法上の特徴は，①領空侵犯と同時に違反が発生する即時完結的なものであること，②有形的損害ではなく非有形的損害を引き起こすものであること，③事後救済の方式としては，原状回復や金銭賠償には一般にはなじまず（原状回復は物理的に不可能である），陳謝・再発防止の確約・有責者の処罰が最も適切な事後救済であることである。

　領空を侵犯した軍用機に対しては，領域国が一定の手続を経た上で最終的に撃墜することは国際法上禁止されていない。これに対して侵犯機が民間機の場合はどうか。ソ連の領空を侵犯した大韓航空機をソ連は1983年9月1日に撃墜した。翌1984年にはシカゴ条約に3条の2が新設された。同条(a)では，「締約国は，各国が飛行中の民間航空機に対して武器の使用に訴えることを差し控えなければならず及び，要撃の場合には，航空機内における人命を脅かし又は航空機の安全を損なってはならないことを承認する」として，領空を侵犯した外国民間航空機を撃墜することを明示的に禁止することとなった。このルールは，今日，慣習国際法として確立していると解される。

　シカゴ条約4条は，「各締約国は，この条約の目的と両立しない目的のために民間航空を使用しないことに同意する」と規定する。2001年9月11日に発

生した同時多発テロは，航空機を破壊の武器として用い，武力攻撃に該当する損害を引き起こした前代未聞の犯行であったが，同年10月5日のICAO総会決議33-1は，「民間航空機を破壊の兵器として使用する当該行為は，シカゴ条約の文言及び精神，特に前文，4条及び44条に違反すること，並びに，当該行為は国際法に違反する重大な犯罪であることを宣言する」とした。

　領空侵犯をした航空機（特に軍用航空機）の処遇に関しては，機体への立入調査及び機体の解体と返還が問題となる。1976年のソ連の軍用航空機ミグ25のパイロットであるベレンコ中尉による日本への亡命事件では，立入検査につき，日本政府は，安全を侵害する事実がなかったかを解明するための調査ができるとし，軍用航空機が通常有する不可侵権は，領空侵犯の場合には認める必要がないとした。その根拠として，パリ国際航空条約32条を挙げ，この規定は慣習国際法になっているとした。同事件では，機体は検査および解体の上，ソ連側に引き渡された。日本政府は，「国際法上，解体できるか否かについて直接決められている訳ではないので，所要の調査のために合理的に必要であれば解体することは国際法上，禁止されていない」とした。2001年の米中軍用機接触事件においても，中国側による立入検査の後，米軍機は解体され，アメリカ側に引き渡された。

　2023年2月には，中国の偵察気球が米国領空を侵犯した。シカゴ条約第2附属書において，気球は航空機として分類されている。中国は，気球は民間の気象観測用であり，偏西風で不可抗力により米国上空に入ったと主張したが，気球飛行が確認されたモンタナ州には大陸間弾道ミサイルを運用する空軍基地があり，これを偵察した可能性がある。米国は，「明白な主権侵害と国際法違反だ」と非難し，サウスカロナイナ州領海上空にある気球を撃墜した。

3　防空識別圏

　国家は，領空に隣接する公海（排他的経済水域を含む）上空において，防空識別圏（ADIZ）を設定することがある。防空識別圏は，航空機の識別を容易にし，領空侵犯を予防し，また侵犯に実効的に対処することを目的として，一方的国内措置として設定される。防空識別圏に進入する外国航空機には進入の予定地点や予定時刻を通報させ，違反した航空機には，軍用機の緊急発進措置（スクランブル）が課される。日本は，在日米軍による防空識別圏をほぼ引き継ぐ形で，「防空識別圏における飛行要領に関する訓令」という1969年の防衛庁

訓令に基づき，約 150 〜 300 カイリの防空識別圏を設定している。与那国島の西側は台湾の防空識別圏に含まれていたが 2010 年に日本も防空識別圏に組み入れ，日台の防空識別圏が重なっている。竹島上空には日本は防空識別圏を設定せず，韓国の防空識別圏に含まれる。北方領土上空にも日本は防空識別圏を設定していない（ソ連・ロシアは防空識別圏設定の有無を公表していない）。

　防空識別圏は国連海洋法条約 87 条 1 項(b)で規定された公海上空飛行の自由と抵触しないように設定する必要がある。この点で問題となったのが，中国が 2013 年 11 月 23 日に設定すると発表した東アジア海防識別区（尖閣上空を含む）であった。日本の防空識別圏は，①領空に接近する航空機のみを対象とする，②有視界方式で飛行する航空機に対して飛行計画の送付などを要請する，③飛行計画が出ていない航空機だけを迎撃機で目視確認するものである。これに対して，この中国版の防空識別圏は，①飛行する全航空機を対象とする，②国防部設定の飛行計画提出義務等の規則を一方的に強制する，③識別に協力しない航空機に対して防御的緊急措置を実施するものであった。日本は，国際法上の一般原則である公海上空飛行の自由の原則を不当に侵害するものであり，国際航空秩序に対して重大な影響を及ぼすものであるとして非難した。

II　国際民間航空条約（シカゴ条約）

1　国際民間航空条約第 1 部の諸規定

　国際民間航空条約（シカゴ条約）は，1944 年 12 月に採択され，1947 年 4 月に発効した。第 1 部が国際航空輸送に関する一般的な諸規定をおいているのに対して，第 2 部は国際民間航空機関（ICAO）の実質的な設立条約となっている。シカゴ条約の発効とともに，国連の民間航空輸送分野の専門機関である ICAO が発足した（本部はモントリオール）。

　シカゴ条約第 1 部は「航空」と題して，一般原則及び条約の適用（第 1 章），締約国の領域の上空の飛行（第 2 章），航空機の国籍（第 3 章），航空を容易にする措置（第 4 章），航空機について備えるべき要件（第 5 章），国際標準及び勧告方式（第 6 章）についての諸規定をおく。ここでは，国際法上も重要な主題として，(1)シカゴ条約と「空の自由」，(2)国際標準と勧告方式について考察する。

　なお，航空機とは，シカゴ条約第 7 附属書では，「地表面に対する空気の反

作用以外の空気の反作用により空中を浮揚する乗り物」と定義される。航空機は，登録を受けた国の国籍を有し（シカゴ条約 17 条），2 以上の国で有効に登録を受けることができない（18 条）。国際航空に従事するすべての航空機は，登録を受けた国が発給し，又は有効と認めた耐空証明書を備えつけなければならない（31 条）。なお，2 国以上による共同運営組織もシカゴ条約 77 条では認められている。スカンジナビア航空（SAS），エア・アフリク，ガルフ・エアといったいわゆる多国籍エアライン（複数国の出資によって設立されたエアライン）が出現したが，航空機の登録は一国においてなされている。

(1) シカゴ条約と「空の自由」

「空の自由」としては，主なものとして，次の 5 つの自由が挙げられてきた。第 1 の自由は，上空通過の自由であり，相手国の領空を無着陸で通過する特権である。第 2 の自由は，技術着陸の自由であり，機体整備・給油・乗員交代といった技術的な目的のためだけに相手国に着陸する特権である。第 3 の自由は，他国向け運輸の自由であり，自国において積み込んだ貨客を相手国において積み降ろす特権である。第 4 の自由は，自国向け運輸の自由であり，相手国において積み込んだ貨客を自国の領域において積み降ろす特権である。第 5 の自由は，相手国—第三国間運輸の自由であり，相手国において積み込んだ貨客を第三国において積み降ろす特権，及び，第三国において積み込んだ貨客を相手国において積み降ろす特権である。自国—相手国—第三国という順に輸送がなされる場合には，特に以遠権という。

第 1 の自由及び第 2 の自由は「通過権」と呼ばれ，第 3 の自由以下は「運輸権」と呼ばれる。シカゴ条約ではこれら 5 つの自由についての規定はない。シカゴ条約の附属協定として同時に採択された国際航空運送協定においては，5 つの自由をすべて規定している。それゆえ同協定の当事国間では 5 つの空の自由が認められるが，この条約の当事国はわずか 11 カ国（ボリビア，ブルンジ，コスタリカ，エルサルバドル，エチオピア，ギリシャ，ホンジュラス，リベリア，オランダ，パラグアイ，トルコ）にとどまっている。同じくシカゴ条約の附属協定として同時に採択された国際航空業務通過協定においては，第 1 の自由及び第 2 の自由（通過権）について規定する。同協定の当事国は 133 カ国（主要な当事国として，日本，アメリカ，イギリス，フランス，イタリア，オランダ，オーストラリア，韓国，インド，シンガポール，タイ）である。それゆえ，5 つの自由（特に運輸権）については，二国間航空協定によって相互に認める必要があり，

実際にそのようになされてきた。

　ソ連・ロシアは国際航空業務通過協定の当事国でなく，シベリア上空を通過する日本やEU諸国の民間航空機に巨額の上空通過料を徴収してきた。これは「自国の領空の通過のみに関して課徴金を課してはならない」旨を規定するシカゴ条約15条に明らかに反するものであった。EUと日本はロシアのWTO加盟を認めるかわりにシベリア上空通過料を2013年までに撤廃することでロシアと合意したが，同年以降もロシアはシベリア上空通過料を徴収してきた（2022年2月24日のウクライナ侵略以降は日本とEU諸国の往来にはシベリア上空は使用されなくなった）。

　不定期飛行（チャーター便）については，シカゴ条約5条が，事前の許可を得ることを必要とすることなく，通過権及び運輸権（第3，第4の自由）を有する旨，規定する。しかしながら，現実には，領域国の運輸当局の事前の許可なしにはチャーター便の運航は不可能であり，この意味で定期国際業務と不定期国際業務を二分するシカゴ条約の考え方は現実に対応しているとは言い難い。

　国内営業（カボタージュ）については，シカゴ条約7条が，国内線の営業を外国エアラインに開放しない権利を有する旨，規定する。もし開放する場合には，すべての外国エアラインに開放しなければならず，特定の外国エアラインのみに開放すると同条に違反することになる。実際に，国内線の営業が外国エアラインに開放することは通常はない（EUにおいては航空の単一市場になっているため，EU加盟国間では別である）。アメリカはオープンスカイ協定を主唱してきたが，国内線の営業を外国エアラインには開放していない。

(2) 国際標準と勧告方式

　シカゴ条約37条は，「各締約国は，航空機，航空従事者，航空路及び附属業務に関する規則，標準，手続及び組織の実行可能な最高度の統一を，その統一が航空を容易にし，且つ，改善するすべての事項について確保することに協力することを約束する」とし，このため，ICAOは，航空保安等に関する諸事項に関する国際標準並びに勧告される方式及び手続を必要に応じて採択・改正するとする。これに基づき19の附属書が採択されてきた。

　ICAO総会決議1-31（1947年）によると，国際標準（international standard）とは，「物理的特性，形態，設備，要員又は手続等についての細目であって，その統一的運用が国際航空の安全又は規律のために必要であると認められ，締約国は条約に従ってそれを遵守するものとする。履行できない場合には，シカゴ

条約38条に基づき理事会への通告が義務的である」とされる。他方，勧告方式（recommended practice）とは，「物理的特性，形態，設備，要員又は手続等についての細目であって，その統一的運用が国際航空の安全又は規律のために望ましいと認められ，それに対し各締約国は条約に従って遵守するよう努力するものとする」とされる。国際標準は加盟国を拘束し，勧告方式は拘束しないと一般に解されている。

　シカゴ条約38条は，自国の規制・方式を国際標準に完全に一致されることを不可能と認める国家，又は，国際標準によって設定された規制・方式と特定の点において異なる規制・方式の採用を必要と認める国家は，自国の方式と国際標準によって設定された方式との相違を直ちにICAOに通告しなければならない旨，規定する。また，国際標準の改正があった場合に自国の規制・方式に適当な改正を加えない国家は，改正採択日から60日以内にICAO理事会に通告し，又は自国がとろうとする措置を明示しなければならないと規定する。もし通告しないと国際標準を受け入れたものとみなされ，それに拘束されることになる。このような拘束の方式をcontracting out方式という。つまり，国際標準によって拘束されることに反対の明示的な意思表示を違背通告という形で行わない限り，黙認したとみなすものである。附属書で規定された膨大な数の技術的ルールの統一的な運用を可能な限り効率的に確保するための法的テクニックである。

　国際標準の適用をめぐる最近の事例として，北朝鮮によるテポドン・ミサイルの発射（1998年8月31日）がある。シカゴ条約第11附属書2.17.1では，「民間航空機に対する潜在的に危険な活動に際しては，当該活動が国家領域上空のものであれ公海上空のものであれ，適当な航空当局との調整がなされなければならない。当該調整は，第15附属書の諸規定に従って，当該活動に関する時宜を得た情報の公開を可能にするよう十分早期になされなければならない」と規定し，領域国との事前の調整を求めている。北朝鮮は，シカゴ条約の当事国であるが，第11附属書のこの国際標準に何ら違背通告をしていないため，これによって拘束される。飛行物体がミサイルであれ人工衛星であれ，日本の上空をこえて日本―北米間の主要な航空ルートである三陸沖に無通告で落下したことは極めて危険であり，この国際標準に違反することは明らかである。ICAO総会は，同年10月2日の決議32-6において，打ち上げが「シカゴ条約の基本的な原則，国際標準・勧告方式と両立しない方法で行われた」とし，

「このように潜在的に危険な行為の再発を防ぐため，シカゴ条約，附属書および関連手続を厳格に遵守することをすべての締約国に勧告する」とした。

2 国際民間航空機関（ICAO）

ICAO は，シカゴ条約第 2 部によって組織される（43 条）。ICAO の目的は，条約 44 条(a)～(i)に列挙されている事項のため，国際航空の原則・技術を発達させること，及び，国際航空運送の計画・発達を助長することである。

ICAO の主要な機関は，総会，理事会，航空委員会（第 10 章），事務局である。その他の機関としては，航空運送委員会（54 条(d)），法律委員会，共同維持委員会，民間航空不法妨害委員会，人事委員会，技術協力委員会等がある。総会は全体機関であり，少なくとも 3 年に 1 回会合する。総会の表決は 1 国 1 票であり，総会の決定は，別段の定めがない限り，投票の過半数によって行われる（48 条(c)）。理事会は，総会に対して責任を負う常設機関であり，総会が選挙する 36 カ国で構成される（50 条(a)）。理事会の決定は，構成員の過半数の承認を必要とする（52 条）。

シカゴ条約に関連する制裁規定としては，次のものがある。① 62 条は，財政上の義務を相当期間内に履行しない加盟国に対して，総会は，総会及び理事会における投票権を停止できる旨，規定する。② 87 条は，自国領域を通過する他の締約国の航空企業が，シカゴ条約に基づいて運営されているかどうかに関する理事会の最終決定に違反していると理事会が決定した場合には，当該航空企業の運営を許可しないことを締約国は約束すると規定する。国際組織が設定した枠組に基づく私人に対する制裁規定として注目されるが，制裁実施主体は ICAO ではなく国家である。③国際航空業務通過協定 2 条 1 項では，他の締約国による措置が不正又は支障を及ぼしていると考える締約国は，ICAO 理事会に当該事態の調査を要求でき，理事会は，前者の国家が勧告に基づく適当な措置をとっていない場合には，総会に対して当該国家の権利・特権を停止するよう勧告でき，総会は 3 分の 2 の多数決でこれを行う旨，規定する。権利・特権の停止が別の条約で規定された例として注目される。

紛争解決については，シカゴ条約 84 条が，本条約及び附属書の解釈・適用に関する締約国間の意見の相違が交渉によって解決されない場合には，関係国の申請に基づき理事会が意見の相違につき決定するとし，さらに，締約国は理事会の決定について特別仲裁裁判所又は国際司法裁判所（原文では常設国際司

法裁判所とあるがこう読みかえる）に提訴できる旨，規定する。1957年には，理事会において，紛争解決のための手続規則が承認されている。同条に関する紛争解決の実例としては，次のようなものがある。

　A．1971年，インドがパキスタンの民間航空機の上空通過を禁止したことにつき，パキスタンは同条に基づき理事会に付託し，理事会は管轄権を有すると決定した。インドは理事会には管轄権がないと主張して，国際司法裁判所（ICJ）に提訴した。1972年8月，ICJは，本件において裁判所が管轄権を有するとした上で，理事会はこの紛争を扱う管轄権を有するとの判決を下した。

　B．1996年2月に発生したキューバによるアメリカ民間航空機撃墜事件において，6月に理事会は撃墜を「シカゴ条約3条の2に法典化された慣習国際法」と両立しないとの決議を採択した。7月，キューバは，キューバ機のアメリカ上空通過を禁止したアメリカの措置をシカゴ条約及び国際航空業務通過協定の違反であるとして理事会に付託した。1998年6月，両国は，「キューバは国際民間航空の安全に関する国際法上の諸原則及びICAO諸決議を承認する，アメリカはカナダ発着のキューバ機の上空通過を認める」との事務局長案に合意した。

　C．航空機騒音をめぐるアメリカと欧州連合（EU）の紛争においても理事会への付託がなされた。アメリカのある種のジェット機は，エンジン・マフラーの装着によって騒音を減少させICAOの規制ルールの対象外となっていたが，EUは1999年4月の理事会規則において，この種の航空機のEU内での登録と運航を禁止するとした。アメリカは，2000年3月，EUのこの措置がシカゴ条約11条，15条，38条，及び82条，並びに第16附属書に違反するとして，理事会に付託した。同年11月，理事会は，EU側の先決的抗弁を退け，両者に交渉継続を求める決定をした。このような動きと並行して，ルール自体を改定するという立法論的な解決の動きもすすめられ，2001年には第16附属書の騒音基準（国際標準）を今後の航空機認証においてはより厳格にするという以前からEUが主張していた改定につき合意され，2001年11月にはEU理事会はこの規則にかわる新たな基準を提案し，2002年3月には新たな指令が採択された。こうしてこの紛争は立法的に解決された。

　なお，2017年6月にサウジアラビア，UAE，バーレーン，エジプトはカタールがテロを支援していると主張してカタールの航空機の上空通過や離発着を禁止した。カタールは4か国の行動はシカゴ条約違反だとしてICAO理事会

に付託したが，2018年6月にICAO理事会は4か国による管轄権に関する先決的抗弁を退けた。これを不満とする4か国はシカゴ条約84条及び国際航空業務通過協定2条2項に基づいてICJに2件の提訴をしたが，2020年7月にICJはいずれの請求も退けた。

III 航空協定と航空輸送の自由化

1 航空協定の全般的特徴

すでに指摘したように，5つの自由をはじめとする「空の自由」は，実質的には多数国間条約によってではなく，二国間航空協定によって相互に認められてきた。さらに航空協定においては，航空保安，空港，運賃，紛争解決等に関する諸事項も規律されてきた。航空協定は世界で最も数の多い二国間協定であり，これまで5000近くの二国間航空協定が締結されてきた。

航空協定は，その中心をなす輸送力条項によって，次の4つに大別される。第1は，バミューダ1型（輸送力事後審査型）の航空協定である。1946年の英米航空協定（バミューダ1）の輸送力条項を原型とするものである。これは，輸送力を当初は航空企業が決定し，事前には当事国間では調整せず，運航後に協議手続を通じて事後審査に服せしめるものである。第2は，輸送力事前決定型の航空協定である。これは，運航以前に両当事国間で輸送力を決定しておくものである。第3は，輸送力自由決定型（オープンスカイ型）の航空協定である。これは，相手国の指定航空企業による供給量を一方的に制限してはならないとするものである。第4は，その他のタイプの航空協定である。国際航空輸送の自由化のトレンドとともに，第3のタイプのものが増加している。

航空輸送はサービス貿易の一種である（サービスの越境という第1モードのサービス貿易に該当する）。WTOサービス貿易協定（GATS）においては，一方で最恵国待遇を一般的義務として定め（2条），他方で市場アクセス及び内国民待遇を特定の約束として定めている（16条，17条）が，航空運送サービスに関する附属書においては，この一般ルールは航空輸送については基本的に適用されないこととなった。すなわち，航空機の修理・保守のサービス，航空運送サービスの販売・マーケティング，コンピューター予約システムサービスという3つのソフトライトに関しては，GATSが適用される（同附属書3項）のに対して，輸送の中心をなす運輸権（運輸権の行使に直接関連するサービスを含む）

については，当面 GATS は適用されない（同附属書2項）としたのである。

　国際航空輸送には，経済の論理では割り切れない安全保障の要素と国家の威信という要素が混在している。民間航空機が有事には徴用されるとしている国家はアメリカをはじめとして少なくない。また，いわゆるナショナルフラグ・キャリアーは，たとえ採算がとれなくても，途上国を中心になお数多く残っている。

2　日本が締結した二国間航空協定

　日本がこれまで締結した二国間航空協定は合計62ある。最初に1952年に締結された日米航空協定をはじめ先進諸国との間で締結された協定の大半は1970年代までに締結されたが，これらはバミューダⅠ型のものであった。他方，1980年からの協定の多くは途上国との間で締結されたが，これらは輸送力事前決定型のものであった。

　ここでは，アラブ首長国連邦（UAE）との航空協定（1998年3月3日署名，同年12月17日効力発生，平成10年条約第18号）を例にとって，航空協定の諸条項を概観する。

　UAEとの航空協定は，前文，全20条，末文及び付表からなる。

　第1条は定義規定である。1項では，「航空当局」，「指定航空企業」，「領域」，「航空業務」，「国際航空業務」，「航空企業」，「運輸以外の目的での着陸」，「付表」，「特定路線」，「協定業務」について定義する。2項では，「付表は，この協定の不可分の一部を成すものとし，『協定』というときは，別段の定めがある場合を除くほか，付表を含むものとする」と規定する。

　第2条は，協定業務の開設及び運営の権利について規定する。第3条は，協定業務開始の手続について規定する。

　第4条は，航空企業の特権について規定する。1項では各締約国の航空企業に第1の自由及び第2の自由を認め，2項では各締約国の指定航空企業に第3の自由及び第4の自由を認める。3項はカボタージュ（国内営業）は認めない旨を規定する。

　第5条は，施設使用料について規定する。空港その他の施設の使用料金は公正かつ合理的なものでなければならず，また最恵国待遇を与えられた国の航空企業や国際航空業務に従事する自国の航空企業が支払う料金よりも高額であってはならない旨，規定する。

第 6 条は，燃料，部品等に対する関税等の免除につき規定する。

第 7 条は，いわゆる国籍条項である。1 項は次の通り規定する。「各締約国は，他方の締約国が指定した航空企業の実質的な所有及び実効的な支配が当該他方の締約国又は当該他方の締約国の国民に属していることが立証されない場合には，当該航空企業につき第 4 条の 1〔項〕及び 2〔項〕に定める特権を与えず若しくはこれらの特権を取り消す権利又は当該航空企業によるこれらの特権の行使につき必要と認める条件を付する権利を留保する」。相手国の指定航空企業の「実質的な所有及び実効的な支配」が相手国又はその国民に属していることが立証されない場合には，運営許可を与えないことができる旨，規定するものである。2 項は，相手国の指定航空企業が国内法令又は本協定を遵守しなかった場合には，運航の停止や制限をすることができる旨，規定する。1 項の「実質的な所有及び実効的な支配」につき国際的に確立した解釈基準はなく，現実には各締約国の解釈に委ねられている。我が国では，航空法 101 条 1 項 5 号イにより，外国人が代表者である法人又は外国人が役員の 3 分の 1 以上もしくは議決権の 3 分の 1 以上を占める法人は，航空運送事業の許可を受けることができなくなる。ちなみに米国では 25 %，EU では 49 % がこの解釈基準となっている。

第 8 条は，機会均等の原則について規定する。第 9 条は，相手国航空企業の利益の考慮について規定する。

第 10 条は輸送力条項であり，次の通り規定する。

「1. 両締約国の指定航空企業が提供する協定業務は，公衆の協定業務に対する要求に密接な関連を有するものでなければならない。

2. 指定航空企業が提供する協定業務は，当該航空企業を指定した締約国の領域から発し又は当該締約国の領域へ向かう旅客，貨物及び郵便物の運送に対するその時期の需要及び合理的に予測されるその後の需要に適合する輸送力を合理的な利用率で供給することを第一の目的とする。当該航空企業を指定した締約国以外の国の領域内の特定路線上の地点において積み込みかつ積み卸す旅客，貨物及び郵便物の運送については，輸送力が次の事項に関連を有するものでなければならないという一般原則に従って行う。(a)航空企業を指定した締約国の領域への及び当該締約国の領域からの運輸需要，(b)直通航空路運営の要求，(c)航空企業の路線が経由する地域の地方的及び地域的業務を考慮した上での当該地域の運輸需要。

3. 両締約国の指定航空企業が提供する協定業務に係る輸送力については，前二条並びにこの条の 1 及び 2 に定める原則に従い，両締約国の航空当局の間の協議を通じて合意する。」

本航空協定は，本条 3 項からも明らかなように輸送力事前決定型のものである。

第 11 条は，運賃の決定手続について規定する。運賃は，運営の経費，合理的な利潤，業務の特性，他の航空企業の運賃その他のすべての関係要素を十分に考慮して，合理的な水準に定める（1 項）。運賃に関する合意は，関係指定航空企業が国際航空運送協会（IATA）の運賃決定機関を通じて行う。それが不可能なときは，関係指定航空企業の間で合意する。運賃は両国の航空当局の認可を要する。運賃につき，関係指定航空企業間の合意ができなかった場合又は航空当局が運賃の認可をしなかった場合には，両国の航空当局間で協議をし，協議がまとまらなかった場合には 15 条の仲裁手続に付託する（2 項(a)(b)(c)）。

第 12 条は，貨客に関する情報及び統計の提供につき規定する。第 13 条は，不法行為の防止のための協力について規定する。第 14 条は，協定実施に関する協議について規定する。

第 15 条は，紛争解決条項である。1 項においてまず交渉による解決を求め，2 項では，交渉による解決ができなかった場合には仲裁人からなる仲裁による解決を予定し，3 人の仲裁人の選定について規定する。3 項では，仲裁決定には拘束力があると確認する。

第 16 条は改正に関する条項である。一般にしばしばなされる付表の改正については，協議は航空当局間で行われ，合意された付表改正は，交換公文によって確認された後に効力を生ずる（3 項）。

第 17 条は，「航空運送に関する一般的な多数国間条約が両締約国について効力を生じた場合には，この協定は，当該多数国間条約に適合するように改正する」と規定する。二国間航空協定に通常，挿入される規定である。

第 18 条は，終了に関する条項である。終了通告はいつでもでき，相手国が終了通告を受領した日の 1 年後に本協定は終了する。

第 19 条は，「この協定及びその改正は，国際民間航空機関に登録する」と規定する。

第 20 条は，「この協定は，各締約国によりその憲法上の手続に従って承認されるものとし，その承認を通知する外交上の公文が交換された日に効力を生ず

る」と規定する。日本では，航空協定は国会承認条約であるため，国会の批准承認を必要とする（本協定は，1998 年 5 月 14 日国会承認，12 月 15 日承認の閣議決定，12 月 17 日公布及び告示）。

本協定は，ひとしく正文である日本語，アラビア語及び英語により作成され，解釈に相違がある場合には，英語の本文による（末文）。

日本が締結した航空協定につき指摘できることは，下記の諸点である。

第 1 に，日本が 1980 年以降 2000 年代までに締結された航空協定（主に途上国との航空協定）の輸送力条項の大半は，事前決定方式のものであった。2010 年 11 月に米国との間でオープンスカイ協定が了解覚書の形で締結されて以来，日本の締結している航空協定（途上国と締結しているものも含めて）の輸送力条項は自由決定方式のものへと変容するに至った。

第 2 に，二国間航空協定の締結にあたっては，両国間の路線の需要，両国間の友好関係，空港スロットなどが総合的に勘案され，締結の優先順位もこれらの要因を勘案の上，決定される。近年は，多くの国家が日本との航空協定の締結を望んだが，主に空港スロットの不足ゆえにすべての希望に応えられているわけではない。

第 3 に，日本が最初に締結した航空協定である日米航空協定について。1952 年 8 月に署名されたこの協定の輸送力条項は，バミューダ 1 型の事後審査主義を採用したものとなっている。同協定の輸送力条項（12 条）においては，UAE との協定 10 条 3 項に該当する規定（輸送力については，両締約国の航空当局の間の協議を通じて合意するとの規定）がない。協定本文だけを見る限りでは日米両国の立場は互換的であって平等性は担保されているが，付表や秘密合意議事録（1959 年）などにおいて，日本はアメリカに比べて少なくとも 1990 年代後半まで不利な立場にあった。付表については，特に以遠権につき，アメリカ航空企業は東京，大阪，那覇以遠，無制限の以遠権を有するのに対して，日本航空企業の以遠権は大幅に制限された。結果として，1995 年時点では，両国航空企業による以遠権の行使の割合は，米国航空企業が 99 % 以上を占めた（米国航空企業は以遠権を行使して日本からアジアやオーストラリアに多数の便を就航させたのに対して，日本航空企業は米国から僅かな便をブラジルに就航させたにとどまった）。また秘密合意議事録により，米国側の先発航空企業についてのみ既存路線の増便は自由である（ただし事後審査をする）のに対して，日本側の先発航空企業については増便の自由はなく，事後審査主義は適用されない。以上の結

果として，航空企業は，米国の先発航空企業（インカンバントと呼ばれる。ノースウェスト，ユナイテッド，フェデックス），日本の先発航空企業（日本航空），米国の後発航空企業（MOUと呼ばれる。アメリカン，デルタ，コンチネンタル），日本後発航空企業（全日空，日本エアシステム）という順に「格差」が生じた。

日米航空協定をめぐる紛争が最も顕在化したのは1990年代前半であり，とりわけ米国の航空企業が行使する以遠権（東南アジアやオーストラリアに就航）に量的な制限があるかないかが日米間で争われた。日本側は，協定12条にある「当該協定業務を提供する航空企業の国籍の属する国と運輸の最終目的地たる国との間の運輸の需要に適合する輸送力を供給することを第一次の目的としなければならない」との文言を意味あるように解釈する以上，以遠区間の輸送は第一次的な目的ではありえず，それゆえ以遠区間の輸送は全体の50％未満という量的制限に服する（つまり，A（アメリカ）―B（日本）―C（第三国）の路線の輸送力につき，$AC \geq BC$でなければならない）ため，米国側による過大な以遠権の行使は協定違反であると主張した。これに対して，米国は，そのような量的制限を規定する条項はなく，日本側による以遠権の規制こそが協定違反であると主張した。結局，この問題は，1998年4月20日の了解覚書によっていわば立法的に解決された。すなわち，上記の路線では，$BC \leq (AB + AC)$，かつ，$AC \geq (BCの25\%)$であればよいとした。なお，米国エアラインによる日本とオーストラリア間の輸送力の過大な行使はオーストラリアも問題視して，1993年に米国を相手取って仲裁付託したが，その後仲裁は取り下げられた。

第4に，第6の自由について。第6の自由とは，自国航空企業による第三国―自国―相手国運輸の特権である。このような第6の自由について二国間航空協定は通常規定していない。日本とウズベキスタンとの航空協定（2003年12月署名）に関して，「日本からウズベキスタン航空を利用する乗客の大半がウズベキスタンを経由してトルコやロシア等に旅行しているゆえ，ウズベキスタン航空によるチケット販売はウズベキスタンとの協定第10条（輸送力条項）に違反するのではないか」との質問主意書に対して，政府は，「協定はウズベキスタンの指定航空企業が行うそのような運送に関して何ら規定していないことから，チケット販売にかかる運送が協定に違反することはない」旨，2004年6月に回答している。

第5に，二国間航空協定の締結は，当該国との友好関係・政治的近接性の現われでもある。新興国との条約締結においては，航空協定が最初の二国間協定

となることも少なくない（たとえば，UAE との航空協定は同国との最初の両国間の二国間協定である）。二国間航空協定が有する政治的重要性ゆえ，その締結をめぐっては，政治的に大きな論争となることもあり，その典型が 1974 年に締結された日中航空協定であった。なお，香港の中国返還（1997 年）に先立って，香港との航空協定が締結された。

第 6 に，日本―台湾間の路線については，1972 年 9 月 29 日の日中国交正常化により，日本と台湾の間で 1955 年に締結された航空業務に関する交換公文は失効した。その後，1975 年 7 月 9 日に（財）交流協会（現（公財）日本台湾交流協会）と亜東関係協会（現台湾日本関係協会）の間で日台民間航空業務維持に関する取決が合意され，この民間合意に基づいて定期航空業務の運営がなされている。1978 年に成田空港が開港し，国際線は羽田空港から成田空港に移ったが，中国側の要求により台湾のエアラインである中華航空のみは羽田に残った。また，中国側の要求により，日本航空や全日空は直接には台湾に乗り入れず，子会社である日本アジア航空やエアーニッポンが乗り入れた。福岡空港のような複数空港がない都市では中国のエアラインと台湾のエアラインが同じ時間帯にかちあわないように配慮がなされた。2008 年からは日本航空と全日空による台湾への直接運航がなされるようになった。2011 年には日台間でオープンスカイ合意が締結された。

第 7 に，例外的ではあるが，台湾の他にも航空協定以外の方式により外国のエアラインが定期便として日本に乗り入れている例がある。イラン，ルクセンブルク，メキシコがそれに該当する。ウズベキスタンのエアラインも航空協定締結前は行政許可による乗り入れであった。

第 8 に，紛争解決条項について。日本が締結した航空協定のうち，日米航空協定（勧告的報告の仲裁のみを規定），日ソ航空協定及び日中航空協定（交渉による解決のみを規定），日伯航空協定（仲裁裁判所又は ICAO 理事会による勧告的報告のみを規定）を例外として，他の 58 の協定には仲裁付託条項があり，拘束力を有する仲裁判決（3 名の仲裁委員による判決）を予定している。このうち，第三の仲裁委員につき締約国が合意できなかった場合には，初期の協定では ICJ 所長に任命を要請する旨の条項を有していたが，その後の協定では ICAO 理事会議長に任命を要請する旨の条項となっている（なお，日韓航空協定では，両国政府が協議により決定する第三国の政府が指名する旨の条項となっている）。

3 航空協定と国際仲裁裁判

航空協定においては，通常，航空協定の解釈・適用に関する紛争についての国際仲裁付託条項がおかれている（初期の協定の中には，ICJ への付託を規定するものもあるが，数は多くない）。そして，航空協定の解釈・適用に関する国際仲裁判決は 5 件ある。これらの判決においては，一般国際法の明確化に資する重要な判示が含まれている。

第 1 は，1963 年 12 月 22 日の米仏航空協定事件判決である。アメリカのエアラインであるパンナムによる以遠権行使との関連で，協定付表にある「近東」（Near East）の範囲が問題となった。パンナムによるパリ―イスタンブール―バグダッド路線の一部をパリ―イスタンブール―テヘランに変更しようとした所，フランスはイスタンブール以遠の飛行は認められないとしたところから生じた紛争である。判決では，まず，協定付表の文言解釈上は，アメリカのエアラインによる以遠権行使の対象となる「近東」にはイスタンブールもテヘランも含まれないとした。その上で，「当事国の事後の行動は，条約の解釈の有用な手段として勘案されるばかりではなく，条約の事後の修正の淵源となりうる」と指摘し，フランスがパンナムのテヘラン就航に黙示的な同意を与えたとして，パンナムはパリ経由テヘランへのサービスを提供できると判示した。「当事国の事後の行動は，条約の解釈の有用な手段として勘案されるばかりではなく，条約の事後の修正の淵源となりうる」旨を指摘した点が注目される。

第 2 は，1965 年 12 月 17 日の米伊航空協定事件判決（正確には拘束力のない勧告的報告）である。協定付表にある「貨客，貨物及び郵便」（passenger, cargo and mail）という文言が，貨客混載便（コンビ）のみならず貨物専用便（エアカーゴ）によるアメリカのエアライン（パンナム）の就航をも認めたものであるかをめぐる紛争である。勧告的報告では，文言の解釈や当事国の行動を検討し，ここでの and は or に解釈するのが合理的だとして，協定付表では貨物専用便のみの運航も認めているとした。

第 3 は，1978 年 12 月 9 日の米仏航空協定事件判決である。①中間地点であるイギリスにおけるアメリカ民間機（パンナム）の機種変更（change of gauge）が協定上，認められるか，及び，②フランスによるその拒否に対してアメリカはフランス民間機の乗入禁止という対抗措置をとれるかをめぐる紛争であり，①については拘束力のある判決が，②については拘束力のない勧告的報告が求められた。①については，輸送の継続性に影響を与えない場合には認められる

とし，パナムは機種変更をする権利を有すると判示した。②については，「ある国家が，他国の国際義務の違反となる状況が発生したと考える場合には，前者の国家は，武力の行使に関する国際法の一般規則によって設定された限度内で，対抗措置（countermeasure）を通じて自国の権利を確認することができる」とした上で，アメリカの措置はフランスの措置に比べて明らかに不均衡とはいえないとし，また交渉中の場合や裁判付託条項がある場合でも対抗措置に訴えることは禁止されないとして，アメリカは当該対抗措置をとることができると判示した。対抗措置につき一般的な判示をした点が特に注目される。

第 4 は，1981 年 7 月 17 日のベルギー・アイルランド航空協定事件判決である。ベルギーが，ブリュッセル―ダブリン路線が過剰輸送力となっており，また不均衡が生じているとしてアイルランドのエアラインであるエア・リンガスの減便を主張したことから生じた紛争である。仲裁廷は，同路線には過剰輸送力が存在し，健全な経済運営の原則に反するとして，エア・リンガスの週 2 便の減便とベルギーのエアラインであるサベナの週 1 便の減便を判示した。過剰輸送力という需給ギャップについて判断を行った他に類例のない仲裁裁定として注目に値する。

第 5 は，1992 年 11 月 30 日の米英航空協定事件判決である。ロンドン＝ヒースロー空港の使用料をめぐる紛争である。仲裁廷は，「空港使用料が正当かつ合理的なものであることを確保するため最善の努力をする」という最善努力義務（best efforts obligation）を規定した協定の条項，及び，「空港使用料は健全な経済原則及び一般に受け入れられた会計原則に基づかなければならない」と規定した協定の条項にイギリスが違反したと判示した。最善努力義務（best efforts obligation）が法的拘束力のある義務だと判示した点が注目される。

4　アメリカのオープンスカイ政策

輸送力自由決定型の最初の協定は，1992 年の米蘭航空協定改定合意であったが，アメリカは，1995 年以来，オープンスカイ政策を主唱し，国際航空市場の自由化を強力にすすめている。オープンスカイ協定は，乗り入れ地点，輸送力，以遠権の行使についての制限を設けない，運賃については両国の航空当局がともに否認した場合にのみ認可しない，そうでなければ認可するという double disapproval pricing を採用する等，経済的諸事項に関しては自由決定に委ねるものである。アメリカは，これまで 134 のオープンスカイ協定を締結して

きた。2001年5月1日には，アメリカ，ニュージーランド，シンガポール，ブルネイ，チリの間で，国際航空輸送自由化に関する多数国間航空協定（MARIAT）が署名され，これらの国家間での二国間航空協定にとってかわった。

5　欧州連合域内における航空自由化

　欧州連合（EU）域内の航空自由化は，第1次パッケージ（1987年12月発効），第2次パッケージ（1990年7月発効），第3次パッケージ（1993年1月発効）の順で進展してきた。第3次パッケージにおいては，EU加盟国又はその国民が株式の過半数を所有し実質的に支配する航空企業に対しては，域内のほぼすべての路線で輸送権を行使できるようになった。これによって，たとえば，イギリスの航空企業がパリ―ミラノ間の路線のみの営業をするという第7の自由の行使も可能となった。ただし，第8の自由の行使（上記の例では，イギリスの航空企業がパリ―ニース間の路線のみの営業をすること）については，当初は限定的にのみ認められ，1997年4月から全面的に認められることとなった。輸送力についても全面的に制限はなくなった（ただし，重大な混雑の場合，環境上の問題にかかわる場合，エアラインが重大な財政上の損害を被った場合は例外とする）。

　運賃についてもあらゆるカテゴリーのものについて自由化された。

　1998年12月，欧州委員会は，加盟国が個別に域外第三国と二国間航空協定を締結しているのは，EUの対外的権能を侵害するものであってEC条約10条に違反し，また各航空協定にある国籍条項が域内での会社設立の自由を規定したEC条約43条に違反するとして，アメリカとのオープンスカイ協定を締結したデンマーク，スウェーデン，フィンランド，ギリシア，ベルギー，ルクセンブルク，オーストリア，ドイツを個別に相手取って欧州司法裁判所に提訴した。2002年11月5日，欧州司法裁判所は，加盟国が米国と締結している二国間航空協定の中の特定の規定が，欧州委員会の権限を侵害し，EC条約に違反すると判示した。具体的には，アメリカとオープンスカイ協定を締結したこれらの加盟国は，域内ルートに関する運賃と使用料の設定およびコンピュータ予約システムに関するECの対外的権能を侵害したとし，また，国籍条項の下で，アメリカは加盟国において設立されたが他の加盟国に支配されているエアラインに対して協定の下での権利付与を拒否できるが，これは差別に該当し，会社設立の自由に反するとした。

　同判決以降，欧州委員会とアメリカの間では，既存の二国間航空協定にかわ

る米欧航空協定（大西洋航空協定）の交渉がすすめられ，2007年に第1段階の合意が，2010年に第2段階の合意が締結された。欧州委員会は，EU各加盟国が域外第三国と締結している二国間航空協定をEU法と両立させるため，協定改定を域外第三国に求め，多数の域外国が協定改定に応じてきた。

日本とEU加盟国の間で締結されていた二国間航空協定は日EU航空協定にとってかわられていないが，2023年2月に二国間航空協定に関する日EU協定が締結された（令和5年条約第7号）。二国間協定の従来の国籍条項を修正して，「EU航空企業」（いずれかのEU加盟国の国民の過半数の所有又は実質的な支配の下にあるエアライン）であれば日本への定期便の就航ができるようにした。

EUと米国の間では，アイルランドのLCCであるNorwegian Airの米国乗り入れをめぐる米欧対立があった。Norwegian Airは税金や規制の緩いアイルランドで設立され，アジアで乗員をリクルートして賃金をおさえる経営をしていた。2013年に米国への乗り入れ申請をした所，米国政府は乗入許可が米欧航空協定17条の2にある労働条項に反しないかの判断を先延ばししたため，業を煮やした欧州委員会は，仲裁付託の手続をすすめたが，2016年末に米国は乗入許可をした。Norwegian Airは「便宜置籍航空会社」と呼ぶことが可能な存在であり，エアラインの利害と国家の利害の関係を一層複雑化する契機を作ったといえる。もっとも航空機の場合には指定航空企業が限定され，また登録国が安全審査を含む審査を行って認可するため，船舶と比べて遥かに運航の要件が厳しい。それゆえ，便宜置籍船の安易なアナロジーをここに働かせることは妥当ではない。またエアラインが登録国を移すことは未だ極めて稀である。もっとも将来的には，税金が安く労働・安全・環境基準の緩い国に登録国を移すエアラインが増加する可能性もありえよう。

6　湾岸エアラインの台頭

UAEのドバイのEmirates航空，アブダビのEthihad航空，カタールのQatar Airwaysといった湾岸エアラインはサービスが良い上に価格も高くないため，世界を代表するエアラインになり，欧米路線においても人気が高い。これを脅威とした米国のlegacy carrierと呼ばれるエアラインは，「湾岸エアラインは国家補助を受けているからWTOのルール違反だ」との主張を行い（航空輸送はWTO補助金協定の対象外であるため，これは的外れの主張である），米国政府に以遠権（湾岸―欧州―米国路線）の規制やそのための米国・UAE，米国・カター

ルのオープンスカイ航空協定の改定を求め，Open Skies ではなく Fair Skies が重要だと主張してきた。湾岸エアラインは，「我々は補助金を受けているのではなく政府の投資を受けているにすぎない」と反論した。最終的にはエアラインの会計の透明化などにつき，UAE，カタールは米国と合意した。

7　空港と運賃をめぐる国際法的問題

　オープンスカイといっても空港発着枠が確保できなければ乗り入れは不可能であるが，空港のスロット配分は二国間航空協定では規律されていない事項である。スロット配分問題は，①空港スロット問題と②複数空港間の輸送配分問題に分かれる。

　第1の空港スロット問題について。主要空港におけるスロット配分は年2回開催の国際航空運送協会（IATA）のスロット会議において決定されてきた。その基本ルールは use it or lose it rule, つまり，今期半年間に 80％のスロットを使用していれば次期半年間も使用し続けられるが，使用していなければ没収して再配分するという既得権尊重の法理である。2020 年の COVID-19 において航空需要が激減した際には，このルールは運用停止された。

　第2の複数空港間の輸送配分問題について。大都市においては都心近くに小規模の空港，都心から離れた所に大規模の空港が多い。陸上アクセスの便宜さゆえに都心近くの空港のスロットの方が価値が高いため，どう配分するかが問題となる。シカゴ条約 15 条 1 項は空港の「均等な条件での公開」を求める。それゆえ自国エアラインの国際線は都心近くの空港，外国エアラインは遠くの空港という配分は同項に抵触することになる。EU においても同項とほぼ同様のルールがあり，イタリア政府によるミラノのリナーテ空港とマルペンサ空港との輸送配分が，このルールに反するという欧州委員会決定や欧州司法裁判所判決が 1998-2001 年に示されたことがあり，またフランス政府によるパリのオルリー空港とシャルル・ドゴール空港との輸送配分が，このルールに反するとの欧州委員会決定が 1993-1995 年に示されたことがある。距離基準（perimeter rule，一定距離までの路線は都心に近い空港，それを超える路線は遠い空港に配分）には合理性があり，シカゴ条約上も問題ない。ニューヨークのラガーディア空港は近距離路線に基本的に限定され，2003 年に羽田空港の「再国際化」がなされた際には，国際線は近距離便に限って就航を認めた（2010 年には欧米路線も羽田就航を認める）。

世界で最もスロットの価値の高い空港はロンドンのヒースロー空港であるが，同空港の乗入継承権をめぐって1990年から91年にかけて米国と英国の間で厳しい対立が生じた。

単一のエアラインが世界規模で第三国間輸送等のビジネス展開をすることは容易ではなく，アライアンスの形での業務提携をとるのがむしろ通例である。アライアンス（Star Alliance, One World, Sky Teamが世界3大アライアンス）の枠内でのcodesharing等の連携が認められるためには，エアラインの両本国の競争当局の認可に加えて，米国運輸省と欧州委員会の認可も得ることが事実上必要となる。また認可条件として，しばしば混雑空港（ヒースロー空港が最もスロットの価値が高い）におけるスロット供出が求められる。

航空運賃については，以前はIATAの運賃会議で決定がなされ，二国間航空協定では，当初はこのIATA運賃を基準として両国の認可を要するというdouble approvalの規定になっていたが，その後は一方の国の認可でよいというdouble disapprovalの規定の協定が増え，オープンスカイ協定においては運賃を自由化して一部の事項を除いて政府が関与しないとする規定となった。こうした流れの中で，IATA運賃は2018年10月に廃止された。

Ⅳ 航空テロリズムと国際法

1 航空テロリズムに対処する諸条約

テロリズムの最も標的になりやすいものは，航空機と空港であり，またハイジャックはテロリズムの代表的形態の1つでもある。テロリズムに対処する普遍的な条約は14あるが，そのうち6つは，航空テロリズムを主たる対象とするものである。それらは，順に，①航空機内で行われた犯罪その他ある種の行為に関する条約（東京条約，1963年），②航空機の不法な奪取の防止に関する条約（ハーグ条約，1970年），③民間航空の安全に対する不法な行為の防止に関する条約（モントリオール条約，1971年），④民間航空に従事する空港における不法な行為の防止に関する議定書（1988年），⑤可塑性爆薬の探知のための識別装置に関する条約（プラスチック爆薬探知条約，1991年），⑥国際民間航空についての不法な行為の防止に関する条約（北京条約，2011年）である。

①②はハイジャックを，③は航空機爆破等の不法行為を，④は空港爆破等の空港テロリズムを主な対象とするものである。①は，航空機の登録国に機内で

の犯罪につき裁判権を設定するため必要な措置を義務付けるとともに，機内における機長の権限を詳細に定める。②③④は，他のテロリズム関連諸条約同様，a 締約国に航空犯罪を重い犯罪として処罰できるよう立法管轄権の行使を義務付ける，b 犯罪行為地のいかんを問わず自国で裁けるよう裁判権の設定を義務付ける，c 容疑者の所在地国に「関係国への引渡か自国での訴追か」(*aut dedere, aut judicare*) の選択義務を課す，といった特徴が見られる。⑤は，1988 年のパンアメリカン（パンナム）航空機爆破事件後に採択された条約である。識別物質が混入されていないプラスチック爆薬の製造や持込・持出を禁止し，廃棄を義務付けることにより，プラスチック爆薬への識別物資混入を徹底させ，これにより空港での爆発物検査の実効を挙げ，航空機に爆発物が搭載されることを未然に技術的に防止しようとするものである。⑥は 2001 年 9 月 11 日の同時多発事件の後，民間航空機を武器として使用する行為を犯罪化するものであり，モントリオール条約をアップデートしたものであるといえる。なお，同年には，ハイジャックの共謀・寄与を犯罪化することでハーグ条約をアップデートした航空機の不法な奪取の防止に関する条約の追加議定書（北京議定書）も採択された。

2　サミットにおける非拘束的合意

　航空テロリズムの問題は，以前からサミット（主要国首脳会議）においても積極的に取り上げられてきた。1978 年のボン・サミットにおいては，「ハイジャックに関する声明」（ボン宣言）が採択された。ボン宣言は，ハイジャック犯の引渡も訴追も拒否する国家又はハイジャック機の返還を拒否する国家（すなわち，ハーグ条約に違反する国家）に対して航空機乗入を禁止するというものである。また，1987 年のベネチア・サミットにおいては，「テロリズムに関する声明」が採択された。これは，モントリオール条約に違反する国家に対しても，ボン宣言と同様に航空機乗入禁止措置を発動するものである。

　これらのサミットでの宣言は，非拘束的合意（非法律的合意）と呼ばれ，国際法上の拘束力は有しないが，これに沿った措置をとった加盟国に対して他の加盟国は異議を唱えることができなくなるという意味での対抗力を有するものである。もっとも，第三国（G7 以外の国家）に対して当該措置が当然に対抗力を有するわけではなく，二国間航空協定との抵触の問題（協定違反の違法性が阻却されるか否か）は残ることとなる。

1981年のオタワ・サミットでの「テロリズムに関する声明」では，ハイジャック犯の引渡も訴追も行わないアフガニスタンの行為をハーグ条約の違反であるとして，ボン宣言を適用することで合意したが，イギリス，フランス，西ドイツが実際にとった対応は，直ちに航空機乗入禁止措置をとるというものでなく，アフガニスタンとの二国間航空協定の廃棄条項に従って廃棄通告を行い，1年経過後に条約を廃棄するという，通常でもとりうるものであった。これは上記の国際法問題に対して三国が極めて慎重な態度をとったためである。

航空機乗入禁止措置は，経済制裁の主要な措置の1つであり，領空侵犯や航空テロリズムなどの航空分野での国際法違反の場合に限られず，国際法違反一般に対する対抗措置としてとることが可能である。国際法違反の直接の被害国が航空機乗入禁止措置をとる場合には，二国間航空協定との抵触があっても，均衡性その他の対抗措置の要件を満たす場合には違法性が阻却されることとなる。また，国連安保理決議に基づいて措置がとられる場合には，国連憲章に基づく義務が他の国際協定に基づく義務に優先する（国連憲章103条）ため，問題は生じないこととなる（安保理の拘束力ある決定に基づいて航空機乗入禁止措置がとられる場合には，当該国との間で航空輸送を継続しているだけで国際法違反となる）。直接の被害国以外の第三国が国連決議に基づくことなく経済制裁措置をとることがあり，その中には航空機乗入禁止措置もしばしば含まれる。侵略やジェノサイドといった重大な国際法違反を犯した国家に対しては，第三国であっても前者の国家の航空機乗入禁止措置をとることが容認される（航空協定の違反から生じうる違法性は阻却される）。

3　ハイジャック機に対する着陸許可および離陸不許可の原則

ICAO総会は，1986年の決議26-7において，ハイジャック機の着陸許可の原則を採択した。これは，事情によって必要とされる場合には，ハイジャック機の着陸許可を含む援助を与えることを各国に勧告するものである。他方，1989年のICAO総会決議27-7では，離陸不許可の原則が採択された。これは，人命尊重の優先義務によって離陸が必要とされない限り，不法奪取した航空機に離陸許可を与えないことを各国に勧告するものである。

着陸許可を与えることは厄介な問題を新たに抱えることになるため，現実の場面ではどの国家もためらうことは避けられない。そのため，「事情によって必要とされる場合」に着陸許可を与えればよいというゆるやかな文言となって

いる。離陸不許可も，ハイジャックという厄介な問題を早く自国の手から放したいという国家の真意とは抵触するものであるが，こちらの方は，「原則として」不許可が求められることとなっている。

4 パンナム機爆破事件

1988年12月21日にロンドンからニュー・ヨークに向かっていたパンナム103便が，スコットランド上空で爆発し，墜落し，乗員・乗客259名（日本人1名を含む）全員とロッカビー村の住民11名が死亡したという事件である。事故の直後から仕掛けられた爆発物が原因であるとの疑いが強まり，アメリカ（航空機登録国であり，最大数の被害者の本国）とイギリス（領域国であり，被害者となった乗客・住民の本国）が捜査を行った。その結果なされた国連事務総長への報告では，リビア諜報機関に属しリビア航空にも地位を有する2名がプラスチック爆発物が装置されたスーツケースを同機に搭載したことが報告された。国連安保理は，1992年1月に決議731を採択した。これは，リビア政府が責任解明への協力要請に十分に応じてこなかったことを遺憾とするとともに，協力要請に対してリビア政府が直ちに応じるよう促す趣旨のものである。間接的な表現ながら，犯罪人引渡を行うようリビアに求めている。

まず，この爆発物搭載行為自体がモントリオール条約1条1項(b)および(c)に該当する「不法かつ故意に行う」行為であることには問題はない。犯罪人引渡についてはモントリオール条約では「引渡か訴追か」の選択義務を容疑者所在地国に課している（7条）。それではリビアは引渡をしなければならないのか，容疑者を自国で処罰すれば済むのではないかという疑問が生じよう。通常の犯罪行為（容疑者が私人として犯罪行為を犯した場合）にはそれですむわけだが，このケースではリビア政府の指揮に基づいてこのようなテロ行為がなされたのではないか（つまり国家テロリズムに該当するのではないか）と強く疑われているということである。このような推定が働く以上，「何人も自己の裁判官たるを得ず」の法理が適用され，その結果，リビア国内での訴追・処罰という選択肢は消え，リビアとしては容疑者の引渡を選択せざるを得ないと考えることが合理的となる。

安保理決議731以後の動きとして，パンナムケースに関してリビアは1992年3月に英米を別々に相手取ってICJに提訴している。英米の側こそモントリオール条約の違反を犯しているとし，リビアに対するあらゆる違法行為，主

権・領土保全・政治的独立の侵害をやめるよう ICJ に判断を求めるというものである。同時に英米が引渡のための一切の圧力をかけるのをやめるよう命ずる仮保全措置を ICJ が発するよう要請した。

同年 3 月には安保理決議 748 が採択された。これは,「リビアが具体的行動によってテロリズムの放棄を示さないこと,特に決議 731 の要求に応えていないこと」を「国際の平和と安全に対する脅威」であると認定し,リビアが引き続き決議 731 に従わず,テロ行為を中止すると約束し,テロ行為の放棄を具体的行動をもって示さない場合には,次の行動をとるよう加盟国に義務付けた。すなわち①リビア発・リビア向けの航空機の発着・上空通過禁止（特別の人道上の必要がある場合には除く），航空機・航空機部品の供給・エンジニアリングサービス・メンテナンスサービスの禁止，リビア航空機に対する耐空証明の禁止，リビア航空機に対する既存の航空保険の新規請求の支払と新規保険契約の締結禁止，②対リビア武器禁輸，③リビア外交使節団・領事の削減と行動範囲の規制，リビア航空のオフィスの営業禁止である。同年 4 月，ICJ は，リビアの仮保全措置申請を却下した。

1993 年 11 月には，安保理決議 883 により経済制裁は強化され，リビア資産凍結やリビア航空オフィスの閉鎖，石油精製装置の供給禁止などの措置が追加された。

1995 年 4 月には，対リビア経済制裁を監視する国連安保理委員会は，エジプトからの要請に応える形で，メッカへの 6000 人の巡礼（haj）のためエジプト航空によるリビアからジェッダへの 45 フライトを承認した。宗教上の配慮に基づく例外的措置として興味深い。

英米はリビアの ICJ への一方的提訴に対して，「裁判所には管轄権はなく，またリビアの請求は受理可能でない」との先決的抗弁を出して争ったが，1998 年 2 月に ICJ は，「管轄権があり，また受理可能である」との管轄権判決を下した。こうして付託から 6 年経って裁判はようやく本案段階にすすむことになった。

その後，リビアと国連は，容疑者 2 名をオランダにある Zeist 米軍施設に引渡し，スコットランドの刑事裁判所をそこに設置してスコットランド刑法に基づいて裁判をする（国内刑事裁判所を国外で設置する）という前代未聞の例外的な解決方式で合意に達し，1999 年 4 月に 2 名の引渡がなされた。裁判は 2000 年 5 月に開始され，2001 年 1 月に第 1 審判決が下され，1 名（Al Megrahi）は

有罪（終身刑）となり，1名（Fhimas）は無罪釈放となった。Al Megrahi は控訴したが，控訴審裁判所は 2002 年 3 月に控訴を棄却し，Al Megrahi はスコットランドの拘置所に収監された（その後，健康上の理由で釈放）。

　2003 年 8 月 12 日，リビアは自国の責任を認め，犠牲者 270 名の遺族に総額 27 億ドルの金銭賠償を支払うことで英米と合意に達した（UTA 事件についてはリビアはフランスへの支払で既に合意していたが，フランスが追加支払を要求し，そうすることで合意した）。これに基づき，同年 9 月の安保理決議 1506 によってリビアに対する非軍事的強制措置は解除され，リビアと英米は，ICJ に対して付託していた訴訟の取下げを通告し，これに基づき同事件は裁判所のリストから削除された。

5　ベラルーシでのライアンエア強制着陸事件

　2021 年 5 月 23 日，アテネ（ギリシア）発ビリニュス（リトアニア）行きのライアンエア（アイルランドのエアライン）4978 便がベラルーシ領空を飛行中に，ベラルーシの航空管制が「機内に爆発物が仕掛けられた疑いがあるため，ミンスク空港に緊急着陸せよ」と指示した。ルカシェンコ大統領の命令でミグ 29 戦闘機が緊急発進し，ライアンエア機を首都ミンスクの空港に誘導して着陸させた。着陸後にベラルーシ官憲は同機に搭乗していたベラルーシの反体制派のプロセタビッチ氏の身柄を拘束した。

　同機には爆発物は見つからず，ベラルーシはプロセタビッチ氏を拘束するために同機を強制着陸させた可能性が高い。ビリニュスよりも遠いミンスクに向かわせたこともこの疑いを強める一因である。

　ベラルーシのこのような行動は，モントリオール条約 1 条 1 項(e)で禁止された，不法かつ故意に行う「虚偽と知っている情報を通報し，それにより飛行中の航空機の安全を損なう行為」に該当する可能性が高い（ベラルーシも同条約の当事国である）。他方，ハイジャックはハーグ条約 1 条の定義では，「飛行中の航空機内における」暴力行為等による当該航空機の不法な奪取・管理であるため，本事案はハイジャックには該当しない。また，私有の航空機の乗組員・乗客が私的目的のために公海上空にある他の航空機に対して暴力行為・抑留・略奪行為を行う場合には海賊に該当するが（国連海洋法条約 101 条(a)(i)），本事案では，私有の航空機による行為，私的目的，公海上空での行為という各要件を満たさないため，海賊（空賊）には該当しない。なお，シカゴ条約 3 条の 2

は，要撃の場合には，航空機の安全を損なってはならない旨，規定するが，爆発物が搭載されているならば，ビリニュスよりも遠いミンスクに同機を強制的に向かわせたベラルーシの行為は，同項の趣旨・目的に反すると言わざるを得ない。

　ベラルーシは国際航空業務通過協定に加入していないが，アイルランドとの二国間航空協定に基づき，アイルランドのエアラインの上空通過の自由を認める義務を負っている。それゆえ，ベラルーシの行動は同条約にも違反することとなる。

　EU諸国や米国は，ベラルーシ航空機の乗入禁止・自国上空飛行禁止といった航空分野での制裁措置を発動し，また本事件の有責者の資産凍結・入国禁止，銀行業や石油製品等の分野でのベラルーシとのビジネスの禁止といった経済制裁措置を発動した。これらの行動は国際法違反に対する対抗措置として正当化されるものである。日本も，ベラルーシ領空通過の回避を勧告する安全情報を日本の航空会社に対し発出するとともに，ベラルーシの航空会社が日本への乗入れを希望しても認めず，またベラルーシ航空当局との間で航空路線開設に関するいかなる合意も行わない，という方針を示した。2022年7月のICAOの事実調査報告書は，モントリオール条約1条1項(e)（虚偽と知っている情報を通報し，それにより飛行中の航空機の安全を損なう行為）に該当すると指摘している。

〔中谷和弘〕

参考文献
中谷和弘『航空経済紛争と国際法』（信山社，2022年）
大沼俊之・水田早苗「我が国航空交渉の歴史的変遷・要諦の俯瞰から得られる今後の国際航空行政の展望」『空法』第64号（2024年）
柴田伊冊『オープンスカイ協定と航空自由化』（信山社，2017年）

第2章　日本の航空法

要　旨

Ⅰ．我が国の航空法規の体系の中心に位置するのは，その基本法規である「航空法」である。

Ⅱ．同法は，世界の民間航空の基本法規である国際民間航空条約（シカゴ条約）で定められる航空機の国籍概念，締約国相互の承認を前提とした航空機の安全性や航空従事者の資格要件に係る規定の他，同条約の附属書で定められる航空機の運航やそれに係る空域，施設に関する規定を置き，我が国における航空機の，あるいは我が国国籍機による航行の安全と航空機の航行に起因する障害の防止を図ることを意図している。その上で，航空機を運航して営む事業について，これが適正かつ合理的に運営されることによって，輸送の安全と利用者の利便の増進が確保されるよう，関連する諸規定を設けている。さらに，航空に対する危害行為の防止，脱炭素化の推進，無人航空機の扱いといったシカゴ条約制定以降，国際民間航空機関（ICAO）において新たに議論が展開され，我が国においても対応が必要とされてきた事項についても関連の規定が整備されている。

Ⅲ．我が国の航空法規は，この「航空法」を中心に空港の設置・管理に係る「空港法」や「成田国際空港株式会社法」等の各種空港会社に関する法令，航空機の登録，抵当について扱う「航空機抵当法」及び「航空機登録令」，航空機の騒音対策を扱う「公共用飛行場周辺における航空機騒音による障害等に関する法律」，ハイジャック等航空に対する危害行為に対する扱いを定めた「航空機の強取等の処罰に関する法律」及び「航空の危険を生じさせる行為等の処罰に関する法律」等多岐に渡るが，本章では「航空法」以外の各法令についてはその概要の紹介にとどめ，基本法規である「航空法」の体系，構造，考え方，課題を俯瞰・概観する。

I　はじめに

　第1章「航空に関する国際法」では，世界の民間航空の基本法規として「国際民間航空条約」（シカゴ条約）が存在し，航空に関する技術的な国際基準はこの条約の附属書において規定されていること，また，刑事法に関する領域では「東京条約」「ハーグ条約」「モントリオール条約」によって航空保安に対する危険行為にかかる裁判管轄権に関する体系が用意されていることについて概観した。また，私法に関する領域では第5章で概観するとおり「モントリオール条約」を中心とする体系が存在する。一方，航空運送に関する規律はいわゆる第一の自由・第二の自由を相互に開放する「国際航空業務通過協定」以外については多国間条約によって規律されておらず，定期便による国際航空運送については，多くの場合，二国間条約により規律されていることは第1章で概観したとおりであり，国内航空運送については，これを規律する国際的な体系は特に存在しない。

　このような国際的な法体系を自国の法体系でどのように消化するかについては，様々な考え方と手法があり得るが，我が国においてはシカゴ条約とその附属書に規定されている内容及び航空運送に係る内容について，包括的に「航空法」により規定することとし，これを中心に空港の設置・管理，空港会社の設立・運営，航空機の登録・抵当，騒音対策，危害行為への対応，事故調査等について個別法を設け，別途規定する体系を採用している。

　具体的には，基本法規である「航空法」において，シカゴ条約で定められる航空機の国籍概念，締約国相互の承認を前提とした航空機の安全性や航空従事者の資格要件に係る規定の他，同条約の附属書で定められる航空機の運航やそれに係る空域，施設に関する規定を置き，我が国における航空機の，あるいは我が国国籍機による航行の安全と航空機の航行に起因する障害の防止を図ることを意図している。その上で，航空機を運航して営む事業について，これが適正かつ合理的に運営されることによって，輸送の安全と利用者の利便の増進が確保されるよう，関連する諸規定を設けている。さらに，航空に対する危害行為の防止，脱炭素化の推進，無人航空機の扱いといったシカゴ条約制定以降，国際民間航空機関（ICAO）において新たに議論が展開され，我が国においても対応が必要とされてきた事項についても関連の規定が整備されている。

これに加えて，空港の設置・管理に係る「空港法」や「成田国際空港株式会社法」等の各種空港会社に関する法令，航空機の登録，抵当について扱う「航空機抵当法」及び「航空機登録令」，航空機の騒音対策を扱う「公共用飛行場周辺における航空機騒音による障害の防止等に関する法律」，ハイジャック等航空に対する危害行為に対する扱いを定めた「航空機の強取等の処罰に関する法律」及び「航空の危険を生じさせる行為等の処罰に関する法律」，航空事項等の調査に係る機関及び手続等を定めた「運輸安全委員会設置法」等多岐にわたる個別法を設けている。

本章では「航空法」以外の各法令についてはその概要の紹介にとどめ，基本法規である「航空法」の体系，構造，考え方，課題を俯瞰・概観する。

II 航 空 法

1 構 造

前述のとおり，航空法は，シカゴ条約及びその附属書に規定される安全に関する諸事項，航空運送に関する事項，危害行為の防止に関する事項に加え，脱炭素化の推進，無人航空機等の新たな政策要請に係る事項について包括的に規定する法であり，次のような構造を持つ（カッコ内は筆者の注釈）。

第一章　総則（他の我が国の法律と同様に，目的規定及び定義規定からなる。）
第二章　航空機の登録（シカゴ条約における国籍要件の考え方を反映させる。）
第三章　航空機の安全性（耐空証明，型式証明等シカゴ条約附属書8の考え方を反映させる。）
第四章　航空従事者（航空従事者の技能証明制度等シカゴ条約附属書1の内容を反映させる。）
第五章　航空路，空港等及び航空保安施設（シカゴ条約附属書14の内容を反映させる。）
第六章　航空機の運航（シカゴ条約附属書2, 6及び11の内容を反映させる。）
第七章　航空運送事業等（我が国航空企業として航空運送事業等を営む場合の要件等を定める。）
第八章　外国航空機（シカゴ条約の領空主権の考え方に基づき，外国航空機の航行について定めるとともに，外国航空企業が我が国に乗り入れる場合の要件等を

定める。）

第九章　危害行為の防止（航空会社等に危害行為防止のための基本方針の策定を求めるとともに，シカゴ条約附属書17に基づき保安検査等に関する規定を設ける。）

第十章　航空の脱炭素化の推進（航空会社等に航空脱炭素化推進のための基本方針の策定を求める。）

第十一章　無人航空機（ドローンの規制に必要な諸規定を設ける。）

第十二章　雑則（航空運送代理店業の届出，報告徴収・立入検査等各種規定を置く。）

第十三章　罰則（航空法の各規定のうち，刑事罰による担保を必要とするものについて，所要の規定を置く。）

参考まで，航空法が関係章で対応する規定を置くシカゴ条約附属書の構造は次のとおりである。

第1附属書　航空従事者の免許（Personnel Licensing）
第2附属書　航空規則（Rules of the Air）
第3附属書　気象業務（Meteorological Service for international Air Navigation）
第4附属書　航空図（Aeronautical Charts）
第5附属書　測定単位（Units of Measurement to be Used in Air and Ground Operations）
第6附属書　航空機の運航（Operation of Aircraft）
第7附属書　航空機の国籍及び登録番号（Aircraft Nationality and Registration Marks）
第8附属書　航空機の耐空性（Airworthiness of Aircraft）
第9附属書　出入国手続（Facilitation）
第10附属書　航空通信（Aeronautical Telecommunications）
第11附属書　航空交通管制業務（Air Traffic Services）
第12附属書　捜索救難（Search and Rescue）
第13附属書　航空機事故及びインシデント調査（Aircraft Accident and Incident Investigation）
第14附属書　飛行場（Aerodromes）
第15附属書　航空情報業務（Aeronautical Information Services）
第16附属書　環境保護（Environmental Protection）

第 17 附属書　航空保安（Security）
第 18 附属書　危険物（Safety Transport of Dangerous Goods）
第 19 附属書　安全マネジメント（Safety Management）

　冒頭第一章の総則，末尾第十二章の雑則及び第十三章の罰則は，我が国の法に共通する一般的な構造であるため言及しないが，原初から置かれている第二章から第八章の射程を眺めると，安全についてのシカゴ条約の基本体系と我が国としての航空運送に関する基本的考え方を包括しようとする思想が投影されていること，また，第九章以降では，これに引き続いて，航空保安（危害行為の防止），環境保護，無人航空機といったシカゴ条約制定後に国際的にも課題認識されていた事項を射程に収め，順次規定が追加されていったことがわかる。

2　内容面での特徴

　航空法の内容を仔細に解説する紙幅の余裕はないため，ここでは基本的な特徴といえる点をいくつか取り上げて説明する。

(1) 国際標準を意識した安全規制

　シカゴ条約では，国際民間航空の用に供される航空機は，登録を受けた国の国籍を有すること（第17条），二重の国籍を認めないこと（第18条）を前提とし，自国の航空機に対する規制を設けるにあたり，その航空機の航行の安全について妥当な考慮を払うことを求めている（第3条(d)）。

　その上で，航空機が登録国による耐空証明を得ていること（第31条），関係する航空従事者が航空機の登録国による技能証明を得ていること（第32条(a)）を求め，ICAOが随時採択・改正する航空機，航空従事者，航空路及び附属業務に関する各種事項に係る国際標準に従った運航を期待している（第37条）。

　これを受け，航空法においては，まず，第二章「航空機の登録」で，国土交通大臣が登録を行うこと（第3条），登録を受けた航空機は，日本の国籍を取得すること（第3条の2），登録を受けるためには所有者が日本国籍を有すること，法人である場合には日本法に基づき設立され，代表者が日本人かつ役員及び議決権の1/3以上を外国人が占めないこと（第4条第1項）を求めている。

　その上で，第三章「航空機の安全性」で，国土交通大臣が，日本国籍を有する航空機に限り，耐空証明を行うこと（第10条第1項・第2項），原則として，耐空証明を受けなければ，航空の用に供してはならない（第11条第1項）ことを定めている。また，型式証明を得ている航空機については検査の一部を省略

できることとし，そのために必要な規定も設けている（第12条乃至第13条の5）。

また，第四章「航空従事者」で，操縦士，整備士等航空従事者の技能証明に関する規定を設け，技能証明を有する者でなければ，該当する業務範囲の行為を行ってはならないとしている（第24条及び第28条）。

第五章では，航空路，空港等及び航空保安施設について，第六章では，航空機の運航について，それぞれ規定を設け，シカゴ条約附属書第2（航空規則），第6（航空機の運航），第11（航空交通管制業務），第14（飛行場）で規定される国際標準の諸事項に対応した各種規定を設けている。

このうち，第五章では，国土交通大臣以外の者が空港，航空保安施設を設置する場合には，これを国土交通大臣の許可に係らしめるとともに（第38条第1項），空港の周辺において，制限表面（「(延長) 進入表面，転移表面（円錐表面），(外側) 水平表面」等物件の制限を及ぼす空間の断面）を超えた高さの構造物その他の物件の設置を原則として禁止している（第49条及び第56条の3）。これら制限表面の定義は，概ねシカゴ条約附属書第14（飛行場）の概念を反映させているが，仔細で差異があり，また附属書の内容を全面的に改訂するべくICAOにおいて議論が進められているため，今後改められる予定である。なお，空港の設置及び管理に関する通則法として，別途「空港法」が定められており，空港に関する定めは，本章に定めるもののほか，同法による（第56条の5）。

また，第六章では，機長及び航空機が運航にあたり遵守すべき事項等が順次定められており，シカゴ条約附属書第2（航空規則）が定める有視界方式（VFR），計器飛行方式（IFR）及びこれらの飛行方式を前提とした各空域での飛行方式（例えば特別管制空域では原則として計器飛行方式によらねばならず（第94条の2第1項），航空交通管制圏においては当該管制圏が設定されている空港への離着陸（のための飛行）に限り認められる）が定められている。航空法で定められている「航空交通管制区」「航空交通管制圏」「航空交通情報圏」「特別管制空域」等は，必ずしも附属書第2で定める空域種別と逐一対応しているわけではないが，航空法の各空域が，附属書のどの空域種別の特性を有するのか説明が可能となっているという意味において，附属書の概念を反映させているといえる。

なお，第六章で，交通管制の根拠として，一定の空域において，航空機は国土交通大臣の指示に従う義務があることが定められている（第96条第1項）が，この指示を実際に行っているのは国土交通大臣の権限を行使する同省職員である航空管制官であるところ，その資格要件等は航空従事者の技能証明に関する

規定を設けている第四章を含め，航空法では規定されていない。これは，航空交通管制官が同省職員として採用され，その職務遂行にあたり必要とされる事項は同省の内規で規律されるという考え方による（この考え方に基づき，管制業務の遂行にあたり必要な事項が国土交通省航空局長通達で定められている。）。

　以上，第一章から第六章まで，個別の技術的事項については，航空法の各条項で直接規定するものもあれば，同法施行規則，さらにはその運用を定める通達によるものなど様々なレベルで措置されており，その内容は，できる限りシカゴ条約及び同附属書で定められる国際標準に依拠し，国内的なやむを得ない事情がある事項について，国内独自の規定を設けるという考え方で定められている。特に耐空証明，航空従事者技能証明といった，証明の対象が，他国に乗り入れる場合に当該他国による承認の対象となる分野においては，その内容は基本的に国際標準に合致している。また，航空管制官の資格要件等や技能保持のための訓練手法等を定める国土交通省の内規においても，同様の考え方で内容が定められている。

　なお，シカゴ条約は，国の航空機には適用されず，軍に属する航空機にも適用されない（第3条(a)(b)）。一方，航空法は，その所有者，運航者の如何を問わず，日本国籍の航空機，日本領空内に存在する航空機に適用されるが，自衛隊機については自衛隊法（第107条）及び同法施行令，米軍機については，「日本国とアメリカ合衆国との間の相互協力及び安全保障条約第六条に基づく施設及び区域並びに日本国における合衆国軍隊の地位に関する協定及び日本国における国際連合の軍隊の地位に関する協定の実施に伴う航空法の特例に関する法律」及び同法施行令により，適用関係の調整（除外を含む）が図られている。

(2) 需給調整を廃した事業規制

　我が国においては，他人の需要に応じ，航空機を使用して有償で旅客又は貨物を運送する「航空運送事業」（航空法第2条第18項）と，それら以外の行為の請負を行う「航空機使用事業」が，航空機を用いた事業のうち規制の対象とされており，ここでは，航空法第七章で規定される航空運送事業に係る規制内容を概観する。

　航空法制定以来，航空運送事業は長らく路線ごとに需要と供給のバランスを勘案して参入事業者が決定される免許制の下，特定の路線では複数の会社が競争するものの，それ以外の路線では特定の会社のみが運航するといった仕組みが長年続いていた。しかしながら，競争による利用者利便の向上を図る観点か

ら，2000年に免許制が廃止され，一定の能力を満たせば参入が可能となる許可制に移行した。

　許可の条件としては，事業の計画が輸送の安全を確保する観点を含め適切であること，また，それを適確に遂行するに足る能力を有するものであること，さらには，その前提として，日本国籍を有する個人，法人と評価できること（その要件については航空機に同じ），国際航空運送を行おうとする場合には本書第1章で述べた各国との二国間協定，取決めの内容に適合することが定められている（第101条）。

　その上で，事業の許可を受けた者は，事業を開始するに当たっては，運航の安全の確保のために必要な施設（運航管理施設等）の検査を受け，合格すること（第102条第1項），安全管理規程を定めること（第103条の2第1項），運航規程及び整備規程の認可を受けること（第104条第1項）といった安全上の要件を満たすとともに，運賃及び料金を定め（第105条第1項），運送約款の認可を受け（第106条第1項），運航計画（第107条の2第1項）を定めることとされている。

　一方，許可制を導入しても，運航に必要な基幹空港へのアクセスが伴わなければ実質的な参入障壁が存在し，競争による利用者利便の向上は期待できない。このため，我が国では羽田空港における航空会社の発着枠（ただし，ここでは，1日あたりの発着回数の総数という意味であって，航空業界で通常用いられる，航空機が空港を発着する特定の時間を指す「スロット」（slots）という用語法での意味ではない）を国土交通省が定期的に回収し，再度配分するという独特の制度を設けている。その前提として，航空法では，混雑空港における運航について特別に許可を求めることとし，かつ，その期間を有限としている（第107条の3第1項・第5項）。羽田空港の発着枠の回収・再配分自体は，ほぼ5年周期，直近では2019年に実施されている。

　なお，外国の航空機・航空会社に対しては，第八章に関係規定を置き，シカゴ条約第1条で確認されている領空主権の考え方に則り，その航行を国土交通大臣の許可に係らしめ（第126条第1項・第2項），外国籍の国際航空運送事業を営む者に対しては，事業の経営にあたり国土交通大臣の許可を求める（第129条第1項）とともに，シカゴ条約第7条に基づき，これらの者による国内航空運送を原則として禁止している（カボタージュ）（第130条）。

(3)「無人航空機」という概念の導入

　近年の航空技術の進展により，ドローンと呼ばれる，遠隔操作や自動操縦によって飛行する，人が乗ることが想定されない小型の機器の利用が急速に普及してきている。

　シカゴ条約では，航空機の定義は設けておらず，附属書2, 6, 7, 8, 13において「大気中における支持力を，地表面に対する空気の反作用以外の，空気の反作用から得ることができる一切の機器（Any machine that can derive support in the atmosphere from the reactions of the air other than the reactions of the air against the earth's surface)」としており，航空機を人が乗ることを念頭に置いているかどうかで区別しておらず，操縦者のいない航空機を想定した第8条を設けている。

　一方，航空法では，「操縦者が乗り組まないで飛行することができる装置を有する航空機」について，その飛行を国土交通大臣の許可に係らしめてはいるものの（第87条第1項），航空機はあくまで，「人が乗つて航空の用に供することができる飛行機，回転翼航空機，滑空機，飛行船その他政令で定める機器をいう」とされており（第2条第1項），「その他政令」も定められていない。したがって，ドローンのような，人が乗ることを全く想定していない機器については，直ちに航空機には含まれない。

　これを前提に，我が国においては，航空機とは別にこれらの機器を「無人航空機」と定義し（第2条第22項），航空機とは区分して安全規制に服せしめることとしている（本書第10章参照）。

　この安全規制の構造は，航空機同様，登録を求め（第132条），機体認証を行うこととし（第132条の13第1項）（航空機における耐空証明に相当），型式認証（航空機における型式証明に相当）を得ている無人航空機については，機体認証のための検査を全部又は一部省略できること（第132条の13第5項第1号・第6項第1号），無人航空機の飛行に必要な技能について技能証明を行うこと（第132条の40），無人航空機の飛行の禁止空域及び飛行の方法を定める等，(1)で述べた航空機に対する安全規制に類するものとなっているが，当然ながら，個別の内容については相当差異があり，留意を要する。

　また，これらの規制とは別に，警察規制の観点から，国会議事堂，内閣総理大臣官邸その他の国の重要な施設等の周辺地域の上空においては，「重要施設の周辺地域の上空における小型無人機等の飛行の禁止に関する法律」第10条第1項により，小型無人機（定義は航空法の無人航空機とほぼ同じであるが，微

妙に異なる）の飛行は原則として禁止される。

　なお，無操縦者であっても，人が乗ることが想定される大きさの航空機であれば，航空法上「航空機」に該当するため，人が乗ることが想定されている「空飛ぶクルマ」とも呼ばれる新しいモビリティについては，現在 ICAO で新しい国際標準について検討が進められており，採択された際には，航空法の体系においてもこれに対応した(1)の安全規制が加わることとなる。

　また，ドローンや新しいモビリティを用いて航空運送事業（に相当する事業）を展開しようとした場合，現状においては，前者については(2)に相当する規制が存在せず，また，後者については(2)の制度がそのまま適用されることとなるが，そのあり方については，今後さらに検討が必要である。

Ⅲ　その他の法律

　ここでは，我が国の航空に関する法体系の中で，航空法以外の主要な法令について，ごく簡潔に概要を紹介する。

1　空港法

　我が国の空港の設置及び管理に関する通則法であり，空港の設置及び管理主体と整備に要する費用の負担割合等について定めている。なお，成田国際空港，関西国際空港・大阪国際空港（伊丹），中部国際空港はそれぞれ成田国際空港株式会社，新関西空港株式会社，中部国際空港会社が設置・管理することとされており，これら各会社を規律する法律が別途制定されている。また，国が設置・管理する空港の整備費用の 2/3，地方公共団体が設置・管理する空港の整備費用の 1/2 を国が負担することとされている。

　なお，空港の整備等に関する国の歳入及び歳出については，空港整備特別会計（現在は，自動車安全特別会計の中で，「空港整備勘定」に区分され，管理されている）において，空港の使用料収入，航空機燃料税の収入に対応した一般会計からの繰入金等で歳入が構成され，空港整備事業に係る費用が歳出とされること等，その制度は「特別会計に関する法律」（附則）に基づいていることに留意が必要である。

2　各種空港会社法等

　空港法で国及び地方公共団体以外の設置・管理主体が設置・管理することとされた空港について，その各々の設置・管理主体の設立根拠となる法である（中部国際空港については，指定会社制度である。）。正式名称はそれぞれ，成田国際空港株式会社法，関西国際空港及び大阪国際空港の一体的かつ効率的な設置及び管理に関する法律，中部国際空港の設置及び管理に関する法律，民間の能力を活用した国管理空港等の運営等に関する法律である。

　また，それら以外の国及び地方管理空港についても，民間能力を活用して，その機能強化及び有効活用による利用者利便の向上を図る観点から，空港の運営権を民間事業者に設定するいわゆるコンセッション方式を進めているが，その根拠法が「民間の能力を活用した国管理空港等の運営等に関する法律」であり，同法でこれらの空港における関連法令の適用に係る特例を設けている。

3　航空機抵当法・航空機登録令

　航空機に関する動産信用を確立させることを目的として，航空機抵当法が設けられ，不動産同様の航空機を担保とした資金調達制度が整えられている。なお，その前提となる航空機の登録を含め，手続に関する具体的な規定は航空機登録令において定められている。

4　航空機騒音防止法

　空港周辺における航空機の騒音により生ずる障害の防止，航空機の離着陸の頻繁な実施による損失の補償その他必要な措置について定め，関係住民の生活の安定及び福祉の向上を目的として制定された法であり，これに基づいて空港周辺地域の住宅の騒音防止工事の助成等が図られている。正式名称は，公共用飛行場周辺における航空機騒音による障害の防止等に関する法律である。

5　ハイジャック処罰法・航空危険行為処罰法

　ハイジャックの防止を目的とした「航空機の不法な奪取の防止に関する条約」（ハーグ条約）の採択に先んじて，ハイジャック事犯の実態に即し，構成要件と刑事罰を明確化する立法措置を講じたものが「航空機の強取等の処罰に関する法律」（ハイジャック処罰法），ハイジャッキングの周辺で発生する，航空に危険を与える不法行為全般について，「民間航空の安全に対する不法な行為

の防止に関する条約」(モントリオール条約)を踏まえ，航空の危険を生じさせる行為という新しい犯罪類型を設置し，これに独立して対応する法律として設けられたのが「航空の危険を生じさせる行為等の処罰に関する法律」(航空危険行為処罰法)である。これらを含め，航空に関する刑事法の詳細については，本書第3章で扱われる。

6　運輸安全委員会設置法

シカゴ条約では，航空機事故の調査については，事故発生国が主体となり，当該航空機の登録国も立ち会うことが認められるとする発生地主義が採用されている(第26条)。また，調査すべき事故及びインシデントの定義，事故調査当局の独立性の担保，事故報告書の作成，開示等事故調査に関する国際標準は，附属書13において定められているが，これを受けて，我が国では運輸安全委員会設置法において，同委員会が我が国における事故調査当局たること，また，事故調査はシカゴ条約の規定及び附属書で採択された国際標準に準拠して行われることとし(同法第18条第1項)，具体的な委員会の構成，事故調査の方法等調査の遂行にあたり法律の規定が必要とされる事項が定められている。

7　航空機製造事業法

我が国においては，航空機を製造する事業については，航空法による航空機に対する安全規制とは別に，その産業行政的観点から，航空機製造事業法によって規律されている。

Ⅳ　まとめ(課題)

第1章で説明された航空に係る国際(公)法の体系の特徴と課題である，シカゴ条約及び附属書に基づく普遍的(相互主義的)な安全規制と，個別二国間での取決め及び領空主権を前提とした各国独自の経済的規制の組み合わせは，航空法を基本法規として，個別法規が分立する我が国の航空行政法体系の特徴と課題の要因ともなる。

シカゴ条約と附属書の階層構造は，進歩・変化の著しい技術的な規制を迅速に規範化させていく上で，非常に有効な仕組みではある一方，同様の階層構造を国内法において有する国でない場合には，その国内法化は立法技術的に常に

難しい課題を抱える。そのような国の一つである我が国では，附属書の内容であっても，国民の権利義務を新たに定める重要な性格を持つと判断されるものについては，法でそれを定めるべきとの法定主義の立場から，航空法においても，その多くが下部規則に委任されることなく，条文で直接規律されている。

　航空に限った話ではなく，およそ国際標準，国際基準を伴う分野に共通する課題ではあるが，採択される標準を日本語に変換する手法，変換されたものをどのレベルで規律するのかという問題が常に生じる。頻繁に変更が想定される事項については，柔軟な対応を可能にするためになるべく下部層の規定で規律されるべきであるが，既にそのような事項が条文のレベルで規定されているのであれば，これを下部規則に移行させることは容易ではない。ICAOでの国際標準改訂の議論が航空法の条文のレベルで規定される事項に及ぶ場合には，この問題が常に顕在化する。したがって，我が国航空法の体系，規定の階層構造に通じることがそのままICAOで規律される各種国際標準の包括，体系，構造の体系的な理解に結びつくわけではない。むしろ，言語が異なる（国際標準は国連公用語（英・仏・西・露・亜・中）で規定される）ことも相俟って，特定の技術的分野に精通している者における当該特定分野の理解を超えて，両者が包括的に結びついて理解されているとは言いがたい。

　また，航空法は，制定当初，既に存在していた海運・船舶・船員等海事諸行政の基本をなす各法が個別に制定されているのと比較して，横断的，包括的に航空に関する基本法として制定されているのが特徴とされていた。原初制定以来，航空に関する基本法規との位置づけには依然変わりがないものの，当然ながら航空法のみで必要とされる法律事項を全て規定することは困難であり，そこに包含できない個別法が相当数蓄積してきている。したがって，航空のある特定の事柄，関心事項について，それが法律で規定されているのか，規定されているとして航空法なのか，それ以外の個別法なのかについては，それなりの知見がある者でなければ直ちにはわからない。

　さらに，国際的な規制ニーズの変化（保安，環境，新たなモビリティ等），国内的な事業規制の考え方の変化（免許制から許可制への移行，空港経営主体の多様化等）を受けて，法体系で規律される内容自体が，縷々変化している。当然ながら，これらは我が国の航空政策のニーズの変化の反映そのものであるため，法体系の理解にあたっては，特定の時点での政策体系の包括的な理解とその変化を継続的に捕捉・消化する努力が求められるが容易ではない。

このため,航空法を根幹とする我が国の航空行政にまつわる法体系を背景思想も含めて俯瞰・網羅し,これを可視化させる文献は,必要不可欠ではあるものの残念ながら存在せず,今後も直ちに出現するとも想定されないところである。本章はそのような問題があることの提起にとどまるが,そのような難しさを克服して,より良き航空政策が展開されていくべく,関係者による努力を期待する。〔大沼俊之〕

参考文献

国土交通省航空局監修『航空六法』(鳳文書林出版)
　本章で紹介する航空法をはじめとする各法令,シカゴ条約をはじめとする各条約の具体的な規定内容の参照に便利である。各法令は頻繁に改正されるが,毎年版が改められ,前年の改正内容が反映されている。

国土交通省航空局監修『数字で見る航空』(日本航空協会)
　航空法をはじめとする各法令の内容理解には,それらにもとづく政策・制度の理解が必須であるが,それらを俯瞰・参照するのに便利である。各種のデータも含め,毎年版が改められ,最新の状況が捕捉,反映されている。

一般財団法人関西空港調査会監修・加藤一誠ほか編著『航空・空港政策の展望』(中央経済社,2021年)
　航空政策・制度そのものを広く理解する助けとして,その種の文献としては最も新しく(2021年),かつ,わかりやすい。

山口真弘『航空法規解説(全訂版)』(航空振興財団,1992年)
　この分野における,唯一の実務家による学術的体系的文献。ただし,出版時から本書Ⅱ2⑵の事業規制を含め,航空法は幾度となく改正されており,既に対応していない内容,あるいは記述されていない内容が少なくない。

〔注記〕
　本章は,筆者が個人の資格で記しているものであり,意見・評価に係る記述は筆者個人のものである。法令名の通称は国立国会図書館提供の「日本法令索引」に依拠した。

第 3 章　航空に関する刑事法

要　旨

Ⅰ．本章は航空に関する国際刑事法と各国刑事法上の規律について扱う。航空犯罪は一般刑法上の犯罪と多くの部分で重なるが，航空機内での不法行為，ハイジャック，設置爆発物による墜落などは重大な被害をもたらすため，特別な規律がなされていることがある。

Ⅱ．航空犯罪にはまず，犯罪の構成要件と訴追手続が国際法上定まっている犯罪（国際法上の犯罪）がある。次に，犯罪の構成要件等が各国国内法上定まっている犯罪がある。これについて国際法の観点からは次の3つに分けることができる。第1に，それに対処することが，一国の利益に還元できないような国際的な利益であるという認識があり，それゆえに犯罪の構成要件についての統一が図られており，かつ，それについての協力を義務付ける条約が成立している場合である。第2に，各国国内法に共通する犯罪を特定し，それについての国家間協力を義務付ける条約が成立している場合である。これらの犯罪については，条約において，相手国から要請があった場合に共助に応じる義務が課されている。第3に，犯罪の規律に関する基準の統一がなされず，国家間で国内法の執行の調整がなされている場合である。

Ⅲ．各国国内法上の犯罪には，機上犯罪，禁制品の密輸，移民密入国支援，ハイジャック，人質をとる行為，テロ行為，海賊行為が含まれる。特にハイジャックは暴力や威嚇を用いて航空機を不法に奪取する行為である。

Ⅳ．刑事司法協力においては，犯罪人引渡，捜査司法共助，受刑者移送が主要な協力手段である。犯罪人引渡しは条約がなければ義務はなく，二国間条約に基づく相互主義に基づいて行われる。また，双方可罰性原則や特定主義，政治犯不引渡原則，自国民不引渡原則などが一般的に取り入れられている。

Ⅴ．国際民間航空機関は航空犯罪を含めた不法な妨害行為や暴力を行う条約に対処するために基準および推奨慣行を採択している。これらを実施することが，航空犯罪を検知し予防する上で重要である。

Ⅵ．空域における法執行のあり方として，航空機に対する実力の行使がある。強制着陸を求めるために要撃する際には武器の使用を含む実力行使が行われるが，これは民間航空機に対しては致死傷性のある武器の使用を避けて行われなければならない。

> Ⅶ．日本においても機内での不法行為や航空の危険を生じさせる所定の行為を犯罪と定めている。

Ⅰ　はじめに

1　航空に関する刑事法の概要

　本章では航空に関わる犯罪（航空犯罪）の法的規律を扱う。このような犯罪には様々なものがあり，その根拠も国際法と各国国内法の双方がある。

　まず，犯罪の構成要件と訴追手続が国際法上定まっている犯罪（国際法上の犯罪）がある。次に，犯罪の構成要件等が各国国内法上定まっている犯罪がある。これについて国際法の観点からは次の3つに分けることができる。第1に，それに対処することが，一国の利益に還元できないような国際的な利益であるという認識があり，それゆえに犯罪の構成要件についての統一が図られており，かつ，それについての協力を義務付ける条約が成立している場合である。第2に，各国国内法に共通する犯罪を特定し，それについての国家間協力を義務付ける条約が成立している場合である。これらの犯罪については，条約において，相手国から要請があった場合に共助に応じる義務が課されている。第3に，犯罪の規律に関する基準の統一がなされず，国家間で国内法の執行の調整がなされている場合である。

　航空犯罪は一般刑法上の犯罪（例えば器物損壊罪，脅迫罪など）と重なるところも多い。しかし，機内での不法行為，ハイジャックなど飛行を危険に晒す行為，設置された爆発物による航空機の墜落などは特別に抑止する必要性が大きい。また各国としては航空産業を育てていく需要がある。多くの国において航空産業の民営化が進んだとはいえ，各国にとってフラッグ・キャリアは国の象徴であり，経済的にも安全保障の観点からも重要である。航空犯罪を規律する諸法制は，これらの異なる利益のバランスを反映している。

2　空間を基準とする管轄権の配分

　国家管轄権は一義的には空間に基づいて配分がなされる。まず，各国は自国領域（領土，領水〔内水，領海，群島水域。国連海洋法条約2部から4部の規則に従って沿岸国が設定〕，領空〔領土と領水の上空〕）について主権を有する（本書第

1章参照)。

　領空の上限について，国際的に確立した基準はない。これに対して，宇宙空間は「全人類」に開かれている（宇宙条約1条）。低軌道より下の空間における活動（サブオービタル飛行等）に対する管轄権について，国際法規則が確立しているとはいえず，米国，英国，豪州，ニュージーランドなどの一部の国の実践が先行している状況である。

　また，領海の外側の空域については上空飛行の自由が及ぶため，登録国以外の国が航空機に干渉することは許されない（国連海洋法条約87条参照）。もっとも航行中に介入できる船舶とは異なり，航空機についてはいずれかの国の領域ないしプラットフォームに着陸を求めることになる。その場合には，航空機は当該領域国，ないしプラットフォームの管轄国の管轄に服することになる。さらに，機内で実行された犯罪について条約に基づき航空機の登録国以外の法執行が認められていることがある（第III節参照）。

II　国際法上の犯罪

1　中核犯罪

　国際法上の犯罪には，中核犯罪（core crime）である，戦争犯罪，人道に対する罪，ジェノサイドが含まれる。それぞれの定義は根拠法規によって違いはあるが，国際刑事裁判所規程（ICC規程，1998年採択，2002年発効）が1つの指標になる。また，これらの犯罪が各国国内法上規定されることもある。

　ジェノサイド（集団殺害犯罪）とは，国民的，民族的，人種的又は宗教的な集団の全部又は一部に対し，その集団自体を破壊する意図をもって行う，構成員の殺害等を指す（ICC規程6条）。人道に対する罪とは，文民たる住民に対する攻撃であって広範又は組織的なものの一部として，そのような攻撃であると認識しつつ殺人等を行うことをいう（同7条1項）。戦争犯罪とは武力紛争法の違反であって可罰的違法性があると評価されるものである（同8条2項）。

　ICC規程において，戦争犯罪として定義されているもののうち，次のものが特に航空犯罪として評価されうる。まず，国際的武力紛争において，文民や民用物（軍事目標以外の物）を故意に攻撃することである（同8条2項(b)(i), (ii)）。次に，防衛されておらず，かつ，軍事目標でない都市，町村，住居又は建物を攻撃し，又は砲撃し若しくは爆撃することである（同8条2項(b)(v)）。非国際的

武力紛争についても規則がある（同8条2項(e)）。武力紛争法上，適法な軍事目標以外の人や物を攻撃してはならないとする区別原則が確立しており，それが空域でも適用される。

さらに，武力紛争に関する国際法に違反して，その性質上過度の傷害若しくは無用の苦痛を与え，又は本質的に無差別な兵器，投射物及び物質並びに戦闘の方法を用いることも犯罪を構成する（8条2項(b)(xx)）。例えば，化学兵器や生物兵器の空からの投下がそれに当たる（本書第11章も参照）。

2　民間航空機の撃墜

民間航空機を故意に撃ち落とす行為は，戦争犯罪あるいは人道に対する罪の構成要件に該当しうる。他方で，戦闘機等と誤認するなどして撃墜する場合は，中核犯罪の主観的要件を満たさないことがある。また，中核犯罪の構成要件を充足しても，国際的に責任追及を行う手続がないことがある。

マレーシア航空17便撃墜事件（2014年7月17日，同便がオランダからマレーシアに向かうためにウクライナ東部上空を飛行していたところ，独立推進派がこれを撃墜）は，被害者の国籍国であるオランダ国内裁判所において，戦争犯罪ではなく殺人罪での訴追がなされた。2022年11月18日，オランダのハーグ地方裁判所は殺人罪に問われた元ロシア大佐ら3名に対し，被告人不在のまま終身刑を言い渡した。

Ⅲ　各国国内法上の犯罪

各国国内法上の犯罪については，どの国がその事件を管轄するかが問題になる。民間航空機はいずれかの国（登録国，旗国）に登録されるため，登録国は飛行中の機上での犯罪については管轄権を持つ。これは1940年代末，米国や英国が航空機内での暴行等を訴追するために登録国として管轄権を設定し，他の国が倣ったものである。

航空機がある国の領空を飛行しているとき，領域国などの登録国以外の国が執行管轄権を持つか，また関係国が条約上，管轄権（裁判権）の設定義務を負うかを基準に，以下で簡単に説明する。

1 機上犯罪

機上犯罪については，1963年の「航空機内で行なわれた犯罪その他ある種の行為に関する条約」（東京条約）が規律をしている。すなわち飛行中に行われる乗務員や他の乗客への暴行などの，登録国の法律に反する行為は，当該登録国の管轄に服する（同条約3条）。なお，東京条約は航空機の動力が離陸のために作動した時から着陸の滑走が終止する時までを飛行中としている（同条約1条3項）。

登録国以外の締約国は，その犯罪が当該締約国の領域に対して影響を及ぼす場合，その犯罪が当該締約国の国民もしくは恒久的な居所を有する者によりまたはそれらの者に対して行われた場合，その犯罪が当該締約国の安全を害する場合，その犯罪が当該締約国で施行されている航空機の飛行または操縦に関する規則に対する違反である場合，その刑事管轄権の行使が多数国間の協定に基づく当該締約国の義務の遵守に必要である場合に，刑事管轄権の行使を目的として干渉することができる（同条約4条）。これは領域国の主権の行使として認められる（干渉の態様については本章第Ⅵ節参照）。

また条約では犯罪に対処するための航空機機長の権限が明記されている。機長は犯罪を起こすかもしれない者の搭乗を拒否することができる（同条約6条1項）。そして，容疑者を拘束し，着陸国で降機させて権限のある当局に引き渡すことができる（同条約9条1項）。

2014年に東京条約の改正議定書（モントリオール議定書）が採択された。議定書は関連犯罪に対する管轄権の設定を着陸した国や運航国にも認める（議定書3条1項の2）。犯罪が機内で行われ容疑者が機内にいながら航空機が加盟国に着陸した場合，当該国は管轄権を設定するために必要な措置を取らなくてはならない（同3条2項の2 a) i)）。また，議定書は機内保安要員を機内での暴行等から保護する義務を加盟国に課している（同15条の2第1項a)）。

2 各国に共通する犯罪

(1) 禁制品の密輸

禁制品の密輸，不法入国，密入国支援が空路で行われることがあり，その場合には組織犯罪に関する諸規則が関わる。組織犯罪については国連組織犯罪防止条約（2000年採択，2003年発効）がある。条約上，犯罪組織とは，3人以上の者から成る組織集団で，金銭的利益その他の物質的利益を得るために重大犯

罪（管轄を持つ国において長期4年以上の自由を剥奪する刑に処せられうる犯罪）を行うことを目的として一体として行動するものと定義されている（同条約2条(a)）。そして締約国は，自国に登録された航空機の機内でなされる，犯罪組織による重大犯罪と，そこから得られた収益の出所等を隠匿する行為等について管轄権を設定する義務を負う（同条約15条1項(b)）。

(2) 移民密入国支援

　金銭的利益その他の物質的利益を直接又は間接に得るため，締約国の国民又は永住者でない者を当該締約国に不法入国させることを，移民密入国支援（smuggling of migrants）という。なお，不法入国とは受入国への適法な入国のために必要な条件に適合することなく国境を越えることである。性質上国際的な密入国支援であり，かつ，(1)で説明した犯罪組織その旨が関与するものの防止，捜査及び訴追並びに当該犯罪の対象となった者の権利の保護について，国際組織犯罪防止条約の移民密入国議定書（2000年採択，2003年発効）が採択されている。

　同議定書は，故意に行われた行為であって金銭的利益その他の物質的利益を直接又は間接に得ることを目的とする移民を密入国させる行為，及びその目的で不正な旅行証明書又は身分証明書を製造する行為などを，各国国内法で犯罪とするよう締約国に義務付けている（議定書6条1項）。

3　諸国の共通利益を害する犯罪

(1) ハイジャック（航空機不法奪取）

　ハイジャック（航空機不法奪取）とは，暴力，暴力による脅迫その他の威嚇手段を用いて，その航空機を不法に奪取し，または管理する行為を指す（航空機不法奪取防止条約1条）（本書第1章参照）。

　1960年代以降，航空の商業化が進み一般人が航空を移動手段として利用するようになると，中東やキューバ周辺のカリブ海を中心として，ハイジャックが急増した。その目的は多岐にわたる。過去には自国からの逃亡あるいは亡命を求める例，反政府団体やテロ組織などが特定の政府に対して政治的な要求をする例，搭乗者の金品を強奪する例，搭乗者を人質にとって身代金を要求する例などがある。政治的目的のものとしては，1970年代のパレスチナ解放人民戦線，日本赤軍による行為が知られている。

　ハイジャックによって史上最大の犠牲者を出したのが2001年9月11日の米

国同時多発テロ事件である。テロ組織アルカイダの構成員が，アメリカン航空 11 便，ユナイテッド航空 175 便を奪取して世界貿易センターに突入し，両機の搭乗者全員と地上にいた者を合わせて約 3000 人が犠牲になった。さらにアメリカン航空 77 便が奪取されて国防総省の建物に突入し，搭乗者全員と地上にいた者を合わせて 125 人が犠牲になった。また，ユナイテッド航空 93 便が奪取されて墜落し，搭乗者 44 人全員が犠牲になった。この事件を契機に航空行政のあり方は大幅に変容した。

ハイジャックに対応するため，国際民間航空機関（ICAO）において，東京条約，1970 年航空機不法奪取防止条約（ハーグ条約），1971 年民間航空不法行為防止条約（モントリオール条約）が採択された。

航空機不法奪取防止条約では，ハイジャックの構成要件を定め，各国法で犯罪とすることを義務付け，さらに容疑者が所在する国が引渡すか訴追するかの義務（aut dedere aut judicaire）を負うことが定められた。なお，同条約の追加議定書（北京議定書）が 2010 年に採択され，ハーグ条約が規定する犯罪を追加し，テロ防止のための規則を導入した。

また民間航空不法行為防止条約では，ハイジャック以外で民間航空の安全を脅かす行為を犯罪とし（航空施設に対する破壊や安全を損なう行為を含む），航空機不法奪取防止条約と同様に，各国に管轄権の設定義務を定めた。

(2) テ ロ 行 為

テロ行為とは広義には政治的，宗教的，社会的，人種的，環境的なものを含め，思想信条に基づく目標のために，個人や組織によって行われる暴力的な犯罪行為を指す。テロ行為は各国国内法で定義されている。日本では「公衆等脅迫目的の犯罪行為等のための資金等の提供等の処罰に関する法律」（平成 14 年法律 67 号，通称テロ資金提供等処罰法）1 条において定義がされている。

テロを包括的に定義する国際条約は採択されていない。しかし 2006 年，国連総会決議「国連グローバル・テロ対策戦略」が採択された。これは，あらゆる形態のテロリズムを非難するとともに，テロリストの安住の地をなくすため，各国が「テロとの闘い」に協力することを謳うものである。

航空に関するテロは重大性が最も高いものとして，各条約や各国国内法で規制されている。上述した飛行機のハイジャックや，航行中の航空機を墜落させ，転覆させ，若しくは覆没させ，又はその航行に危険を生じさせる行為，爆発物を爆発させ，放火するなどして，航空機を破壊したり重大な損傷を与えたりす

る行為がそれにあたる。それから2010年に国際民間航空についての不法行為防止に関する条約（北京条約）が採択された。同条約は航行の安全を脅かす行為や，人を殺傷する目的での放射性物質や爆発物，あるいは化学，生物，核兵器の輸送等，テロ目的で行われる行為を犯罪として定めること，テロ規制のための強化された国際協力を行うことなどを締約国に義務付ける。

また，航空機不法奪取防止条約の議定書として，1988年に国際空港の安全を損なう一定の暴力行為を犯罪と定める空港不法暴力行為防止議定書が採択された。

さらに，プラスチック爆薬（可塑性爆薬）は爆発物探知機で検知するのが困難であるという特性を持つ。1987年の大韓航空機ボーイング77便爆破事件（本章Ⅵ1のKAL007便撃墜事件とは異なる），1988年のパンアメリカン航空103便爆破事件（ロッカービー事件），1989年のUTA航空772便爆破事件など，プラスチック爆薬を航空機に持ち込み，飛行中に爆破させる手口の事件が相次いだ。そこで，それを防止するためにICAOにおいて1991年に可塑性爆薬探知条約が採択された。同条約は，対象となる爆薬に対して爆発物マーカーの添加を義務付け，添加されていない可塑性爆薬の製造と移動を禁止し，廃棄する義務を定めている。

航空犯罪に限定されないが，特定の目的，態様で行われるテロ行為を禁止する条約が採択されている。例えば，1973年国家代表等犯罪防止処罰条約がある。国家元首や外交官の誘拐や殺傷などについて，各国にそれを犯罪とするよう義務付け，容疑者の所在地国に管轄権の行使を義務付けるものである。

また，2001年米国同時多発テロ事件の後に，テロ資金供与の規制が強化された。これについては1999年にテロ資金供与防止条約が採択されており，各国はテロ行為を支援等するための資金供与を犯罪とすることを義務付けられていた。また，1989年に設けられた政府間会合である金融活動作業部会（FATF）が，資金洗浄規制の基準を策定し各国にその実施を要請していたが，2003年にテロ資金供与がそのマンデートに含まれた。このようにしてテロに関しては包括的な刑事的規制がなされている。

(3) 人質をとる行為

上記のように航空機をハイジャックして，人質をとり自らの政治的要求などを強要する行為がある（このような行為は上記のテロ規制の対象にもなる）。

これについては，1979年に人質禁止条約が採択されている。同条約におい

て「人質」とは，人の逮捕，拘禁，及び当該人質の殺害，傷害または拘禁の継続をもってする行為であって，人質の解放のための明示的または黙示的な条件として何らかの行為を行うこと又は行わないことを第三者（国，政府間国際機関，自然人若しくは法人または人の集団）に対して強要する目的で行うものをいう。条約は，締約国に対して人質をとる行為を防止するために必要な措置をとり，管轄権の設定を義務付ける。

日本が直接関わった事件として，ダッカ日航機ハイジャック事件がある。1977年9月28日に日本赤軍がフランスのパリから東京に向かう日本航空機を不法奪取して，バングラデシュのダッカに向かわせ，乗客らを人質に取り，日本政府に対して服役，勾留者の釈放を求めたものである。その際，要求に従わなければ人質を殺害すると脅したため，日本政府は「超法規的措置」として，その釈放を認めた。

(4) 海 賊

海賊行為は，私有の船舶又は航空機の乗組員又は旅客が（私船要件），私的目的のために（私的目的要件），公海，またはいずれの国の管轄権にも服さない場所において（場所的要件），ある船舶又は航空機から，他の船舶若しくは航空機又はこれらの内にある人若しくは財産に対して（二船要件）行う，不法な暴力行為，抑留又は略奪行為と定義されている（国連海洋法条約101条1項(a)号）。同条は排他的経済水域（EEZ）においても適用される（同条約58条2項参照）。国連海洋法条約上，海賊行為については，公海上の旗国主義（同条約92条1項）の例外としていずれの国も管轄権を有する（同条約105条。同条は58条2項によりEEZでも適用がある）。

各構成要件の射程に関する議論を検討するにあたっては，海賊の国際法上の犯罪の性格をめぐる，次の2つの学説の対立があった。1つは，海賊行為の構成要件と法的効果，管轄権の配分は国際法上直接に定まっているが，その執行が各国に委ねられているとする見解である（国際法違反説）。もう1つは，海賊行為の構成要件と法的効果は国内法で定まっており，国際法はその管轄権の配分を行うのに留まるとする見解である（特別管轄権説）。国連海洋法条約の規定構造は，特別管轄権説に整合的である。

2023年11月19日，イエメンにおける反乱団体であるホーシー派が，ヘリコプターで紅海を通過するギャラクシー・リーダー号（バハマ籍）を襲撃し，乗組員らを人質に取った。この行為は海賊と評価できる。

Ⅳ　刑事司法協力

1　二国間協力

　犯罪に対処するために各国の協力が必要になる局面がある。主な刑事司法協力には，犯罪人引渡，捜査司法共助，受刑者移送などがある。

　このうち犯罪人引渡とは，他国からの請求に応じて自国領域内の容疑者を相手国に引き渡すことである。国際法上は条約がなければ引渡し義務はない。犯罪人引渡し条約として一般的なのは二国間条約である。その基礎にあるのは，相手国が義務を履行することを条件として自国も義務を履行するとする，相互主義（reciprocity）である。

　引渡し条約については双方可罰性原則，特定主義，政治犯不引渡原則，自国民不引渡原則などが，共通して入っている。それらは当然のことながら各国の判断で入れないこともできるが，慣行として条約に定められることが多いものである。

　このうち，双方可罰性原則とは，引渡しの原因となる行為が，自国と引渡しを求める国との双方で可罰的である場合にのみ引渡しを認めるものである。もっとも，具体的な構成要件が一致している必要はなく，抽象的に同一性が認められれば足りる。また組織犯罪やテロなどの所定の犯罪に関しては，多数国間条約において，自国において可罰的とすることが義務付けられているので，この原則が理由で引渡しがなされないという事件は減少している。

　特定主義とは容疑者が引き渡された後に，請求の理由となった以外の犯罪について訴追されないとする原則である。日本では，中国民航機ハイジャック事件（張振海事件）において，同原則の意義が問題となった。この事件は，1989年12月16日，北京発米国サンフランシスコ行きの航空機の運航を支配し，福岡空港に着陸させた中国人を，中国の求めに応じて同国に送還させるかが問題になった。当該者は，天安門事件でデモに参加したため身柄を拘束されていたことがあったため，ハイジャック以外の犯罪で訴追される恐れがあると主張した。しかし，東京高裁は中国への身柄引き渡しを決定した（1990年4月20日・高刑第43巻1号27頁）。その際，東京高裁は特別の事情がない限り請求国の保証を信用するべきだとした。

　政治犯不引渡原則は，主には思想犯を保護するためのものである。しかし，

国際法上の対処義務が課されている犯罪，例えば戦争犯罪や人道に対する罪などの中核犯罪やテロリズムは，政治性が強い犯罪ではあるが，政治犯不引渡し原則は適用されない。条約の中に，そのことを明記しておく例もある。

上記の中国民航機ハイジャック事件でも，逃亡犯罪人引渡法2条1号が定める政治犯不引渡し原則の適用があるべきだと被告人側は主張した。これに対して裁判所は，「政治犯罪」には相対的政治犯罪を含むが，その判断においては，その行為が帯びている政治的性質の強さを，行為の目的，政治目的を達成するのに直接的な有用性ないし関連性の有無，結果の重大性等と意図された目的との均衡，犯罪が行われたにもかかわらずなお全体として保護に値するか否か等の諸点に照らして，事案ごとに検討すべきだとした。そして，本件ハイジャックは「政治犯罪」に当たらないとした。

日本は，米国と韓国とのみ引渡条約を締結している。それ以外の国に日本国籍を持つ容疑者が逃亡している場合には，旅券を失効させ，相手国の協力を得るなどして身柄の送還を得ることができる。近年では，このような方法で東南アジア各国からの身柄の引渡しを受ける例が増加している。しかし，相手国の協力が得られなかったり容疑者が外国籍であったりする場合，そのような方法には限界がある。

2 特別法廷の設置

航空犯罪は政治性が高く，上記の司法協力のメカニズムが機能しないことがある。その場合は，特別法廷を設置することがある。1988年12月21日に生じたパンナム103便爆破事件については，リビアが容疑者らを他国に引き渡すのを拒否した。その後，安保理決議731（1992年）によるリビアへの容疑者引渡しの要請，国際司法裁判所での審理（仮保全措置決定，先決的抗弁判決）を経た後，2000年にオランダにおいてスコットランドの法律に基づいて特別法廷が設置された。被告人らは，国際法上の犯罪ではなく，スコットランド刑法に基づく殺人等の罪で訴追された（本書第1章参照）。

V 航空行政と刑事的規律

1 航空行政を通じた犯罪の抑止

航空犯罪への対処として重要なのは，犯罪の検知と予防である。そして航空

行政においては航空安全の一環として犯罪規制を行っており，乗客者情報を，犯罪の防止，抑止に用いている。

シカゴ条約（国際民間航空条約）に基づきICAOは，航空行政についての基準および推奨慣行（SARP）を採択している。中でも，不法な妨害行為に対する国際民間航空の保護を定める条約付属書17において，そのような迷惑行為への対処方法を定めている。

また，ICAOでは航空安全を確保するために，暴行を行う乗客に対処するためのマニュアルを採択しており，乗客が航空機内で犯す可能性の高い暴力を伴う犯罪をリスト化している（ICAO Doc. 10117）。各国はこれを国内法で犯罪と定めることができる。また，同マニュアルはそのような乗客に迅速に対応するために効果的な行政制裁についても指針を示している。

さらに，ICAOは旅券の電子化や偽造を防止するための標準を形成している。例えば，加盟国に対して旅券を電子的に読み取れるようにし，顔認証情報を保存することを義務付け，指紋や虹彩などの生物学的データを旅券に保存させ，本人確認を厳格に行うことを推奨している。これらの取り組みも，航空犯罪の防止に資するものである。

ただし，ICAOは本来刑事的規制を審議する組織ではなく，航空輸送の円滑化，効率化に重きをおいた決定がなされる。その決定プロセスも，簡素化されている。そのため，規制が侵襲的になり人権保障等の観点から問題が生じる場合がある。

航空行政における人権保障が問題となった例として，旅客の乗客予約記録（PNR；乗客の個人識別情報や旅行日程の情報のこと）の取り扱いがある。民間航空機の乗客の身元確認は，上記の航空テロの頻発と被害の大規模化に伴い，厳格化されるようになった。そして，各国法制において，自国に入ってくる航空機に搭乗している旅客のPNRの提出を，航空会社に対して義務付けるようになっている。日本も，関税法15条1項及び17条1項等に基づいてPNRをテロ関連物資や不正薬物の密輸防止等のために用いている。また，PNRを外国当局と共有することがある。日本の場合は，関税法108条の2第1項及び税関相互支援協定に基づいて，密輸防止のために必要な場合には，PNRを外国税関に提供する。

もっともこのように乗客の個人情報を外国当局に提供することには，航空会社が管轄に服している国の個人情報保護法と抵触する恐れがある。個人情報保

護法とは，主には民間事業者の個人情報の取扱いに関する規則を定めた法律である。各国や地域ごとに，個人のプライバシー等の権利や利益の保護と，個人情報の有効活用とのバランスを図りながら制定されるので，その内容は一様ではない。欧州連合（EU）においては，EU 基本権憲章 8 条 1 項でデータに対する権利が基本権として位置付けられており，他国と比して厳格な「一般データ保護規則」（GDPR）の適用がある。そこで，他国への PNR の提供が，GDPR などに違反するとして EU 司法裁判所において争われたことがある。EU は米国や豪州などと PNR の移送と利用に関する協定を締結し，個人情報が移送先において適正に利用されることを確保している。

2　航空事故の調査と刑事捜査

シカゴ条約第 13 付属書は，航空事故が発生した地の国に対して，航空当局その他調査を阻害しうる団体から独立した機関が調査を行うことを義務付けている。しかし，その目的は事故，事件の防止にあり，刑事責任追及のためではないとされている。航空機の運用においては，小さな過失が重大な事故につながる恐れがある。過失について刑事責任を問うと，刑事責任の追及を恐れてミスやその原因を隠蔽する萎縮効果が生じ，システム全体の安全性の向上の支障をきたすという懸念がある。そのため，調査の結果得られた資料等を刑事手続に用いることは原則認めないと定められている。ただし，国内法の定めにより，その開示の重要性が当該調査または将来の調査に与える悪影響を上回る場合はその限りではないとされている（第 13 付属書 5.12 条）。

日本政府は 2008 年にこの条項について相違通告（Notification of differences. 自国の規則が ICAO 標準と異なる場合に ICAO に通報する手続）を出している。すなわち，日本の運輸安全委員会設置法（昭和 48 年法律 113 号）は，シカゴ条約の規定並びに同条約の附属書として採択された標準，方式及び手続に準拠して運輸安全委員会が事故調査権限を有することを定める（同法 18 条 1 項）。また，処分の権限は，犯罪捜査のために認められたものと解釈してはならないとされる（同法 18 条 5 項）。しかし，運輸安全委員会の調査結果を，裁判所の決定に基づき，刑事訴訟，民事訴訟で用いることは認められている。また，日本政府は航空事故調査委員会設置法案の際の 1972 年の警察庁長官・運輸事務次官間の覚書などにおいて，基本的には相互に協議，調整をして検査等を行うが，事故現場の保存や証拠の収集等については刑事訴訟法上の捜査が優先するという

方針をとっている。

VI 航空機に対する実力の行使

1 国際民間航空条約3条の2
　空域で飛行中の航空機に介入するには，要撃（intercept，対象航空機に対する進路の妨害，迎撃を含む強制措置）するなどして強制着陸を求めることになる。その際に，武器の使用を含めた実力を行使することがある。
　一般に警察が実力を行使する上では，致死傷性のある武器の使用は可能な限り避けるべきであり，使用する場合には必要相当な範囲で行うことが義務付けられていることが多い。
　国際民間航空条約3条の2(a)は，締約国は飛行中の民間航空機に対して武器の使用を差し控えなくてはならないこと，要撃の場合には，乗員乗客の人命と航空機の安全を危険にさらしてはならないことを定める。この条項は，慣習国際法の関連規則として認めることができる（国連安保理決議1067号（1996年）参照）。
　ただし，条約はこの条項を国連憲章に定める国の権利および義務をいかなる形でも修正するものと解釈してはならないことも定める。このような権利には自衛権（国連憲章51条）が含まれる。
　国際民間航空条約3条の2(a)は1983年のソ連KAL007便撃墜事件を契機に1984年に設けられた。この事件では，ソ連が領空に進入したKAL007便を警告せずに撃墜し，乗員乗客269人全員が死亡した。なお，この事件以前にも，民間航空機に対して実力が行使された例は存在する。例えば，1955年，ブルガリアは領空に侵入したイスラエルの旅客機を撃墜した（[1959] ICJ Rep. 127）。1973年，イスラエルはイスラエル占領下のシナイ半島を飛行したリビアの旅客機を撃墜した。ICAO理事会はこの撃墜事件を厳しく批判し，イスラエルはのちに謝罪した上で被害者の遺族に賠償した。
　もっとも，武器を用いることなく強制着陸をさせることは主権的権能の一部として認められる。日本の自衛隊法84条も日本の領空に許可なく侵入してきた外国航空機に対しては，「これを着陸させ，又はわが国の領域の上空から退去させるため必要な措置を講じさせることができる」ことを定める。武器を用いないとしても領域国は関連する国際法規則に沿って措置をとる義務を負う。

その旨2021年5月23日，ベラルーシ領域上空内を飛行していたアイルランドのライアンエアー社が運行する航空機が，ベラルーシ当局から機内に爆弾が仕掛けられており保安上の危険性があるので緊急着陸を指示され，軍用機による要撃も受けたのでそれに従ったところ，同国当局が，搭乗していた同国反体制派のジャーナリストを拘束した事件があった。なお，機内からは危険物は発見されなかった。このように虚偽の情報を与えて着陸させる方法はシカゴ条約に反する可能性がある（本書第1章参照）。

2 民間航空機の強制着陸と撃墜を認める国内法令

国際民間航空条約3条の2(a)にも関わらず，航空機自体が危険をもたらす場合には，強制力を行使することを認める国内法を持つ国がある。

(1) ハイジャック機

ドイツは，2006年に航空安全法（通称ハイジャック機撃墜法）を制定した。この背景には2001年米国同時多発テロ事件において航空機自体が武器として用いられる可能性があるという認識が根付いたこと，2003年にフランクフルトにおいて軽飛行機の乗っ取り事件が生じその危険性が懸念されたことなどがある。同法については，ドイツ連邦憲法裁判所が2006年2月15日判決（1 BvR 357/05）において，罪のない乗客を乗せた民間航空機の撃墜は，生命と人間の尊厳に対する憲法上の権利の不当な侵害にあたり，連邦軍はその措置を取る権限を持たないため違憲であると判断している。ただし，裁判所はシカゴ条約3条の2には言及しなかった。

(2) 麻薬密輸機

ブラジル，コロンビア，ペルーなどでは，小型機を利用した麻薬密輸が頻繁に行われている。そこで，これらの国ではその疑いのある航空機を強制着陸させ，必要に応じて撃墜することがある。実際の例としては2001年4月20日，ペルーが麻薬密輸に関与した疑いのある軽飛行機を撃墜して2人の民間人が死亡したものがある。

2004年10月，ブラジルは，麻薬密売の容疑者搭乗航空機を撃墜できる国内法を制定した。これは領空に侵入した不審な航空機のうち，身元を明かさないものを空軍が撃墜することを認める。もっとも，撃墜をする前に空軍が取らなくてはならない手続きが法定されており，航空機に対して警告射撃を行うことも義務付けられている。

Ⅶ　日本国内法

　航空犯罪に関連する日本国内法としては次のものがある（本書第2章も参照）。まず，日本に登録された航空機内では刑法（明治40年法律第45号）の適用がある（刑法1条2項）。下記の犯罪については国外犯も処罰される（同2条）。

　航空機の強取等の処罰に関する法律（昭和45年法律第68号，通称ハイジャック処罰法）では，「暴行若しくは脅迫を用い，又はその他の方法により人を抵抗不能の状態に陥れて，航行中の航空機を強取し，又はほしいままにその運航を支配」すること（ハイジャック）を犯罪と定める（1条1項，国外犯につき5条）。

　航空の危険を生じさせる行為等の処罰に関する法律（昭和49年法律第87号，通称航空危険行為処罰法）は，航行中の航空機を墜落させること，業務中の航空機を破壊すること，業務中の航空機内に爆発物等を持ち込むことを犯罪と定める（2〜4条，国外犯につき7条）。

　航空法（昭和27年法律231号）は，航空機の強取，航空機若しくは空港等の破壊その他の航空機若しくは空港等の保安又は旅客の安全の確保に支障を及ぼし，又は及ぼすおそれがある行為（危害行為）の防止に関する施策の基本となるべき方針を策定する権限を国土交通大臣に付与している（131条の2の2）。

　この他，2001年1月31日に生じた日本航空機駿河湾上空ニアミス事故では，日本航空907便と日本航空958便とが異常接近をする事故が生じた。その際に管制指示を出した航空管制官は，後に刑法上の業務上過失傷害罪により有罪となった（最高裁・平成20㋐920・刑集第64巻7号1019頁）。　　〔石井由梨佳〕

参考文献
山本草二『国際刑事法』（三省堂，1991年）
石井由梨佳『越境犯罪の国際的規制』（有斐閣，2017年）
尾﨑久仁子『国際人権・刑事法概論（第2版）』（信山社，2021年）
Ben Saul（ed），*Research Handbook on International Law and Terrorism*（Edward Elgar, 2020）
Pablo Mendes de Leon, *An Introduction to Air Law*（Wolters Kluwer, 11th ed., 2022）

第4章　航空に関する競争法

要　旨

Ⅰ．現代の競争法のもとは1890年の米国のシャーマン法といわれており，その後経済の発展とともに，日本，EU，東南アジアなど各国にて競争法に類する法律が制定された。競争法はいずれも，私的独占，不当な取引制限，不公正な取引方法，企業結合などを規制し，競争環境を維持し，消費者の利益や市場の健全な発展を確保するために重要な役割を果たしている。

航空会社は領空主権の主体である各国政府の許認可が得られなければ事業活動を行えないなど，規制の縛りを受ける業界であると同時に，その未成熟期には，規制の見返りに保護を受けるという歴史を経てきた。しかしながら航空産業の発達とともに，航空業界でも規制緩和が進められ，競争を促進することで航空運送の安全性や効率性の向上が期待されるような環境に変化していった。航空運賃制度が認可制から届出制に変遷し，競争促進効果にも配慮したスロット配分が行われていることなどが，その実例として挙げられる。

Ⅱ．しかし，規制緩和が進みつつも，スロット配分などの制約があるため，個々の航空会社が思い通りに事業規模を拡大していくことは容易ではない。よって，そのような環境下で航空会社が事業規模を伸ばすことができる手法としてM&A，コードシェア，アライアンス，ジョイントベンチャー等の施策がとられてきたが，M&Aやジョイントベンチャーは競争法上の手続き規制を受けるため，自社の事業規模拡大と競争環境の維持のバランスをとるにあたり，競争当局との調整や解決策が重要となる。

航空会社が規制に守られた状況から，競争法の規制を意識する状況になったきっかけのひとつとしてカルテル事件があげられる。航空業界におけるカルテル事件は，航空会社にとって多大な負担をもたらしたが，カルテル事件を教訓として，現在の航空会社では，競争法違反の再発防止策や，法令順守のための社内ルールの整備が講じられているのが一般的である。

I 競争法の概要

1 競争法の背景と目的
(1) 競争法成立の背景およびその立法目的
　現代の国際的な競争法のもととなった主な法律は，1890年の米国のシャーマン法と言われている。19世紀後半の産業と鉄道の発展による資本の集中はトラスト（企業による市場独占の形態のひとつ）を生み出し，農民を苦しめたため，その独占的横暴に対して規制を求める活動が盛んになった。この活動の結果，連邦法の1つとして，独占および不当な取引制限を禁止したシャーマン法が制定された。その後，1914年にクレイトン法および連邦取引委員会法が制定され，競争法が整備されたが，このような背景から，米国では競争法は反トラスト法と呼ばれている。

　その後，日本でも，第2次世界大戦後間もない1947年に，米国シャーマン法を手本として，独占禁止法が制定され，EUでは，1957年に調印された欧州経済共同体設立条約（Treaty establishing the European Economic Community）に競争法の規定が取り入れられた。競争法は経済の発展と共に主にOECD加盟各国間で発展し，その後，1990年代のEUの加盟国の拡大により，EUの競争法が発展し，米国の反トラスト法に加えて主流となっていった。昨今では，EUの競争法などの影響を受けた競争法が新興国で次々と制定されている。

(2) 各国の競争法
　競争法は，その立法目的はほぼ共通しているものの，各国で異なる法体系や制度を持っている。ここでは，日本，米国，EU，その他アジア諸国の競争法について触れる。

　日本での競争法にあたる法律は，「私的独占の禁止及び公正取引の確保に関する法律」（以下，「独禁法」）である。この法律は，公正な競争環境の確保により事業者間の競争を維持・促進することによって，経済の健全な発展および消費者の利益を確保することを目的に，私的独占，不当な取引制限（カルテル・談合），不公正な取引方法などを禁止し，企業結合を規制する。日本の競争政策の執行は公正取引委員会が担当している。

　米国では各州にも競争法があるが，連邦レベルの競争法として，シャーマン法，クレイトン法および連邦取引委員会法があり，州間および外国との取引に

適用されている。米国の競争法においても，公正な競争の維持と促進により消費者を保護することを目的に，私的独占，カルテル，欺瞞的または不公正な取引が禁止され，企業結合が規制されている。米国では連邦取引委員会（FTC）や司法省の反トラスト部門が競争政策の執行を担当している。

　欧州では各国に競争法があるが，EU加盟国の競争法として「EUの機能に関する条約」（Treaty on the Functioning of the European Union ＝ TFEU）内の競争法規定101条と102条がある。101条1項では競争を制限するような合意を禁止し，102条では市場における支配的地位の濫用を禁止している。EUでは欧州委員会の競争総局（Directorate-General for Competition）が，当該規定に基づきEU加盟国間およびEU加盟国外との取引に対し競争政策の執行を担当している。EUの競争政策は主に，①競争法規定101条・102条の執行，②企業結合の規制，③国家補助の規制，の3つの柱からなっている。

　その他アジア諸国でも経済の発展とともに，競争法が整備され，執行が活発になっている。これは，経済のグローバル化や市場の自由化に伴い，公正な競争環境の確保が求められてきたためである。アジアの競争法は，各国の経済状況や法制度に応じて異なる要素を含んでいるが，公正な競争環境の維持・促進という主要な目的に違いはない。例えば英米法の流れを組むシンガポールでは，2004年に競争法が制定されており，中国では，EUの競争法やドイツ法を参考にして，2007年に中華人民共和国独占禁止法が制定されているが，いずれも内容は大きく分けると，反競争的な合意や行為の禁止（共同行為規制），優越的な地位の濫用の禁止（単独行為規制），競争阻害効果を生む企業結合の禁止（企業結合規制）である。中国では，2018年に市場の監督機関として国家市場監督管理総局が成立され，その後2022年に競争法の大幅な改正が実施されるなど，競争法の執行が活発になっている。

2　競争法の規制対象

　ここでは，各国の競争法が共通して規制するものの例として，私的独占の禁止，不当な取引制限（カルテル），不公正な取引方法，企業結合について考察する。

(1) 私的独占

　私的独占とは，事業者が単独又は他の事業者と共同して，不当な低価格販売などの手段を用いて，競争相手を市場から排除し，または新規参入者を妨害し

て市場を独占しようとする行為（排除型私的独占）と，事業者が単独又は他の事業者と共同して，株式取得などにより，他の事業者の事業活動に制約を与えて，市場を支配しようとする行為（支配型私的独占）をいう。このような私的独占の形成や維持が市場における競争を実質的に制限することにつながりやすいことから，競争法は，このような行為を規制している。

　なお，日本の公正取引委員会の「排除型私的独占に係る独占禁止法上の指針」は，排除型私的独占が成立するための要件である排除行為を「他の事業者の事業活動の継続を困難にさせたり，新規参入者の事業開始を困難にさせたりする行為であって，一定の取引分野における競争を実質的に制限することにつながる様々な行為」と定義しており，事業者による排除行為が認められる場合であっても，一定の取引分野における競争を実質的に制限するといえない場合であれば，排除型私的独占は成立しないことを明確にしている。また，事業者が自らの効率性の向上等の企業努力により低価格で良質な商品を提供したことによって，競争者の非効率的な事業活動の継続が困難になった場合については，独禁法が目的とする公正かつ自由な競争の結果であるとして，排除行為に該当しないとしている。

(2) **不当な取引制限**（カルテル）

　不当な取引制限は，競合他社が共同して，意思の連絡を通じて価格や製品供給量を調整する行為で，カルテルとも呼ばれている。カルテルは，競争を回避することによって事業者が利益を得ようとする行為であることから，公正で健全な市場の競争が消費者を利するとの競争法の考え方に真っ向から反する行為となり，各国競争当局は厳しい罰則を科して禁止している。

　日本ではどのような分野のカルテルであっても，競争制限効果がある場合にのみ不当と判断されるが，欧米では，価格，数量制限等重要な競争条件に該当する分野のカルテル行為はハードコアカルテルと呼ばれ，競争制限自体を目的とするものとして，原則として全て当然に違法とみなされる扱いとなっている。なお，カルテルの要件の一つである「意思の連絡」については，明確な意思の連絡だけを指すものではなく，暗黙の合意や間接的な意思疎通も含まれるとされているため，（EU競争法などの一部の例外をのぞき，）競合他社との情報交換それ自体が即競争法違反になるわけではないものの，事業者においては，競争当局よりカルテルの疑いをかけられないようにするため，自主的に社内ルール等を設けて競合他社との情報交換を規制していることも多い。

⑶ 不公正な取引方法

不公正な取引方法とは，一定の類型の行為について，自由競争が制限されるおそれがある，競争手段が公正とはいえない，あるいは自由競争の基盤を侵害するおそれがあるといった観点から，公正な競争を阻害するおそれがある場合にそれらの行為を禁止するもの（日本では公正取引委員会告示第15号）である。

各国競争法では，それぞれの国で様々な類型の取引方法を禁止・規制しているが，共通するものも多く見られる。例えば，競合他社を排除する目的で原価を下回る廉売を行う，代理店の再販売価格を拘束する，虚偽の広告を行うことで消費者を誘引する，自己の競争者と取引をしないという排他条件を付けた取引をする，優越的地位を濫用して不利な条件を取引先に押し付ける，などがあげられる。優越的地位の濫用に関し，日本の独禁法では，優越的地位にある事業者の濫用行為が認められれば，実際競争に影響を与えるかどうかは問題にせず形式的に判断するという点で，欧米の競争法と異なることに注意が必要である。

⑷ 企業結合

企業結合とは，合併や株式取得によるM&A，役員の兼任，事業の譲受等の形式にかかわらず，事業者が相互に競合しあう関係から，一定程度又は完全に一体化して事業活動を行う関係に変更することであり，一定の取引分野における競争を実質的に制限することとなる場合，これは禁止される。そのため，企業結合を行おうとする際に，会社の資本額や売上高の規模，あるいは売り上げシェアなど，定められた要件に該当する場合には，競争当局への事前届出等を行い，その審査に服することが求められる。審査に当たっては，一律の待機期間が定められている場合や，審査の結果が出るまでの間，その実施が留保される場合などがあり，また，結果的に競争を制限する効果が大きいと判断された場合には，その企業結合が禁止され，あるいは，売上シェアの削減策を講じるなどの問題解消措置をとることが求められることもある。

Ⅱ 競争政策と航空会社

1 政府規制とその緩和

競争法の目的である公正な競争の維持・促進のためには，多くの航空会社が存在し，それぞれが就航する路線や便数，ダイヤ，就航機材等を含む事業計画

を，自らの意思で自由に企画・遂行できることが望ましい。しかしながら，民間航空の歴史を振り返れば，航空会社は，領空主権の主体である各国政府からの各種許認可が得られなければ事業活動を行うことができず，その規制に手足を縛られてきたのが実状である。一方で，航空業界における規制が，航空輸送の発展と国民生活の利便性向上のために，自国の未成熟な航空産業を保護し，民間航空会社の育成を図ってきたということも，また事実であろう。

　日本を見ても，第二次世界大戦後に再開されたばかりの民間航空事業においては，財務的にも脆弱で，技術力や効率性にも乏しい航空会社が乱立し，安全性の担保も十分とは言えない状態であった。よって，そのまま市場原理に基づく自由競争を推し進めれば，航空事故の多発や経営破綻に至る会社の発生などにより，産業の存続自体が懸念される状況であった。そこで，日本政府は，国営航空会社として設立された日本航空などを中心に業界の再編を図り，会社ごとの事業分野の分担・棲み分けを進めながら，規制と支援・保護の両建てで航空産業の保護・育成を図ってきた。その最たる例が，昭和45年の閣議了解，昭和47年の運輸大臣通達によって，当時の日本航空，全日本空輸，東亜国内航空（後の日本エアシステム）の3社の事業分野について，それぞれ日本航空は国際線及び国内幹線，全日本空輸は国内幹線及びローカル線，東亜国内航空は国内ローカル線に定めるという，いわゆる「45・47体制」の確立であった。

　このように規制の見返りに保護を受けるという事業の揺籃期とも呼べるような時代を経て，世界的にも，新たな技術や航空機の開発が進み，旅客輸送の安全性や効率性が向上するなど，航空業界の成熟化が進んでいくと，競争力のある航空会社も増え，需要の拡大も見込まれる状況となってきた。すると，既存の会社が固定化されてきた航空事業の市場においても，新たな会社の参入を促し，競争を活発化させることで，航空運送をより安全かつ高品質にすると同時に，運賃もより低廉化していくことなどが求められるようになってきた。1978年に，米国で航空規制緩和法（Airline Deregulation Act）が制定され，航空会社の設立や運航ルートの自由化，運賃の自由競争などが実現したことを皮切りに，1980年代から90年代にかけて，欧州や豪州でも航空事業における規制緩和，航空市場の自由化が進むなど，世界的に航空自由化は進展していった。日本でも国内航空運送において，1986年に同一路線を2社・3社が運航することを認めるダブル・トリプルトラック化が導入され，1996年には幅運賃制度が導入されるなど，段階的に規制緩和が進み，2000年2月施行の航空法改正によって，

参入は路線ごとの許可制に，運賃は事前届出制に改めるなど，抜本的な規制緩和が断行された。これらの動きの中で，1996年にはスカイマークエアラインズ（現「スカイマーク」）および北海道国際航空（現「AIRDO」），1997年にはスカイネットアジア航空（現「ソラシドエア」），2002年にはスターフライヤーが設立され，国内航空事業に新たな参入を果たすこととなった。

2 競争法と航空運賃制度

ここでは規制緩和が進む中で競争法が航空運賃制度に与えた影響や競争法をめぐって発生した議論の一部を，日本と米国の事例で解説する。

(1) 日本での IATA 運賃協定と競争法

航空業界はもともと多くの規制に守られた状態でスタートしたが，その発展と進化とともに規制緩和が進み，日本の国内航空においても，2000年2月施行の航空法改正により，路線ごとの免許制から事業ごとの許可制に移行し，運賃・料金の設定・変更は認可制から事前届出制に移行するなど，参入規制や運賃規制が緩和された。日本の国際航空に関しては，航空会社間の複数の協定（たとえば，航空会社間で共通した運賃を設定する協定（IATA 運賃協定））について，航空法111条1項に基づく認可を得て，独禁法適用除外が認められていたが，規制緩和の流れの中で，そのような適用除外を継続して維持する必要性が改めて検討されることとなった。1997年および1999年に見直しが行われた際は，諸外国においても競争法適用除外が認められていたことを理由に適用除外制度は維持されたが，2006年頃より EU，米国，豪州において IATA 運賃調整会議に係る競争法適用除外を廃止する動きが見られてきたことをうけ，2007年，公正取引委員会が現行の適用除外制度を維持する合理的な理由を説明することは困難として，国土交通省とともに国際航空分野における公正な競争秩序を確保するという観点から，本格的な見直しに着手した。なお，当時はちょうど5で述べる航空会社のカルテル行為が認定される事案が世界中で発生していたときでもあった。結果，現在では，IATA 運賃協定は廃止されている（第1章も参照）。

(2) 米国での ATPCO と競争法

米国には1965年に設立され，世界の航空会社24社が出資している非営利組織である Airline Tariff Publishing Company（ATPCO）がある。米国での航空運賃は届出制であるが，航空会社は政府ではなく当該 ATPCO に運賃情報を登録す

ることで届出とみなされている。ATPCOは航空会社が届出した運賃情報を，世界中の航空会社やホテルの予約，発券，手配ができるコンピューターシステムであり流通会社である Global Distribution System（GDS）に配信するサービスを提供している。

　1992年，米国政府がATPCOを含む米系航空会社に対し，ATPCOを経由した不当な取引制限が航空会社間で行われているとして訴えを起こした。訴えのもととなった行為の一つは，将来販売する予定の航空運賃を一社が登録し，それを見た他の航空会社が追随等して運賃を調整し，意思が一致するまで当該運賃の航空券発売予定日を延期し続けていく，または，逆に割引運賃を登録した航空会社が当該割引運賃の予定終了日を記載することで，他社の割引運賃との終了日を合わせていく，というものであった。裁判所は，航空会社がATPCOの登録機能を利用して意思疎通をとっていたことや，必要以上に運賃の情報を共有していたことなどを指摘し，ATPCOを利用した運賃登録を禁ずるものではないものの，ATPCOを利用して航空会社が共謀して運賃を維持したり引き上げたりしないことや，必要以上の情報を共有しないこと，ATPCOの登録機能を運賃の登録以外の目的に使わないようにすること，などを命じた。

3　スロット（空港発着枠）配分
(1) 航空運送事業におけるスロットの意味

　規制緩和により，航空会社の事業活動の自由度が増し，会社の数も増えて，競争は活発化してきた。その一方で，規制緩和だけでは解決しない大きな課題として現在も航空会社の事業活動を制約しているのが，混雑空港におけるスロット確保の問題である。混雑空港におけるスロットについては，航空機材や座席設備，機内食といった物的資源，乗務員や空港係員，予約・販売担当者といった人的資源とは異なり，航空会社が自らの力で準備・調達できるものではない。

　空港には，それぞれ，騒音対策のための運用時間の制限や管制の処理能力等の制約があり，当該空港に離着陸を行うスロットにも制限が生じる。航空会社としての需要（就航の希望）がその空港の各種制約，対応・処理能力を超えるような空港を混雑空港と呼ぶが，混雑空港では，就航する航空会社が自由に便を設定することを認めてしまうと，その空港のキャパシティを超えてしまい，安全運航を脅かしたり，環境上の問題が生じたりといった事態に至ることが懸

念される。そこで，混雑空港においては，一日あたり・時間帯あたりに離発着を行える便数の上限値を定め，就航する航空会社に対し，その上限を超えない範囲でのみ離発着を認める，すなわちスロットを配分することが必要となる。

航空会社にとっては，スロット配分を受けた範囲でのみ便を就航させることができるので，どれだけのスロット配分を受けられるかが航空会社の生産能力，さらには競争力の源泉となると言えるのである。

(2) 競争政策とスロット配分

航空会社にとっての混雑空港のスロットの重要性に鑑みれば，これらを航空会社にどのように配分するかは，安全運航の確保，環境問題の未然防止といった航空政策の観点だけでなく，航空会社間の競争をどのように管理・統制していくかという競争政策の観点からも，重大な問題となっている。日本では，混雑空港におけるスロット配分，航空便の運航許可を行う基準として，航空法107条の3第3項において，その許可運航計画が安全上適切なものであることと並んで，競争の促進や多様な輸送網の形成等を通じて利用者利便に適合する輸送サービスを提供することなどが求められている。これも，競争政策におけるスロット配分の重要性が反映されたものと言えるであろう。

IATA（国際航空運送協会）が定めるスロット調整のグローバルなガイドラインとして，WASG（Worldwide Airport Slot Guidelines）があり，そこには，中立性，公平性，透明性の確保といった基本理念や，スロット調整に当たっての優先順位などが定められている。日本国内の空港も含めて，国際線のスロット調整は，基本的にこのWASGに則って，IATAの定める夏ダイヤ（3月最終日曜日から10月最終日曜日の前日まで），冬ダイヤ（10月最終日曜日から翌年3月最終日曜日の前日まで）を対象に，年2回実施されるのが通例である。

WASGにおける3段階のレベル分けの中で，最も混雑度が高いとされるレベル3の空港として，日本では成田，羽田，福岡，関西の4空港が指定されている。レベル3空港のスロット調整では，ある年の夏ダイヤまたは冬ダイヤにおいて，運航計画便数の80％以上を運航した場合には，翌年の同ダイヤにおいて優先的に同じスロットが確保されるという「ヒストリック優先権」と呼ばれる原則がある。一方で，運航実績が計画便数の80％を切ってしまうと翌年同ダイヤでの優先権を失う「U/L（Use it or Lose it）ルール」も存在しており，権利の上への安住は許されない仕組みとなっている。また，「New Entrant」として，その空港で1日当たりの発着回数が5回未満の航空会社に優先的にス

ロットを割り振ることも定められており，スロット調整を通じて，新規参入の促進・競争の活性化が図られている。

　日本国内で最も需給バランスがひっ迫し，最も価値が高いとも言われている羽田空港の国内線スロットは，国土交通省がその配分を行っているが，配分されたスロットには，使用許可期限（通常は5年間）が定められており，期限が到来するたびにその再配分が行われる運用となっている。航空法107条の3第3項の配分基準に安全及び競争促進といった観点が盛り込まれていることは既に述べたが，それに加えて，スロットの「従前の使用状況」に配慮することも求められており，5年間の使用許可期限はあるものの，WASGにおける「ヒストリック優先権」と類似した考え方も採られている。競争の促進と事業運営の安定性という2つの観点のバランス調整が図られているのである。

　2024年6月時点で，羽田空港で国内線を就航している航空会社9社のうち，日本航空及びそのグループ会社2社と全日本空輸及びそのグループ会社1社の計5社は「大手航空会社」，スカイマーク，AIRDO，ソラシドエア，スターフライヤーの4社は「特定既存航空会社」，その他，現在は該当する会社はないものの，羽田空港において3枠未満のスロット配分しか受けていない，または新たにスロット配分を受けようとする会社は「新規参入航空会社」と呼ばれ，スロット配分の際の取扱いに差が設けられている。基本的な考え方として，「新規参入航空会社」には優先的にスロットを割り当てることとし，「大手航空会社」と「特定既存航空会社」については，「大手航空会社」が既に確固たる基盤を有しているのに対して，相対的に新しい「特定既存航空会社」については，設立初期の段階に優先的に割り当てられたスロットの維持を容易にさせるなど，競争を喚起・促進することを目指すものとなっている。

　2019年9月に行われた羽田空港のスロット配分の見直しにおいては，465枠のスロットのほとんどについて，「従前の使用状況」としては十分な使用実績が認められたものの，19枠を配分済みの航空会社から回収して，うち16枠を評価方式により再配分し，残り3枠については，路線廃止により回収となった2枠と併せて，新規参入枠（3枠）と地方航空ネットワーク維持のために設けられた政策コンテスト枠に回された。競争の促進や多様な輸送網の形成といった目的に沿った形で再配分が行われた実例と言えるであろう。

4　航空会社の結合・提携と競争法
(1) 国内における企業結合

日本国内では，規制緩和が進み，「特定既存航空会社」の参入・台頭により一定程度の競争促進へとつながってはきたものの，スロット配分などの制約があるために，個々の航空会社が思いどおりに事業規模を拡大していくことが容易ではない状況は継続している。そのような環境下でも，航空会社が事業規模を大きく伸ばすことができる一つの手法がM&Aである。

ある航空会社が，既存の他の航空会社を統合することにより，当該航空会社の持つ，物的および人的な資源を吸収するのみならず，当該社の有する路線権益やスロットまでをも手に入れることができるというのが，M&Aのメリットである。

ただし，Ⅰ2(4)で述べたように，M&Aのような企業結合については，各国競争法の下で一定の規制を受ける。特に，航空事業については，各国政府の規制やスロット配分の制約などで新規参入が難しく，寡占化しやすい産業でもあるので，マーケットにおける各航空会社のシェアも相対的に高くなり，それ故に航空会社同士が企業結合を行うことがマーケットの競争に与える影響も大きくなりがちである。よって，競争当局からのクリアランスを得る（企業結合規制に抵触しない旨の判断・見解をもらう）ことが重要な課題となることも多い。

日本国内の航空業界における企業結合の例として，日本航空と日本エアシステムの経営統合の実施が挙げられる。

2001年11月，日本航空と日本エアシステムは共同持株会社を設立し経営を統合することを発表した。そこでは，統合の結果として，国内線のシェア等において，全日本空輸と対等な競争を展開できる存在となることで競争が促進されるといったことなどが主張されていた。これに対し，日本の競争当局である公正取引委員会は，審査の途中段階では，元来協調的な市場であり，かつ供給拡大や新規参入等に制約がある航空業界においては，大手航空会社が3社から2社に減少することは，競争を制限し，消費者利益を阻害する可能性があるとして，承認に否定的な見解を示していた。その後，当事会社（日本航空及び日本エアシステム）が，新規航空会社のために，スロットの返上，空港施設の提供，航空機整備や地上ハンドリング業務の受託などを行うことで，新規航空会社の参入や事業の継続・拡大に協力することや，普通運賃を引き下げ，以後少なくとも3年間は値上げをしないことなどを含めた問題解消措置をとることを

申し出,また,国土交通省が羽田空港のスロット配分の抜本的な見直しなどの内容を含む競争促進策強化の方針を打ち出した。これを受け,公正取引委員会は,新規航空会社の事業拡大等により有効な競争が生じる蓋然性が高まったとして,日本航空と日本エアシステムの経営統合が実施されても,競争を実質的に制限することとはならないと結論づけ,統合を承認した。その結果,日本航空と日本エアシステムは,2002年10月に共同持株会社を設立し,経営統合を実現させた。

(2) 国際航空会社間の提携と競争法適用除外認定

マイレージサービスを通じた顧客の囲い込み施策が盛んな航空業界においては,路線ネットワークが充実していることが,競合他社に対する優位性を確保するための重要な要件の一つとなっている。しかしながら,多くの国では,安全保障の観点から,自国で設立され,事業を行う航空会社について,いわゆる外資規制が設けられている。例えば,日本の航空法では,120条において,日本国籍を有しない自然人,外国政府・公共団体,または外国法令に基づき設立された法人・団体等が航空会社の議決権の3分の1以上を有する等に至った場合等は,その航空会社に与えられた事業許可の効力が失われることが定められている。外資規制が一般的であるため,国際航空事業においては,国内企業間の場合と異なり,外国航空会社とのM&Aによって路線ネットワークやスロット等の権益を獲得することは困難である。

また,各国の運輸権の問題,二国間協定等に基づく制約などもあり,国際線就航のためには,出発地・到着地,両国からの許可が必要になるので,外国の地点間同士を結ぶ(自国を発着地としない)路線の運航を自社で行うことについても,実現可能性は極めて低い。

そこで,M&Aや自社運航によらずに国際線ネットワークを拡充するために,コードシェアが広く行われている。コードシェアを実施する便においては,コードシェアを受ける航空会社(マーケティングキャリア)が,実際に機材や乗務員を準備して運航を行う航空会社(オペレーティングキャリア)から一部の座席を買い取るなどして,対象となる便に自社(マーケティングキャリア)の便名を付し,自社の旅客を搭乗させる形となる。

その際,マーケティングキャリアが予め決まった数の座席をオペレーティングキャリアから買い取って販売を行うハードブロック方式や,マーケティングキャリアが自由に販売を行い,実際に販売された席数分の料金の精算を行うフ

リーセールス方式などの形態があるが，いずれにしても，便数やダイヤなどの就航計画はオペレーティングキャリアが独自の判断で決定し，航空券（座席）の販売の局面では両社が競争し合う関係を維持することにより，カルテルとしての規制を受けない形で実施するというのが一般的となっている。

コードシェアは，特定の路線・便に関する当事者間のみの提携であるが，多数の航空会社が広範にわたって相互に提携し合うアライアンスを形成している事例がある。主要な世界的航空アライアンスとしては，ユナイテッド航空やルフトハンザ航空などが加盟するスターアライアンス（1997年設立），アメリカン航空やブリティシュエアウェイズなどが加盟するワンワールド（1999年設立），デルタ航空やエールフランスなどが加盟するスカイチーム（2000年設立）の3つが存在している。それぞれのアライアンス内では，加盟航空会社間でのコードシェアの拡大や，マイレージプログラム間での連携，空港におけるカウンターやラウンジ，システム端末等の共同利用などを通じ，一つの航空会社が有する許認可・施設利用権限だけでは不可能なサービスの提供を，企業結合にまでは至らない提携関係を通じて実現することを目指している。なお，全日本空輸は1999年にスターアライアンスに，日本航空は2007年にワンワールドに加盟している。

国際航空の分野では，コードシェアやアライアンスを超えて提携を深化させる形として，ジョイントベンチャー（共同企業体）という形態がとられることもある。M&Aのように企業全体としての結合関係を形成するのではなく，複数の航空会社の間で，特定の範囲の事業分野においてのみ，疑似的な共同企業体（ゆえに独立した法人格は有さない）を設立し，就航路線・便数・ダイヤの決定や，価格設定などを含めたマーケティング・販売活動などを共同で実施し，そこから生じる収益も互いに分配し合うなど，より深い提携関係を構築していくのである。例えば，日本航空はアメリカン航空との間で，全日本空輸はユナイテッド航空との間で，日本と北米を結ぶ太平洋路線において，それぞれ2011年からジョイントベンチャーを実施している。

ジョイントベンチャーは，対象となる事業分野においては，本来は互いに競合しあうはずの航空会社同士が生産量や価格の共同調整を実施することになり，外形的には，カルテル行為に該当し，競争法上の問題となるおそれがある。特に米国においては，価格の調整を含むハードコアカルテルについては，原則としてすべて違法とみなされるので，そのようなリスクを避けるために，その実

施に際しては，独禁法適用除外認定（Antitrust Immunity ＝ ATI）を受けることが求められる。ジョイントベンチャー協定が米国で ATI を受けるための要件は，当該協定が公共の利益に合致していること，当該協定が著しく競争を阻害し，あるいは消滅させないこととされているが，協定が重大な公共の利益等の達成に必要な場合であっても，それがより反競争的でない代替手段でも達成できる場合には ATI は受けられない。日本においても，航空法 110 条の定めに従い，国際線に関する公衆の利便を増進するための航空会社間の協定について，同法 111 条 1 項に基づく国土交通大臣の認可を受けた場合には独禁法の規定が適用されないこととされている。ただし，この協定が利用者の利益を不当に害さないことや，協定の目的に照らして必要最小限度であることなどが要件とされている（同条 2 項）。先に述べた日本航空とアメリカン航空，全日本空輸とユナイテッド航空のジョイントベンチャーは，いずれも米国の ATI 及び日本の独禁法適用除外認定の双方を受けて実施されている。

　EU においては，米国や日本の場合とは異なり，現在は事前に競争法の適用除外認定を受ける仕組みは存在していないが，商品の生産・販売の改善または技術的・経済的進歩の促進に役立ち，かつ，消費者に対しその結果として生ずる利益の公平な分配を行うものについては，カルテル規制の適用を行わないことが認められている。航空会社は，この要件に合致するか否かの自主的な評価（セルフアセスメント）を行ったうえでジョイントベンチャーを実施することが求められる。EU 以外でも，米国や日本のような適用除外の認定制度を持たない国に関係するジョイントベンチャーを実施する際には，EU の場合と同様の自主評価の結果を踏まえて，その実施可否を判断している。ただし，自主評価に基づく実施の場合，事後に関係国当局から調査を受けたり，実施内容が競争法に違反するとの判断や処分を受けたりする可能性は否定できない。

　適用除外認定を受ける場合，自主評価に基づく場合，いずれであっても，ジョイントベンチャーを行おうとする場合，競争法におけるカルテル等の規制を受けるべき内容ではないことを疎明しなければならない。そのためは，法的な観点のみならず，詳細な経済分析なども行いながら，ネットワークの充実や，ダイヤの利便性，運営の効率化など，単独の会社では実現できないようなメリットを提供できること，ジョイントベンチャー外の航空会社の存在により，対象分野においても競争が著しく制限されるような結果にはならない（提携外の航空会社との間で競争がかえって活発化することもあり得る）ことなどを主張・

証明する資料・データを取りまとめていくことが求められる。しかしながら，時には，ジョイントベンチャーの実施により，提携当事者間で，特定の路線における市場シェアの合算値や，特定の空港におけるスロット保有割合が高くなり過ぎるなど，競争を制限する効果の発生を否定できないようなケースも起こり得る。このような場合，例えば，シェアが高すぎる路線のみをジョイントベンチャーの対象から外したり（カーブアウト），特定の空港のスロットを一部放棄したりといった問題解消策を講じることにより，ジョイントベンチャーを実現させるような事例も見受けられる。

5 競争法違反と航空会社 ── カルテル事件

1990年代から2000年代にかけて，米国および欧州の当局は航空会社に対し，貨物運賃および旅客運賃それぞれにおけるカルテル嫌疑に基づく調査を行った。結果，複数の航空会社は，かけられたカルテル嫌疑を払拭しきることができず，当局への何十億円にものぼる多額の罰金・制裁金の支払いに加え，民事においても貨物運賃カルテル，旅客運賃カルテル，それぞれにおいて荷主や旅客集団，訴訟代行会社等から高額な損害賠償請求訴訟を提起される立場に追い込まれた。航空業界におけるこの一連のカルテルをめぐる事件は，各航空会社において競争法を再認識させ，競争法違反の再発を防止するための社内におけるルール作りのきっかけとなった。ここでは，米国および欧州での競争法違反による航空会社への当局からの追及と和解，さらには米国および欧州での民事訴訟対応について，詳しく見ていく。

(1) 米国および欧州での当局からの追及と和解

米国と欧州の当局は，航空会社同士で貨物運賃および旅客運賃におけるサーチャージ等を不正に調整していたとして，自国の航空会社だけでなく，世界各国の航空会社の国際的なカルテルによる競争法違反行為の調査を幅広く行った。米国では，連邦取引委員会（FTC）や司法省の反トラスト部門が競争法違反の調査を行い，欧州では，欧州委員会が調査を担当した。各航空会社はこれにより，膨大な内部資料の提出や，自社の役員および社員に対する当局によるインタビューへの対応等，当局への調査協力のため，多大な労力と時間を割くとともに，当局への調査協力のために起用した弁護士にも莫大な費用を支払うこととなった。しかし，カルテルにつながる合意がなかったことの立証は難しく，結果，多くの航空会社は実際のカルテルの有無に関わらず，違反行為を認めて

当局との和解に応じることを選び，罰金の支払いや改善策の実施などの条件を受け入れることとなった。これにより，航空会社は再発防止策を講じることが求められたため，現在では，競争法違反を防止するための社内規程が整備されているのが当然となっている。IATA（国際航空運送協会）においても，航空会社が集まる国際会議開催時は，最初に競争法ガイドラインを説明し，競争法違反につながる行為の防止に努めている。

(2) 米国および欧州での民事訴訟対応

米国と欧州の当局による競争法違反の追及を受けて航空会社が違反行為を認めたことにより，今度は民間企業や消費者が，当該競争法違反により損害を被ったとして，米国や欧州を含む複数の国で航空会社に対し損害賠償を求める民事訴訟を相次いで提起した。航空会社は，これらの民事訴訟に対して更に対応することを余儀なくされ，当局への調査協力と同様，原告に反論するために弁護士を起用し，社内調査や証拠資料集めを行わなければならず，多大な労力と対応にかかる費用を負担することとなった。いくつかの訴訟については原告との和解により終結が図られたもの，いまだ継続中の訴訟もあり，カルテル嫌疑がもたらす影響の大きさを航空会社は痛感させられた。

〔田畑博章・坂本滋・鈴木和子〕

参考文献
鈴木加人・大槻文俊・小畑徳彦・林秀弥・屋宮憲夫・大内義三『TXT経済法』（法律文化社，2016年）

〔付記〕
掲載内容は筆者らの見解であり，必ずしも所属する企業や組織の立場，戦略，意見を代表するものではありません。

第5章　航空運送人の責任

要　旨

Ⅰ．第一次世界大戦時からの航空機の発達はめざましいものがあった。もともと航空は国際的な輸送機関であり，その航空で発生する法律問題も個々の国家内の範囲を超える。そこで，航空会社と利用客の責任関係に関し，国際条約による統一的な私法規律が求められるようになり，1929年10月，ポーランドの首都ワルシャワで「国際航空運送についてのある規則の統一に関する条約（ワルソー条約）」が採択された。このワルソー条約による体制は，1955年のヘーグ議定書による一部改定を経て，20世紀の世界の空を私法的に規律していくことになる。そして，1999年5月28日，ワルソー条約を現代化した「モントリオール条約」が，国際民間航空機関（ICAO）加盟国外交会議で採択された。ちなみに，ワルソー条約を現代化し，モントリオール条約の責任規定につながったのは，日本の航空各社による1992年ジャパニーズ・イニシアティブの貢献が大きい。

Ⅱ．モントリオール条約は，航空機により有償で行う旅客・手荷物・貨物のすべての国際運送に適用される。法的責任の認められる範囲であれば，損害賠償の金額に上限がないのが原則である。しかし，同条約では，旅客の死傷を除いて，貨物・手荷物の損害に責任限度額が設けられている（有限責任の原則）。また，条約で「過失責任の原則（賠償請求者が相手方の過失を主張・立証する原則）」が適用されるのは，機内持込みの携帯手荷物の破壊・滅失・き損の損害の場合だけである。この点，旅客運送では，航空会社の責任が発生する要件として，旅客の死傷の原因となった事故が，「航空機上」または「乗降のための作業中」に生じたものと定められ，151,880SDRまでの無過失責任とそれを超える部分の過失推定という二層制責任制度を採用した。他方，国際貨物の破壊・滅失・き損の損害は，航空会社の無過失責任であり，1kgあたり29SDRの責任限度額が定められている。また，条約には，延着損害についての過失推定責任の規定もある。なお，旅客・貨物に関する損害賠償を請求する権利は，対象便の到達日から起算して2年の期間内に訴えが提起されなければ，消滅してしまう。

第 5 章　航空運送人の責任

I　ワルソー体制の沿革と近代化

1　航空運送規制の必要性とワルソー条約の成立

　第一次世界大戦時から航空機は急速に発達し，航空運送が活発に行われるようになった。航空運送は国境を越えて行われるので，そこで発生する法律問題は個別国家の領域を超えた国際的な問題となる。そこで，航空運送における私法領域の規律に関する初めての国際条約として，ポーランドの首都ワルシャワで，1929 年 10 月 12 日に採択されたのが「国際航空運送についてのある規則の統一に関する条約」（ワルソー条約）である（日本は 1953（昭和 28）年に締結（条約第 17 号））。ワルソー条約は，主に，国際航空運送における航空運送企業と旅客との間の責任関係と，旅客や貨物の航空運送に使用される運送証券の記載内容や効力について，規律している。

2　ワルソー条約の概要
(1)　適用範囲
　ワルソー条約は，航空機により有償（航空運送企業が航空機により無償で行う国際運送を含む）で行う旅客，手荷物又は貨物のすべての国際運送について適用される（1 条 1 項）。この条約にいう「国際運送」とは，当事者間の約定により，運送の中断または積替えがあるかないかを問わず，①出発地と到達地が二つの締約国の領域内にある運送，または，②一つの締約国の領域内にあり，かつ，予定寄航地が他の国（この条約の締約国であるかないかを問わない）の領域内にある運送をいう。条約が適用されるかどうかは，旅客や荷送人の国籍，運送した航空機，事故発生地等とは関係なく，旅客や荷送人の締結する運送契約の内容によって決定される。すなわち，運送契約の証拠として交付される旅客切符や航空運送状に記載される運送契約上の出発地と到達地が，ワルソー条約の 2 つの締約国にある運送か，往復運送や周遊運送のように，出発地と到達地が同一の締約国の領域にありかつ契約上の予定寄港地が他の国の領域内にある運送が国際運送として条約の適用を受ける。

(2)　運送人
　ワルソー条約における運送人の範囲は明らかではない。旅客，手荷物，貨物の運送に従事する航空運送企業（1 条 1 項）に適用されることと，国その他の

公法人が行う運送に適用される（2条1項）ことは明確であるが，チャーター運送のように，運送契約を締結する契約運送人と実際に航空機を運航する実行運送人が異なる場合は，運送人に含まれるかは明らかではない（→後述3(1) 1961年グァダラハラ条約）。また，この条約は，郵便物および小包郵便の運送には適用されない（2条2項）。

(3) 運送人の過失推定責任

まず，ワルソー条約は，17条～21条で運送人の責任に関する原則を定める。

旅客運送について，旅客の死傷その他の「身体の障害」の場合における損害について，その損害の原因となった事故が航空機上で生じ，または「乗降のための作業中」に生じたものであるときの運送人の責任を定める（17条）。「身体の障害（フランス語の正文は lésion corporelle。英訳は bodily injury）」の範囲については注意が必要である。旅客は，身体的損害（physical injury）がなく，精神的損害（mental injury）を被ったにすぎない場合でも，身体の障害を被ったとして17条が適用されるかが問題となる。アメリカの判例では精神的損害は含まれないと解している（Eastern Airlines, Inc. v. Floyd, 499 U.S. 530, 552（1991））が，フランスや日本では含まれると解される（東京地判平成9年7月16日判タ949号255頁）等，加盟国間でも解釈が分かれる。17条にいう事故が「乗降のための作業中」に生じたものであるときとは，「旅客を航空機に搭乗させるための諸種の作業によって，航空運送に特殊的な危険発生の可能性の存する期間，すなわち旅客が改札を受けた後飛行場に入つた時から着陸後飛行場を去る時まで」と解されている（東京高判昭和40年3月24日高民集18巻2号188頁）。

託送手荷物と貨物について，運送人は，託送手荷物または貨物の破壊，滅失，き損の場合における損害については，その損害の原因となった事故が航空運送中に生じたものであるときは責任を負うとする（18条1項）。責任を負う期間は「航空運送中」つまり貨物が飛行場若しくは航空機上においてまたは，飛行場外に着陸した場合には，場所のいかんを問わず運送人の管理の下にある期間をいうから（18条2項），運送人による託送手荷物や貨物の受け入れから運送までの期間に基づいてではなく，託送手荷物や貨物の場所と運送人の管理に基づいて責任を負うことになる。

旅客，手荷物，貨物の航空運送における延着から生ずる損害につき，運送人は責任を負う（19条）。延着とは，一般に，仕向地への時機を失した到着のことをいうが，ワルソー条約は延着の定義を置かなかったため，延着の意義や損

害賠償の範囲等は法廷地法によって判断される。

次に，責任の免除と軽減に関する規定である。運送人は，運送人およびその使用人が損害を防止するため必要なすべての措置を執ったことまたはその措置を執ることができなかったことを証明したときは，責任を負わない，と過失推定責任とされている（20条1項）。そのため，17条～19条で生ずる責任を免れるには，無過失であることを証明しなければならない。この措置は，条約制定の趣旨から「合理的な」全ての措置，つまり通常の運送人なら当然執るであろう措置と解されている。したがって，運送人は，自己またはその使用人が運送契約に履行にあたって，善良な運送人が通常払うべき注意を払ったことを証明すれば，その責任を免れる。

被害者の過失が損害の原因となったことまたは原因の一部となったことを運送人が証明したときは，裁判所は，自国の法律の規定に従い，運送人の責任を免除または軽減することができる（21条）。寄与過失（contributory negligence）や過失相殺（comparative negligence）の抗弁を運送人に認めるかは，法廷地法によるということである。

(4) 運送人の有限責任

ワルソー条約は，20条で運送人に過失推定責任を課す代わりに，運送人の有限責任の規定（22条）を設ける。運送人の責任限度額は，旅客運送については，①各旅客に対して12万5000金フラン（22条1項），②託送手荷物と貨物の運送については，高価品の明告と割増料金の支払いがなされない限り，1kgあたり250金フラン（22条2項），③旅客が保管する物品（機内持込手荷物）については，1人あたり5000金フラン（22条3項）である（1金フランは純分1000分の900の金の65.5mg（22条4項））。

もっとも，これらの運送人の有限責任には2つの例外がある。

第1に，運送人に損害発生につき重大な帰責事由がある場合である。運送人は，損害が，運送人の故意により生じたとき，または訴えが係属する裁判所の属する国の法律によれば故意に相当すると認められる過失により生じたときは，ワルソー条約22条の責任額制限規定を援用する権利を有しない（25条1項）。第2に，旅客切符を交付しないで旅客を引き受けたときである（3条2項。手荷物切符について4条4項）。

(5) ワルソー条約の排他的強行性

運送人の責任を免除し，またはこの条約で定める責任の限度よりも低い限度

を定める約款は無効となる（23条）。すなわち，運送人がワルソー条約に所定の条件責任制限を約款や特約で運送人に有利になるように変更または排除することは認められない。また，ワルソー条約は，17条〜19条に定める運送人の責任に関する訴えは，名義のいかんを問わず，この条約で定める条件および制限の下にのみ提訴することができるとする（24条）。名義のいかんを問わないとは，契約責任か不法行為責任かを問わない趣旨であり，運送人が責任を負う損害の範囲を条約に定める範囲に限定するものである。

3　ワルソー体制の近代化
(1) ワルソー体制

　ワルソー条約に前述2(3)・(4)の運送人の責任に関する定めが置かれたのは，同条約制定時は未熟産業であった航空運送企業の保護を図るために，大規模な旅客の死傷事故等が発生したときに備えてのことである。もっとも，第二次世界大戦後は急速に航空運送企業が発展した。旅客や貨物等の航空運送が活発化するにつれ，航空運送の盛んなアメリカでは運送人の責任限度額が低額にとどまることが問題視された。そこで，ワルソー条約は，1955年のヘーグ議定書によりその一部が改正された（日本は1967（昭和42）年に締結（条約第11号））。これにより，旅客死傷による損害については，25万金フランへと約2倍に引き上げられた。ワルソー条約とヘーグ議定書の関係であるが，両者は締約国間においては単一の文書とみなして解釈されるため（ヘーグ議定書第3章19条），ワルソー条約の締約国でない国がこの議定書に批准または加入した場合は，改正条約に批准または加入したものとみなされる（同議定書21条2項，23条2項）。締約国はこの改正ワルソー条約に従った責任限度額によることになった。

　もっとも，アメリカは，アメリカ人の旅客に対する適正な補償にならない等として同議定書に批准しなかったため，その後ワルソー条約の改正が引き続き行われた。1961年グァダラハラ条約，1966年モントリオール協定，1975年モントリオール議定書等である。

　1961年グァダラハラ条約は，ワルソー体制における運送人の範囲が明確ではないことから，チャーター運送のように，運送契約を締結する契約運送人と実際に航空機を運航する実行運送人が異なる場合は，運送人に含まれるか否かの基本原則を定める（日本は未加入）。1966年モントリオール協定は，旅客の死傷損害に対する運送人の責任を，抗弁権の制限された厳格責任に加重すると

ともに，責任限度額を増額して，旅客の保護を推し進めるものである。

　1975年モントリオール議定書は，4つの議定書（第一追加議定書，第二追加議定書，第三追加議定書，第四議定書）の総称である。前述2⑷のワルソー条約22条の運送人の責任限度額について金フランの通貨単位を特別引出権（SDR：Special Drawing Rights）に変更すること等を定める。日本が批准するのは，第四議定書である。同議定書は，貨物についての運送人の責任制度を改正する議定書であり，貨物の破壊，滅失，損傷の損害について，運送人の無過失の抗弁権を放棄する厳格責任を採用すること等を主な改正事項とする。

　このように，1929年ワルソー条約の本体に加えて，協定，議定書，補足条約等が制定され，その全体的な規制システムは「ワルソー体制」と呼ばれる。同体制は，ワルソー条約を近代化したものではあるが，パッチワーク的で複雑な規制となっていた。

⑵　ジャパニーズ・イニシアティブ

　こうした状況の下で，日本の国際航空運送に従事する航空会社10社が，世界に先駆けてその運送約款を改訂し，運送人は，10万SDRまでの損害については，無過失の抗弁を援用しない（それを超える部分の損害については援用する）とすると共に責任制限は援用しないとして，無限責任を負うことを定めた。こうした動きは世界の航空運送企業に衝撃を与え，1995年に国際航空運送協会（IATA）が旅客責任に関する運送人間協定として承認した。それにより，国際運送約款は次の事項が改正された。①旅客の死傷損害に対する損害賠償請求に関し，運送人はワルソー条約22条1項所定の責任限度額を援用しない，②運送人は，当該損害賠償請求に関し，訴訟費用を除く一定の限度額までは，同条約20条1項に定める無過失の抗弁権を援用しない，③運送人は，懲罰的損害賠償（punitive damages）に対しては一切の責任を負わない。

　こうした日本の主導（ジャパニーズ・イニシアティブ）による世界の航空運送責任の大きな変革は，前述⑴の複雑化したワルソー体制の規制を明確にする必要性も相まって，その後ワルソー条約を現代化したモントリオール条約へと受け継がれてゆくこととなった。

II　モントリオール条約

1　条約の適用範囲
(1) ワルソー条約との対比

1999年「国際航空運送についてのある規則の統一に関する条約（モントリオール条約，Convention for the Unification of Certain Rules for International Carriage by Air。以下，文中「条約」または「MC」と略称する場合がある）」は，1条及び2条において，同条約の適用範囲に関する規定を置いている。すなわち1条で適用範囲につき規定した上，2条で国や公法人による運送，郵便物の運送に関する定めを置いている。

モントリオール条約1条は，同条約の適用範囲を定める基本的な規定であり，4項から成る。本条1項から3項までは，若干の字句の変更があるものの，ヘーグ改正ワルソー条約とおおむね同一の規定である。他方4項は，モントリオール条約において初めて設けられたものである。同条約がグァダラハラ条約の内容を取り込んだことにより新設されたものであり，モントリオール条約1条4項は，グァダラハラ条約2条と同趣旨の規定である。

他方モントリオール条約2条は，モントリオール第四議定書の規定を受け継いだものである。

(2) 国際運送

モントリオール条約が適用されるためには，国際運送である必要である。同条約1条1項は，このことを明らかにしている。その上で同条約1条2項は，国際運送を定義する。すなわち，国際運送とは，当事者間の約定により，運送の中断又は積替えがあるかないかを問わず，出発地及び到達地が，二の締約国の領域内にある運送又は一の締約国の領域内にあり，かつ，予定寄航地が他の国（この条約の締約国であるかないかを問わない）の領域内にある運送をいう。すなわち，次の2つの場合である。

国際運送とされる第1の場合は，出発地及び到達地が，二の締約国の領域内にある運送である。日本と英国はともにモントリオール条約締約国であるので，東京・ロンドン間の航空運送は，モントリオール条約の適用を受ける。問題とされるのは，出発地・到達地という「地点」のみであり，旅客の国籍・住所，航空会社の国籍は無関係である。また前記の「地点」は，実際の地ではなく，

当事者間の契約で定められた地である。例えば，東京発ロンドン行きの航空便が，東京を発った後，機体の不具合により大阪又はモントリオール条約非締約国の都市に着陸しても，国際運送性は失われない。

　第2の場合は，出発地及び到達地が，一の締約国の領域内にあり，かつ，予定寄航地が他の国の領域内にある航空運送である。この場合，予定寄港地がある「他の国」は，締約国でなくてもかまわない。例えば，ミャンマーはモントリオール条約の非締約国であるので，東京・ヤンゴン間の往復旅行の航空運送は，出発地及び到達地が締約国である日本の都市・東京であり，予定寄港地がヤンゴンであるので，第2の場合に該当し，国際運送となる（ちなみに，東京・ヤンゴン間の片道旅行の航空運送は，第1の場合，第2の場合のいずれにも該当しないため，国際運送に該当せず，モントリオール条約は適用されない）。

　この場合も，出発地及び到達地が，あくまでも契約で定められた地であることは，第1の場合と同様である。

(3) 相 次 運 送

　モントリオール条約は，二以上の運送人が相次いで行う運送（相次運送）は，当事者が単一の取扱いとした場合には，単一の契約の形式によるか一連の契約の形式によるかを問わず，この条約の適用上，不可分の運送とみなす（1条3項）。国際運送の多くは，実際には複数の異なる運送の組み合わせにより行われる。本項は，かかる現実に鑑み設けられたものである。

　例えば，日本の仙台から英国のエディンバラまで乗り継ぐのに，①仙台空港（日本）・東京国際空港（日本），②東京国際空港（日本）・ヒースロー空港（英国）の運送，③ヒースロー空港（英国）・エディンバラ空港という順序をとったとする。個別に見ると，国際運送なのは②だけで，①と③は，それだけを見れば国内運送である。かかる①～③の運送も「当事者が単一の取扱いとした場合」には，全体が国際運送とされるのである。

　「当事者が単一の取扱いとした場合」には，(i)単一の契約の形式による場合のみならず，(ii)一連の契約の形式による場合も含まれる。

　相次運送とされた場合，前記①～③の各運送につき，たとえ個々的には国内間の運送であったとしても，モントリオール条約が適用される。その場合の各運送人の責任については，同条約36条，37条が規定する。

(4) 契約運送人以外の者によって行われる航空運送

　モントリオール条約1条4項は，同条約が第5章に定める条件に従い，同章

に規定する運送について適用される旨規定する。第5章は，契約運送人でない実行運送人による運送が行われる場合，同条約の規律を契約運送人，実行運送人の双方に適用するものであるが，1条4項はそのことを条約の適用範囲を定めるに際して確認するものである。

(5) 国が行う運送及び郵便物の運送

モントリオール条約は，1条に加え2条において，国が行う運送及び郵便物の運送につき規定する。

モントリオール条約は，国又は公法人が行う運送についても，同条約1条に定める条件に合致する限り，適用される（2条1項）。

郵便物の運送に関する運送人の責任は，運送人・郵政当局間の関係につき適用される規則に従い，関係する郵政当局に対して負うものに限られ（2条2項），そのほかの場合，モントリオール条約の規定は郵便物の運送には適用されない（2条3項）。

2　旅客・手荷物に関する責任

(1) 総　説

そもそも航空は，高速度の長距離運送モードであり，国境を越えて運航するため，出発地，到着地，運航している航空会社，旅客それぞれの国籍が異なっている事例も少なくない。そこに各国の国内法を適用すれば，相互に矛盾が生じかねないことから，モントリオール条約の適用により，国際的な旅客・手荷物・貨物の輸送について航空会社（条約では「運送人（carrier）」）の責任を統一したものである。

モントリオール条約は，国際航空運送に適用され，国内の航空運送には適用がない。すなわち，航空機により有償で行う旅客・手荷物・貨物のすべての国際運送に適用される（MC1条1項・2項，29条参照。条約の排他的強行性）。

他方，国内運送は，もっぱら商法および運送約款で規律される。航空各社の国内運送約款は，沿革的に概ねモントリオール条約の前身であるワルソー条約に由来する規定が多いが，国内・国際の規律の異同にも留意すべきである。

国内旅客運送においては，運送約款上，旅客の死亡・傷害について，運送人が賠償責任を負い，その損害を防止するために必要な措置をとったこと（または，とることができなかったこと）が証明された場合には免責されると規定するのが一般的である（過失推定責任）。ワルソー条約でも，この過失推定責任を原

則的に採用していた（20条1項）。

モントリオール条約が採用する基本原則は，①有限責任と，②過失推定ないし無過失責任（strict liability）の二つである。

そもそも法的責任の認められる（legally liable）範囲であれば，損害賠償の金額に上限がないのが原則である。しかし，モントリオール条約では，旅客の死傷を除いて，貨物・手荷物の損害に責任限度額が設けられている（有限責任の原則）。これら旅客の死亡・傷害，貨物・手荷物に係る損害，旅客の延着の際の責任限度額については，物価変動に応じて，5年に一度賠償限度額を見直すこととされている（MC24条）。

2024年6月，ICAOが条約24条に基づく責任限度額の改定を締約各国に通知し，同年12月28日，17.9％調整された新たな責任限度額が発効した。

損害賠償請求においては，本来ならば，賠償を請求する側（原告）が相手方（被告）の過失を主張・立証しなければならない（過失責任原則）。しかし，この過失責任の原則が条約で適用されるのは，機内持込みの携帯（持込）手荷物の破壊・滅失・き損の損害の場合だけである（MC17条2項）。携帯手荷物の損害が過失責任の原則によるのは，それらが旅客の管理下にあるからである。

他方，旅客，貨物，託送（受託）手荷物については，過失推定ないし無過失責任を採用した。過失推定責任とは，運送人が賠償責任を負い，その損害を防止するために必要な措置をとったこと（または，とることができなかったこと）が証明された場合には免責されるとするものである。また，無過失責任とは，損害の発生について，運送人の故意または過失がなかったとしても損害賠償責任を負うことをいう。

これら有限責任と過失責任原則の修正を整理したのが，次表である。

	責任原則	責任限度額
旅　客	無過失責任 過失推定	〜151,880SDR／旅客1人 151,880SDR〜無制限／旅客1人
貨　物	無過失責任	29SDR／1kg
託送（受託）手荷物	無過失責任	1,519SDR／旅客1人
携帯（持込）手荷物	過失責任	1,519SDR／旅客1人

⑵ 旅客死傷の責任

　旅客の死亡・傷害の場合は、運送人の責任が発生する要件として、旅客の死傷の原因となった事故が、「航空機上」または「乗降のための作業中」に生じたものと定められている。すなわち、条約17条1項は、「運送人は、旅客の死亡又は身体の傷害の場合における損害については、その死亡又は傷害の原因となった事故が航空機上で生じ又は乗降のための作業中に生じたものであることのみを条件として、責任を負う（The carrier is liable for damage sustained in case of death or bodily injury of a passenger upon condition only that the accident which caused the death or injury took place on board the aircraft or in the course of any of the operations of embarking or disembarking.）」と定める。

　「乗降のための作業中」について、旅客のいた場所を基準にするのか、あるいは、搭乗手続き中の行動を基準にするのかが必ずしも明らかでない。過去の裁判例には「旅客が改札を受けた後飛行場に入った時から着陸後飛行場を去る時」と判示したものもあるが（東京高判昭和40年3月24日高民集18巻2号188頁、前記Ⅰ2⑶）、かかる判断は現代空港の構造に合致しておらず、搭乗手続きから降機後に到着ロビー内へ出たときくらいまでを基準と解すべきであろう。

　旅客の死亡・傷害に関しては、①151,880SDRまでの無過失責任（"the carrier shall not be able to exclude or limit its liability"）と、②それを超える部分は運送人が自らの無過失を立証すれば免責される「過失推定」責任との、二層制責任制度（two tier system）を採用した（MC17条1項、21条）。

　また、旅客の死亡・傷害については、被害者救済の観点から、責任限度額が撤廃されていることに注目しなければならない。

　1929年ワルソー条約を現代化し、責任限度額の撤廃や151,880SDRまでの無過失責任というモントリオール条約の規律に至ったのは、本邦航空各社による1992年のジャパニーズ・イニシアティブの貢献が大きい。

　SDRとは、国際通貨基金（IMF）の特別引出権（Special Drawing Rights）の略であり、1SDRを日本円に換算すると184.7218円に相当する（2024年1月時点）。これは米ドル・英ポンド・日本円・ユーロ・人民元の主要5通貨の貿易量に応じた加重平均で決定される。

　151,880SDRとは日本円に換算して約2800万円に相当するから、重度の後遺症が残るような稀な事例を除いて、現実の航空事故の大部分がその損害額には達しない。要するに、傷害事案の大半について、運送人は自らが無過失である

との抗弁権を放棄し，無過失責任を負う結果となる。このように，旅客の死傷については，航空運送人に厳しい責任が課されているのである。

航空機内で発生した旅客死傷の場合には，実務上，①事故（accident）性がない事例か（MC17条1項），または，②旅客側に寄与過失（contributory negligence）が認められる事例に限って（同20条），運送人が免責されるに過ぎない。寄与過失（contributory negligence）とは，自己の損害の発生に寄与した被害者自身の過失をいい，国内法の過失相殺（民法418条・722条2項）に類似するものである。

かかる文理解釈を厳格に貫く実務において，航空運送人は，天災ないし不可抗力の抗弁さえも許されない厳しい立場に置かれている。この点，1971年グァテマラ議定書（The Guatemala City Protocol）では，運送人の責任が減免されるのは，旅客の健康状態（the state of health）に起因する損害と旅客が損害の発生に加担した場合だけであって，自然災害（natural disaster）や国際的武力紛争（armed conflict of an international character）に起因する損害は免責されないとしていた。

前記の事故性について，米国連邦最高裁の判例によれば，事故とは，予期しない（unexpected），通常ではない（unusual），外因的な（external）な出来事と理解されている（Air France v. Saks, 470 U.S. 392, 405（1985））。この米国判例は，航空機の与圧システムの正常な作動によって旅客の片耳に聴覚の傷害が生じた事案であるが，その傷害は旅客の内的な（internal）反応であるとして，運送人の責任を否定している。

また，事故の要件として「航空機の運航（the operation of the aircraft）またはAir Travelとの関連性」が要求されるか否かという論点もある。条約制定の趣旨である賠償の衡平性にかんがみれば，航空機の運航との関連性は事故性の要件と解釈すべきであろうが，その見解は分かれているのが現状である。

運送人の責任の減免事由として，寄与過失の抗弁がある。すなわち，賠償の請求者（旅客）側の「過失又は不当な作為若しくは不作為が損害を生じさせ又は損害に寄与したことを運送人が証明する場合（If the carrier proves that the damage was caused or contributed to by the negligence or other wrongful act or omission of the person claiming compensation）」，運送人は，その過失または不当な作為・不作為が損害の発生に寄与した範囲内で，責任の全部または一部を免れることができる。

以上の旅客側が主張すべき事実と，これに対する運送人の反論を要件事実

（一定の法律効果が発生するために必要な具体的事実）として整理するならば，次表のようになる。

請求原因事実	・航空機上の事故 ・損害の発生・数額 ・事故と損害の因果関係
否認または抗弁事実	・事故性の不存在（積極否認） ・旅客側の寄与過失（抗弁）

　損害賠償請求において，損害の発生とその数額は，請求者の側が主張・立証しなければならない。また，上表の「否認」とは，原告の主張する請求原因事実とは両立しない事実を主張することであり（理由を付して否認するのが「積極否認」），「抗弁」は，原告主張の請求原因事実と両立するが，その請求原因から生じる法律効果を妨げる事実を主張することである。
　モントリオール条約17条1項「身体の傷害の場合における損害」の解釈をめぐっては，「傷害」に精神的損害が含まれるかという論点がある。
　身体の傷害（bodily injury）に，純粋な精神的損害（pure mental injury）を含まないという解釈は，欧米諸国における現在の学説で一般的である。また，運送実務においても，身体の傷害に精神的損害を含まない取扱いが定着している（Eastern Airlines v. Floyd, 499 U.S. 530, 552 (1991)）。東京地判令和2年7月22日2020WLJPCA07228015,LEX/DB25585841 も，「モントリオール条約上，事故により旅客が被った純粋な精神的損害，例えば，事故により被った精神的苦痛及びこれに起因する精神障害による損害は，身体的障害（身体的傷害）を伴わない限り，運送人が責任を負うべき損害の範囲に含まれない」と判示した。
　そもそもモントリオール条約は，航空運送人の責任を国際的に統一する趣旨で成立したものである。ただし，条約17条1項の解釈について，多数説的な見解によれば，条約締結のための国際会議の議論において，各国法の統一を断念し，各締約国の国内法解釈に委ねることにしたものと理解されている。こうした多数説に立脚したとしても，たとえ法制度の国際的な統一を断念したからといって，条約29条（旅客，手荷物及び貨物の運送については，損害賠償についての訴えは，その訴えがこの条約に基づくものであるか，また，契約，不法行為その他の事由を理由とするものであるかを問わず，この条約に定める条件及び責任の

限度に従うことによってのみ，かつ，訴えを提起する権利を有する者がいずれであるか及びこれらの者それぞれがいかなる権利を有するかという問題に影響を及ぼすことなく，提起することができる）の趣旨に照らせば，必ずしも各国における個別具体的な条文解釈が無制限に許容されるというわけではない。こうした考え方が背景にあって，身体の傷害に純粋な精神的損害を含まないという解釈が国際的に定着したものと解される。

厳格に「身体の傷害」の文理を解釈するとしても，旅客の妥当かつ実効的な救済の観点からは，各国の社会実情に適った条文の解釈・適用はあって然るべきである。そもそも身体的傷害と精神的損害とが明確に峻別できるかという現代的な問題がある。たとえば，精神的苦痛に伴って，血圧上昇等の身体的・器質的な変化は生じ得るし，刑事事件ではあるが，外傷後ストレス障害（PTSD）発症に監禁致傷罪の成立が認められた判例もある（最決平成24年7月24日刑集66巻8号709頁）。このように，精神的損害といってもその内容は一様ではないため，今後は損害の性質に応じた解釈の深化が課題となるであろう。

ちなみに，国内法において，民法710条が非財産的損害に対する賠償を認めていることから，純粋な精神的損害に対する賠償も認められる余地がなくはない（東京地判昭和61年9月16日判時1206号7頁）。しかし，純粋な精神的苦痛が損害賠償の対象たり得るのは，判例上，運送人に故意・重過失による注意義務違反があり，それが信義則に著しく違反する行為態様であった場合や（最判平成16年11月18日民集58巻8号2225頁），旅客の生命・身体に危険が迫るような過酷な状態に長時間おかれた場合（「健康の毀損（impairment of health）」レベル。東京地判昭和61年4月30日判時1231号117頁）など，人格的利益が侵害された事例に限られている点には留意すべきである。

旅客の死傷と航空機製造物責任との関係について，ここで付言しておきたい。航空機部品等の欠陥，機体整備不良に起因して事故が発生し，旅客に損害が生じた場合には，航空運送人として無過失を主張しないのが通例である。

この場合，運送人が製造者に求償するとしても，航空機・航空機部品の売買契約には免責条項（disclaimer clause）が規定されているのが一般的であるから，運送人の求償が奏功しないことが多い（Philippine Airlines v. MacDonnell Douglas, 180 Cal.App.3d 234（Cal.ct.app.,1987））。また，大企業間には不法行為上の厳格責任の法理も適用されないことがあり（Tokyo Marine v. McDonnell Douglas v. Japan Air Lines, 617F.2d 936（2nd Cir.,1980）），運送人としては十分な補償を得られない

のが実情である。

(3) 手荷物に関する責任

国際航空運送における託送（受託）手荷物（checked baggage）の破壊（destruction）・滅失（loss）・き損（damage）に関する責任は，貨物の場合と同じく，無過失責任となっている。

すなわち，運送人は，「その破壊，滅失又はき損の原因となった事故が航空機上で生じ又は託送手荷物が運送人の管理の下にある期間中に生じたものであることのみを条件として（upon condition only that the event which caused the destruction, loss or damage took place on board the aircraft or during any period within which the checked baggage was in the charge of the carrier）」，責任を負う（MC17条2項）。ただし，その損害が手荷物の固有の欠陥または性質から生じたものである場合，運送人はその範囲内で免責される（MC17条2項ただし書）。

なお，託送手荷物の延着については，過失推定責任である（MC 19条）。

託送手荷物の易損性の申告および取扱いに関し，運送約款上は，そもそも易損品を手荷物として引き受けないのが一般的である。しかし，仮に運送人が易損品を受託した場合には，無過失責任が適用されるため，それが破壊・滅失・き損した場合，運送人は責任を免れない。

その場合，運送人としては，かかる手荷物の固有の欠陥・性質を主張するか（MC17条2項ただし書），または，受託制限品を預けた旅客の寄与過失を主張することとなる（同20条）。もっとも実務では，受託時に易損性の申告を受け，旅客の要望により運送を引き受けることもある。その場合には，当該手荷物を特別な扱いとすることはできないこと，および運送の過程において破損が生じ得ることにつき旅客の同意を得る取扱いをしている。

高価品についても，一般に託送手荷物として認めていない。ただし，到達地にて受託手荷物を返還した後に，受託手荷物に含めていた高価品が紛失したと旅客から申告を受ける事例はあり得る。この場合，旅客による損害の立証に応じ，運送人として必要な賠償を行うこととなるであろう。

危険品の航空輸送の禁止および制限については，航空法および国際規則（国際民間航空機関（ICAO）・IATA の規則等）によって，詳細に規律されている（航空法86条・同施行規則194条1項）。たとえば，IATA 危険物規則書（IATA Dangerous Goods Regulations）に危険物として分類されている物品は，同規則書に定められているすべての要件を充足しない限り，運送することが許されない。

運送人としては，こうした関係諸法規に従って，引受条件を充足する適切な手続・措置が講じられた手荷物のみを受託し，厳格な取扱いを実施している。なぜならば，危険物の航空輸送は，ひとたび事故が起これば，地上第三者も含めて甚大な被害が発生する可能性があり，人的・物的・経済的損失のみならず社会的影響も甚大となるからである。

機内持込みの携帯手荷物（unchecked baggage）は，原則として旅客の管理下にあるから，過失責任の原則による（MC17条2項）。すなわち，運送人は，手回品を含む機内持込みの手荷物について「損害が運送人又はその使用人若しくは代理人の過失によって生じた場合（if the damage resulted from its fault or that of its servants or agents）に責任を負う。

なお，実務では，狭義の手荷物のみならず，着用の衣類等の汚損についても同様な処理がなされている。

モントリオール条約は，託送手荷物および携帯手荷物ともに，責任限度額を1,131SDRとしている（MC22条2項）。ただし，旅客としては，従価料金制度（valuation charge。申告価格に応じた割増料金を支払い，補償限度額を申告額まで引き上げる制度）を利用し，荷物を預ける際に申告価額の1,131SDRを超える部分について一定金額を支払うことにより，個別に限度額を引き上げることもできる（MC22条3項）。

(4) 片面的強行規定

モントリオール条約26条は，「契約上の規定であって，運送人の責任を免除し又はこの条約に規定する責任の限度より低い額の責任の限度を定めるものは，無効とする（Any provision tending to relieve the carrier of liability or to fix a lower limit than that which is laid down in this Convention shall be null and void）」と規定する。本条は，旅客の安全を保護する観点から，運送人の責任を片面的強行規定（運送人に有利な特約は無効）とする趣旨である。

したがって，たとえ運送約款に規定したとしても，旅客の死傷について過失責任原則に変更したり，責任限度額を設けたりすることは許されない。

他方，運送約款により，条約に規定する責任の限度より高い額の責任の限度を適用し，または，そもそも責任限度額を廃止することは可能である（MC25条）。

3　貨物に関する責任

(1) はじめに

　運送契約は運送という結果の完成に対して対価が支払われる請負契約（民法632条）の一種であるところ，わが国の商法は，運送契約を運送される対象の性質の違いに応じ，物品運送契約（商法570条〜588条）と旅客運送契約（商法589条〜598条）とに区別し，規制をしている。

　これに対しモントリオール条約は，物品運送契約と旅客運送契約を分ける編別をとっていない。航空運送人の責任について規律するモントリオール条約第3章は「運送人の責任及び損害賠償の範囲」につき，損害（17条，18条），延着（19条），責任（20条〜22条），通貨の換算（23条）等の順で統一的に規制し，個々の小項目の中で，旅客と貨物の性質の違いに応じて，異なった規制を置くという建付けをとっている。

　これらに加え，わが国における航空運送会社の約款は，当該会社が引き受ける運送の範囲を約款で明確化しようとしている。

　ここでは，貨物に関する規制の全体像を鳥瞰したうえ，モントリオール条約18条について解説する。

(2) 貨物に関する責任の全体像

　貨物の破壊，滅失又はき損について航空運送人が責任を負う場合につき，モントリオール条約18条1項は，「運送人は，貨物の破壊，滅失又はき損の場合における損害については，その損害の原因となった事故が航空運送中に生じたものであることのみを条件として，責任を負う」旨規定する。

　モントリオール条約18条2項は，運送人が貨物の破壊，滅失又はき損があっても，所定の免責事由に該当する場合，その範囲内で責任を免れる旨規定する。

　モントリオール条約19条は，延着について責任を負う場合及び免責される場合につき規定するが，同条は，旅客だけでなく手荷物・貨物についても対象としている。また免責に関する同条約20条も，延着責任に適用される。

　モントリオール条約は，延着，手荷物及び貨物に関する責任の限度につき規定するところ，同条約22条3項・4項は，貨物の運送についての責任限度額につき規定する。すなわち，かかる場合における運送人の責任は，重量1キログラム当たり22SDRの額を限度とする（22条3項）。その際，考慮する重量は，関係する荷の総重量のみとする（22条4項）。

ただし，限度額以上の賠償を得ようとするならば，荷送人が荷を運送人に引き渡すに当たって到達地における引渡しの時の価額として特定の価額を申告し，かつ，必要とされる追加の料金を支払えばよい（22条3項ただし書）。

貨物のみならず，延着，手荷物の場合にも共通する規制であるが，モントリオール条約は，運送人が同条約に規定する責任の限度より高い額の責任の限度を適用すること又はいかなる責任の限度も適用しないことを定めることができるとする一方（25条），契約上の規定であって，運送人の責任を免除し又はこの条約に規定する責任の限度より低い額の責任の限度を定めるものは，無効とするとして，片面的無効の規定を置く（26条）。

損害賠償を請求できる期間は，到着地への到達の日等から2年間とされている（35条1項）。これは，他の責任と同様である。35条1項の期間制限の法的性質が時効・除斥期間のいずれかについては，学説上争われている。

(3) モントリオール条約18条の沿革

モントリオール条約18条は，モントリオール条約第四議定書（平成12年9月18日に，わが国について発効した）により改正されたワルソー条約18条（以下，「モントリオール第四議定書改正ワルソー条約」という）をその前身とする。貨物の損害に対する責任原則は，ここにいたるまで変遷があるので，以下，現在の規制に至るまでの経緯につき簡単に辿っておく。

18条に関しては，原ワルソー条約とヘーグ議定書（昭和42年11月8日に，わが国について発効した）により改正されたワルソー条約（以下，「ヘーグ改正ワルソー条約」という）との間に違いがないので，ヘーグ改正ワルソー条約から出発することにしよう。ヘーグ改正ワルソー条約における貨物に関する責任の特徴として，次の点をあげることができる。

ヘーグ改正ワルソー条約18条は，モントリオール条約18条と異なり，貨物（cargo）のみならず託送手荷物（registered baggage）をも対象としていた（同条1項）。

ヘーグ改正ワルソー条約20条1項は，運送人は荷送人または荷受人に対し，損害を防止するための必要なすべての措置を執ったこと，または執ることができなかったことを証明した場合には免責されると規定していた。これを無過失の抗弁という。かかる抗弁が存在することから明らかなとおり，ヘーグ改正ワルソー条約においては，貨物に関する責任として過失推定責任が採用されていた。

これに対しモントリオール第四議定書（1975年）では，運送人に一般的な不

可抗力の抗弁を認めず，免責事由を4つに限定した無過失責任主義を採用することにした（モントリオール第四議定書改正ワルソー条約18条3項）。免責事由の内容は，モントリオール条約18条2項に定めるものと同様である。

どうしてかかる規制が求められたのかというと，特に1980年代以降，国際航空貨物運送において半導体等の軽量で高価な貨物が次第に増えてくるようになったからである。かかる変化の結果，貨物の価格とは無関係な従量制による航空貨物運賃と現実に損害が発生した場合の賠償金額との不均衡が目立つようになり，そのためモントリオール第四議定書の規律となったのである。

モントリオール条約は，パッチワークの規制となっていたワルソー体制を整理統合し一本化するものである。ここでは貨物に関する責任について，モントリオール条約がどう規制をしたかにつきみていく。

ヘーグ改正ワルソー条約からモントリオール第四議定書までは，貨物は託送手荷物とほぼひとくくりのものとして規制されていたところ，モントリオール条約はかかる規制を改めた。すなわちモントリオール条約18条は，貨物に関する規制に特化されることとなった。託送手荷物については，モントリオール条約17条が，旅客の死亡及び身体の傷害と併せて規律することとなった。

モントリオール条約18条2項は，前記のとおり免責事由を4つに限定しているが，これはモントリオール第四議定書を踏襲したものである。

(4) 破壊，滅失又はき損の意義

モントリオール条約18条1項は，「貨物の破壊，滅失又はき損」の場合における責任について規定している。同条約は自動執行条約であり，国内法上裁判規範であるところ，裁判例の蓄積がある17条，19条と異なり，18条に関しては，公刊されている裁判例は存在しないようである（本条に関する事例ではないが，原告が高級犬の航空運送をアメリカから日本へ依頼したところ，同犬が運送機内で心不全で死亡したため航空運送会社を被告に損害賠償を請求した事案において，被告は必要な管理義務は尽くしているとされた事例として，東京地判平成19年4月23日（平18(ワ)7043号）がある）。そこで，関連法令についての議論を手掛かりとしつつ，検討をしていかざるを得ない。

関連法令としては，商法，国際海上物品運送法，鉄道営業法等があるところ，①商法及び国際海上物品運送法が，滅失・損傷・延着を併記し（商法575条，739条1項，国際海上物品運送法3条1項），②鉄道営業法が，滅失・毀損を併記するのと比較すると（鉄道営業法11条ノ2），延着が抜けている点で①と異なり，

破壊が追加されている点で②と異なる。ただモントリオール条約において，延着は19条の対象とされているので，実質的には違いがない。破壊が追加されている点のみが違いということになる。

では，「破壊，滅失又はき損」を区別する意味はどこにあるか。この点に関し，③き損については，モントリオール条約上，苦情の通知期間の制約があるが（モントリオール条約31条2項），滅失，破壊については存しないこと，④鉄道営業法上，滅失と毀損とが区別され，前者に全部滅失と一部滅失とがありうるとされていること（鉄道営業法11条ノ2第1項）にかんがみると，最重要なのは，「き損」と「それ以外」を区別することでないかと解される。

それに比べると，破壊と滅失とは，もともと類似した概念である（破壊は，貨物を構成する素材・機能の全部または一部が完全に失われた場合であり，滅失は貨物がなくなった場合であるが，破壊されれば滅失するわけで，両者の概念は重なっている）。鉄道営業法11条ノ2第1項のような規定が置かれていない以上，モントリオール条約上，両者を区別して論じることにはあまり意味がないといえそうである。以下では，滅失とき損につき，他の運送関係法令で議論されているところを紹介しておく。

まず滅失の意義であるが，物理的滅失のほか，盗難，遺失，没収，無権利者への引渡し，善意の第三者による即時取得等により運送品の取戻しが不能になった場合等，運送人が荷受人に運送品を引き渡すことができなくなった一切の場合をいうと解されている。鉄道営業法13条1項は，引渡期間満了後1か月を経過するも引渡しがない場合，滅失による損害賠償を認めている。また商法578条1項について，運送人が法律上運送品を取り戻すことが可能であっても，事実上取戻しが困難である場合も，滅失に含まれるとする解釈も提唱されている。

き損とは，運送品の価格を減少せしめる状態を生じさせる物質的損敗を意味すると解されている。国際海上物品運送法は「損傷」という語を用いているが（同法3条1項），両者は同義であると解してよい。

き損について，モントリオール条約上，苦情の通知期間の制約があることは，前述した（モントリオール条約31条2項）。

(5) 航空運送中に生じたものであること

モントリオール条約18条は，「その損害の原因となった事故が航空運送中に生じたものであることのみを条件として」責任を負うとして，責任の範囲を限

定する（1項）。これは同条約17条1項が，旅客の死亡又は身体の傷害の場合における損害に関し，「旅客の死亡又は身体の傷害の場合における損害については，その死亡又は傷害の原因となった事故が航空機上で生じ又は乗降のための作業中に生じたものであることのみを条件として」責任を負うと定めていることと，ほぼパラレルであり，責任期間を定める規定である（なお，17条2項は，託送手荷物に関する責任に関しても類似の規制を設けている。）。

航空運送中の意義につき，モントリオール条約18条3項は，「貨物が運送人の管理の下にある期間」をいうと規定する。「運送人の管理の下」という語はワルソー条約18条においてもみられたが，ワルソー条約では，それだけでなく，貨物の置かれた場所も問題としていた。モントリオール条約は，場所を問題とせず，運送人の管理に一元化して，起草されている。貨物が空港から離れているが運送人の管理下にある状況にまで拡張されているとみてよいであろう。

18条の特色は，17条と異なり，航空運送中とする期間につき，4項で規定しているところにある。

すなわちモントリオール条約18条4項は，飛行場外で行う陸上運送，海上運送又は内水運送の期間を含まないとしつつも（第1文），例外として，これらの他の形態の輸送手段に関し，輸送中に生じた事故を航空運送中における事故から生じたものと推定する規定（第2文），他の形態の輸送を航空運送中とみなす規定（第3文）を用意するという建付けとなっている。

モントリオール条約がかかる建付けを用意しているのは，他の形態の輸送手段との連携を深めざるをえない航空運送の状況に対応しようとしたためということができる。現在の航空運送は，特に貨物の運送は，多かれ少なかれ，他の輸送手段と無関係で完結することはできない。もちろんモントリオール条約は，かかる状況に対応するため複合運送に関する規制を用意している（モントリオール条約38条）。18条4項は，そこまでいかない段階において，他の形態の輸送手段との連携・調整に対応しようとするものである。

ただ，これは，当該運送につき，複合運送か否かという解釈上の問題を生じさせるのみならず，他の形態の輸送手段に適用される法令との抵触を生じさせざるをえない。

(6) 免責事由

前記のとおりモントリオール条約18条2項は，免責事由を4つに限定した無過失責任主義を採用することにした。モントリオール条約の下で，運送人が

第 5 章　航空運送人の責任

(a)	貨物の固有の欠陥又は性質
(b)	運送人又はその使用人若しくは代理人以外の者によって行われた貨物の荷造りの欠陥
(c)	戦争行為又は武力紛争
(d)	貨物の輸入，輸出又は通過に関してとられた公的機関の措置

18条の責任を免れるためには，4つの免責事由のいずれかに該当するか，又は原告が過失により損害に寄与したこと（20条）を証明する必要がある。

モントリオール条約は，次表の一又は二以上の原因から生じたものであることを証明する場合には，その範囲内で責任を免れる旨規定する（18条2項）。

この他に，モントリオール条約20条は，賠償の請求者又は賠償の請求者の権利を生じさせた者の過失又は不当な作為若しくは不作為が損害を生じさせ又は損害に寄与したことを運送人が証明する場合，当該過失又は不当な作為若しくは不作為が損害を生じさせ又は損害に寄与した範囲内で，運送人が責任を免れる旨規定する。これは18条の責任に限らない。旅客，手荷物，貨物に共通する責任免除事由である。

(7) 各責任の比較

最後に，手荷物に関する責任（17条2項），貨物に関する責任（18条），延着

手荷物，貨物，延着に関する責任の比較一覧表

	手荷物 （17条2項）	貨物（18条1項・2項）	延着（旅客・手荷物・貨物共通）（19条）
責任を負う場合	手荷物の破壊，滅失又はき損の場合における損害	貨物の破壊，滅失又はき損の場合における損害	旅客，手荷物又は貨物の航空運送における延着から生じた損害
	破壊，滅失又はき損の原因となった事故が航空機上で生じ又は託送手荷物が運送人の管理の下にある期間中に生じたものであることのみを条件	損害の原因となった事故が航空運送中に生じたものであることのみを条件として，責任を負う	

97

責任を免れる場合	その損害が託送手荷物の固有の欠陥又は性質から生じたものである場合には，運送人はその範囲内で免責	次の場合には免責 (a)貨物の固有の欠陥又は性質 (b)運送人又はその使用人若しくは代理人以外の者によって行われた貨物の荷造りの欠陥 (c)戦争行為又は武力紛争 (d)貨物の輸入，輸出又は通過に関してとられた公的機関の措置	運送人は，運送人並びにその使用人及び代理人が損害を防止するために合理的に要求されるすべての措置をとったこと又はそのような措置をとることが不可能であったことを証明する場合
責任の限度	各旅客につき1,288SDRの額を限度（22条2項）	貨物の運送については，破壊，滅失，き損又は延着の場合における運送人の責任は，重量1キログラム当たり22SDRの額を限度（22条3項）	5,346SDRの額を限度（22条1項）
責任の免除（20条）	賠償の請求者又は賠償の請求者の権利を生じさせた者の過失又は不当な作為若しくは不作為が損害を生じさせ又は損害に寄与したことを運送人が証明する場合		

に関する責任（19条）につき，横断的に表により対比した。

4 延着・排他的適用性・裁判管轄・出訴期限

(1) 延 着

モントリオール条約19条は，「運送人は，旅客，手荷物又は貨物の航空運送における延着から生じた損害について責任を負う。ただし，運送人は，運送人並びにその使用人及び代理人が損害を防止するために合理的に要求されるすべての措置をとったこと又はそのような措置をとることが不可能であったことを証明する場合には，延着から生じた損害について責任を負わない」と定める。

条文には「延着（delay）」の定義がないため，その意義や損害賠償の範囲などは法廷地法によって判断される。延着とは，文理上，到達地に到達すべき時期により遅れて到達することであるが，「時機（当事者間に合意された到達時間）を失した到達」という時間的な問題に帰着させる見解が有力である。

この延着責任は，運送人または使用人・代理人が損害を防止するために合理

的に要求されるすべての措置をとったことまたはそのような措置をとることが不可能であったことを証明すれば免れる（過失推定責任。MC19条ただし書）。この点，「合理的に要求されるすべての措置をとったこと（all measures that could reasonably be required）」とは，善良な運送人が通常払うべき注意を払ったことと解釈されている。

　また，その責任限度額については，旅客が1名あたり6,303SDR（MC22条1項），手荷物は破壊・滅失・き損の損害と合算して旅客1名あたり1,519SDR（同条2項），貨物が1キログラムあたり29SDR（同条3項）と規定する。

　国際貨物が延着した場合は，到着後21日以内に損害賠償請求しなければ，運送人の責任が消滅する（MC31条2項後段）。

　しかし，航空貨物運送の実務では，特約がある場合を除き，貨物の運送開始・完了・引渡日時を確約するものではないという取扱いが定着している。たとえば，航空運送状には便名・出発日が記載されるものの，特に国際運送における運送状では，これが荷送人の要望（"Requested Flight/Date"）に過ぎないことが明示されている。また，国際貨物運送では相次運送も少なくないことから，他の航空運送人から引き継ぐ日時とも相俟って，実態としては記載内容と異なる便名・出発日にて運送することもしばしば発生する。

　このように，到着日時に関する特約がない荷送人ないし荷受人に対しては，明らかに運送人の故意・過失にのみ起因し，かつ合理的な期間を超えて到着する場合でない限り，実務上，賠償に応じることは稀であり，賠償額について争うことも少ないのが航空貨物の現況である。

　貨物運送の場合は，前記のとおり，運送開始・完了・引渡日時を確約しないとの取扱いが定着しており，運送人が賠償に応じることも稀であって，航空運送において実務的に問題となるのは，むしろ旅客および手荷物が延着した場合であろう。

　航空運送人が時刻表等に表示された予定時刻どおりに場所的移動を行う「定時性の確保」は，航空旅客運送契約の内容に含まれる一つの重要な要素ではあるが，かかる定時性が欠ければ運送契約も成立しないという意味での契約の本質的要素とは言い難い。航空運送の場合は，空中という特別な区域を航行することから，①天候等の自然的要因に強く左右されるほか，②高度な技術の集積を必要とするために，航空交通管制システムその他の技術的・人為的な影響を受けやすく，③安全への高度な配慮および慎重な対応も講じる必要があるからで

ある。特に航空機事故により発生する損害の深刻性を考えれば，運航の安全性の確保が第一義であり，これは定時性に優先せざるをえないからである。

したがって，運送人の支配できないリスクの顕在化等により，定時性に優先する事情が生じた場合には，債務不履行責任を否定すべきであろう（東京高判平成 22 年 3 月 25 日商法判例百選 89 事件 180 頁）。

なお，近年は，航空利用者の権利保護を強化する流れが顕著であり，欧米を中心に，オーバーセールスによる搭乗拒否，ゲートおよび滑走路・駐機場（tarmac）における大幅な遅延や欠航発生時等における旅客の権利および運送人の義務が詳細に規律される状況にある（EU における航空便の搭乗拒否・遅延・欠航に関する規則として，Regulation（EC）261/2004）。

手荷物運送の締結は旅客運送の存在を前提とするから，旅客は旅客と手荷物が同時に運送されることを期待するのが通常である。そこで，旅客と手荷物が同一便で運送されなければ，運送人は直ちに延着責任を負うのかという，いわゆる同時到達義務が問題となる。ちなみに，航空各社の運送約款の多くは，手荷物の後続便での運送があり得ることを規定する。

同時到達義務については，条約に明文規定がないため，運送契約の解釈ないし当事者の合理的な意思解釈の問題と解さざるを得ない。旅客は旅客と手荷物が同時に運送されることを期待するのが通例ではあろう。しかし，運航の安全性の確保など，他に優先する事情が生じた場合には，旅客側もこれを許容しなければならないから，同時到達義務は否定すべきである（手荷物が 5 日間延着した事案に関し，仙台地判平成 15 年 2 月 25 日判タ 1157 号 157 頁）。

延着から生じた損害（damage occasioned by delay）についても，モントリオール条約は具体的な範囲を定めておらず（MC19 条），法廷地法によって判断されることとなる。この点，各国裁判例によれば，延着に直接起因する損害のほか，市場価格の喪失，間接損害・派生的損害，得べかりし利益，倫理的損害などが問題とされている。

延着損害に精神的損害（emotional and mental damage）が含まれるかについては，その解釈が確立している状況にない。この点，最近の外国判例の一部には，延着の精神的損害を認めたものも見受けられる。

旅客の延着事案においては，身体的傷害に準ずるほどの精神的苦痛を受ける可能性があり，条約に定める旅客一名あたりの責任限度額 6,303SDR の範囲内であるならば（MC22 条 1 項），慰謝料請求を認めてよい。ただし，手荷物の延

着事例においては，旅客自身の延着と比較すれば，それなりに限定的な解釈がなされるべきであろう。

(2) 排他的適用性

運送人の債務不履行責任に関する規律について，運送人の一定の者に対する不法行為責任にも及ぼす旨を規定すべきか否かという問題がある。軽々に請求権の競合を認めると，運送人に対して債務不履行責任ではなく，不法行為責任を追及することにより，容易に運送人の債務不履行責任に関する抗弁事由や責任制限事由を回避できることになってしまう。

国際航空運送では，運送人の責任に関する訴えについて，請求原因のいかんを問わず（whether under this Convention or in contract or in tort or otherwise），条約で定める条件および制限の下にのみ提訴することができるとする（条約の排他的強行性。MC29条）。その理由は，請求原因のいかんによって条約の適用が左右されては，航空運送人の責任を国際的に統一しようとする条約の趣旨が実現されないからである。

(3) 裁 判 管 轄

裁判管轄について，①運送人の住所地，②主たる営業所所在地，③契約を締結した営業所の所在地，④到達地のいずれかの裁判所に提訴できることに加えて（MC33条1項），旅客の死傷事故に限っては⑤旅客の住所地を管轄裁判所として提訴できる（同条2項，第5の裁判管轄）。

ただし，第5の裁判管轄が認められるためには，a) 旅客が事故の当時，提訴する締約国の領域において，主要かつ恒常的な居所を有すること（実質的居住性），b) 運送人が，提訴される締約国の領域に向け，またはその領域から自己の所有する航空機または「商業上の合意」に従う他の運送人の航空機において旅客運送役務を提供していること（役務の現実提供），c) 運送人が，提訴締約国の領域において，運送人自身または「商業上の合意」をしている他の運送人によって所有または賃借されている営業施設において旅客営業していること（旅客営業のための施設保有）という3条件を充足する必要がある。第5の裁判管轄は，原告の旅客側にとっては都合がよいが，被告の航空会社側には「法廷地漁り（forum shopping）」のリスクがあることになる。

(4) 出 訴 期 限

モントリオール条約における運送人の責任は，貨物・旅客ともに到達日から2年の出訴期間の経過により消滅するとされており（MC35条1項），実務上，

合意による延長を認めていない。すなわち，条約35条1項は「損害賠償を請求する権利は，到達地への到達の日，航空機が到達すべきであった日又は運送の中止の日から起算して2年の期間内に訴えが提起されない場合には，消滅する」とし，同条2項で「1に規定する期間の計算の方法は，訴えが係属する裁判所に適用される法令によって決定する」と規定する。

条約35条1項の「到達地への到達の日（the date of arrival at the destination）」について，条文上は，何の「到達の日」を指すものかが必ずしも明確ではない。しかし，「到達すべきであった日」では「航空機が」と定めていることなどから，旅客の到着ではなく，航空機の到着の意味と解すべきである。また，延着の場合も，航空機到着の事実はあるから，それは「到達すべき日」ではなく，現実の「到達の日」を標準として出訴期間を起算すべきであろう。すなわち，「到達すべき日」とは，航空機がまったく到着しなかった場合を規定したものである。

なお，条約35条の出訴期間は，損害賠償請求権の行使にのみ適用され，その余の求償権行使には適用がないとした米国裁判例があり，また，前記のEU規則（EC No.261/2004）に基づき補償を求める訴訟には同条に定める出訴期間の制限が適用されない旨を判示した欧州司法裁判所の判決もある。

モントリオール条約35条1項が定める出訴期間の法的性質には議論があるが，同項の英語正文「The right to damages shall be extinguished」という文理からは，除斥期間（exclusion period）と解するのが多数説である。また，条約35条2項は，1項が到達地への到達日等の起算点から2年間を出訴期間と定めていることを前提として，2年間の期間の計算の方法を，訴えが係属する裁判所に適用される法令によって決定する旨を規定したに過ぎず，消滅時効を定めたものとは解されない（東京地判平成26年12月2日判タ1414号329頁）。

消滅時効とは，「権利の上に眠る者は保護に値しない」ことから，権利（所有権を除く）が時効期間の経過により消滅する制度である（民法166条～169条）。ただし，更新（中断）や完成猶予（停止）が認められると，時効は完成しない（民法147条～154条・158条～161条参照）。また，時効は，期間経過を主張（援用）することによって効果が発現する。他方，除斥期間も，一定期間の経過で権利が消滅する点では消滅時効と類似するが，除斥期間には更新の措置がなく，当事者の援用がなくても効果が生じる点で，時効とは異なる。この点，条約35条には，出訴期間の更新や完成猶予を定める規定がなく，これを消滅時効

と解釈するのは困難であろう。

　条約 35 条 1 項の法的性質について，その前身であるワルソー条約 29 条 1 項に関し，これを除斥期間と判示した近時の判例としては，東京高判平成 22 年 5 月 19 日（保険毎日新聞平成 26 年 3 月 28 日号 6 頁，上告不受理で確定）がある。ちなみに，諸外国の裁判例をみても，条約 35 条に関しては，文理に忠実な解釈・適用がされている例が大多数を占めている。

　近年のわが国判例によれば，たとえ除斥期間であっても，信義則違反・権利濫用と判断される場合には，その停止が認められており，講学上の消滅時効と除斥期間の区別も分明でなくなりつつあることには，若干の留意をする必要がある（最判平成 10 年 6 月 12 日民集 52 巻 4 号 1087 頁，最判平成 21 年 4 月 28 日民集 63 巻 4 号 853 頁）。

　航空運送取引における法的関係の明確化と早期安定の観点からは，各国法の中断・停止によって運送人の責任が徒に延長されることを回避すべきとの実務的な要請がある。ただし，具体的事案において信義則違反・権利濫用と判断されるような例外的な場合には，中断・停止の主張が許容される可能性も否定できない。その場合，信義則違反・権利濫用は規範的要件であるから，請求者である旅客側がその評価根拠事実を主張立証する責任を負い，運送人は，それに対する評価障害事実を主張立証することとなる。

〔大久保拓也・松嶋隆弘・菅原貴与志〕

参考文献
藤田勝利 = 落合誠一 = 山下友信編『注釈モントリオール条約』（有斐閣，2021 年）
菅原貴与志「モントリオール条約 17 条 1 項および同 35 条 1 項の解釈」『法学研究』95 巻 1 号（2022 年）121 頁
菅原貴与志「航空運送人の責任と時効・除斥期間」『空法』60 号（2019 年）61 頁

第6章　地上第三者に対する責任

要　旨

Ⅰ．本章は，飛行中の航空機が，墜落その他の事故により地上の第三者に対して損害を与えた場合の航空機運航者の賠償責任制度について取り上げる。地上第三者は，航空機による地上損害の危険に対して無防備であり，運航者に対して常に被害者の立場にあるから，地上第三者の損害については運航者の賠償責任を通じて補償しなければならない。ただ，この運航者の責任制度は，各国の法制が一様でなく，とくに国際航空の局面で外国航空機による地上損害が発生した場合，問題を解決するためには運航者の責任制度について国際的に法統一しておくことが便宜である。

Ⅱ・Ⅲ．1933年ローマ条約は，地上第三者に対する責任制度に関して初めて成立した国際条約である。同時期に成立した運送人の契約責任を定める1929年ワルソー条約とともに，国際航空私法の一翼として誕生した。ローマ条約は，国際航空運送の安定した発展と損害を受けた地上第三者のために十分な補償を確保することを目的とし，運航者の3つの責任原則を定める。①被害者が運航者の過失を立証することは困難であるため，運航者の責任は過失の有無を問わない絶対責任を原則とする，②その責任額は航空機の重量に応じた一定の金額に制限される有限責任を原則とする，③有限責任の原則の下で賠償責任の履行を確実にするため，運航者に保険その他の保証による担保を要求する，というものである。ローマ条約は，数次の改正を受け，21世紀に入ると航空機テロによる地上損害という新たな問題が浮上し，これに対応する責任制度を盛り込んだ新条約も採択された。しかし，同じ国際航空私法である1999年モントリオール条約に比べても，これまでの条約の批准状況は芳しくない。

Ⅳ．わが国は，航空機による地上第三者に対する責任を定める国際条約を批准しておらず，この問題に関する特別の立法措置も行っていないため，もっぱら民法の不法行為責任の規定が適用される。もっとも，地上第三者に課せられる運航者の過失の立証は，現実的に困難であるため，国内立法の必要性が長年にわたって論じられている。

第 6 章　地上第三者に対する責任

Ⅰ　地上第三者に対する責任の統一化の意義

1　地上第三者損害の特殊性

　航空機は，重力に逆らって空中を飛翔するという宿命のために，飛行中に墜落したり，その一部が落下したりする事故は当然にありうることである。万が一，飛行中の航空機が人口密集地に墜落するような事故が発生すれば，地上に暮らす私たちの多くの生命・身体，財産に対して大きな損害と悲劇をもたらすことは想像に難くない。航空機は音速に近い速度で空中を飛行する巨大な質量の物体であるから，地上での自動車や列車もしくは海上での船舶が引き起こす事故の場合と比べ，地上にもたらされる人的・物的損害は予測を超える莫大な範囲に及ぶおそれがある。加えて，航空機事故の予防手段や運航安全技術がどれほどの進歩を遂げたとしても，落下の危険を予測したり，その危険を回避したりすることは不可能に近く，地上の第三者は，無防備のまま常に危険と隣り合わせである。こうした点に，航空機に起因する地上損害の特殊性を見出すことができ，地上第三者の損害を補償することの意義を痛感させられる。

2　責任制度の統一化の背景と意義

　航空技術が目覚ましい発展を遂げる契機は，1914 年に勃発した第一次世界大戦における航空機需要である。欧米の参戦国は，航空機の設計技術や操縦技術の開発を競って進め，軍用機の性能を向上させることに成功した。この時期の技術革新を通して，大戦後の航空機は，軍用から民間利用として旅客や貨物を運送する用途に供されるようになり，航空運送が産業として確立されていったのである。航空機は，民間の運送手段として実用化されると，航空機がかつて海岸や原野の上空だけを飛行していた実験飛行の時代とは状況が一変し，自国のみならず他国の都市上空をも日常的に飛行するようになる。そのため，1920 年前後から，欧米など航空先進国家を中心に，自国内での航空機のもたらす危険から自国民を保護するため，航空機の運航者の地上第三者に対する責任制度の必要性が強く認識されるようになったのである。

　一般原則によれば，航空機により地上第三者が損害を被った場合，事故を起こした航空機の運航者がその損害を賠償する責任を負う。その責任の要件や範囲については，運航者と地上第三者との間に法律関係がない以上，契約で定め

ておくことができない不法行為に基づく責任の一形態として，法制度に基づいて規律することが必要である。その方法は国内法のレベルで考えると，地上第三者を保護するための特別の責任制度を整備する方法と，地上第三者に対する責任を一般不法行為責任として既存の法体系で処理する方法に大別されるが，たとえば，フランスでは前者に立ち，運航者に一般法の不法行為責任を課すことでは地上第三者が運航者の故意または過失を立証することが困難になるとして，判例および学説の論争を経て，運航者の地上第三者に対する責任を絶対責任および無限責任とする立法化を図り問題解決をしている（フランス交通法典L6132-2条）。

　ただ，いずれの法対応を選択するかは各国の法政策に委ねられるため，各国における地上第三者に対する責任制度の内容は一様ではない。そのため，国際航空の場面においては，実際の法適用に困難が生じうる。たとえば，外国で登録された航空機が地上損害を発生させた場合に，航空機運航者の責任は，不法行為地，すなわち事故が発生した場所の法律が適用されることになると考えられるが，当該地の裁判所の判決の内容が，航空機が登録された国家によって承認され，適正に執行されるかどうかは不透明であり，実際に運航者に損害を賠償するための十分な資金が確保されているかどうかについても確実とはいえない。被害者である地上第三者からすれば，加害者である航空機の登録が内国でされようが外国でされようが，いずれの場合でも同等の補償を受けたいと考えるのは当然であるから，地上第三者を公平に救済するためには，適用される民事責任制度の統一化を図ることが最善の方法といえる。

　他方，責任主体にとっては，事故を起こした場所により適用されるルールが異なることになると，事故を起こした場合の予見性が奪われるため，不安定な立場におかれる。ことに，国際航空運送の黎明期を迎えた1920年代においては，航空による旅客や物品の商業輸送は，新しいビジネスとして，既存の運送手段であった鉄道や海上輸送システムと競争するために熾烈な争いを繰り広げなければならなかったうえ，未成熟な航空技術設備による高い事故リスクにも直面していたから，営利を追求する航空企業にとって，このような責任の不確実性は企業の存続を脅かすリスクとなる。それゆえ，問題の国際的な解決を図るため，外国航空機による地上第三者の損害を確実に補償し，かつ，国際航空産業の発展を阻害しない民事責任ルールの形成を目的とする国際条約の制定が目指されることになったのである。

こうした問題に対応する初めての国際条約として成立したのが1933年のローマ条約である。同条約は，同時期に成立した運送人の契約責任を定める1929年ワルソー条約とともに，国際航空私法の一翼として誕生した。しかし，1933年ローマ条約以後，世界は，この問題の解決に向けた国際的なコンセンサスを得ることの困難さに直面し，加えて，21世紀には航空機を用いたテロ事件の発生によって，未曽有の課題への法対応にも迫られることになる。

II　ローマ条約の沿革

1　1933年ローマ条約

　1925年にフランス政府の主導で43カ国が参集して開催された第1回国際航空私法会議で国際航空法専門家会議（CITEJA）の創設について決議が採択された。1926年からCITEJAで地上第三者責任に関する国際条約の検討作業が開始され，1933年には「航空機による地上第三者に対する損害に関する規則の統一のための条約」（1942年発効）が成立した。1933年ローマ条約は，地上第三者に対する責任制度の中核（絶対責任か過失責任か，無限責任か有限責任か，責任の担保の要否）について一定の方向づけをした点に意義がある。ここでは，同条約が，地上第三者に対する責任制度の骨格として形成した三つの基本原則を取り上げる。

(1) 絶対責任

　運航者は，地上損害について絶対責任を負担する。地上第三者は，損害が航空機によって生じたという因果関係を証明することにより，賠償責任の請求が認められる（2条1項）。運航者の責任を絶対責任として不可抗力によっても免責されないとする理由は，航空機による地上損害の特殊性を踏まえ，地上第三者の保護を徹底するためである。運航者は一方的に加害の機会を有するのに対し，地上第三者は，加害の機会を通常有しないうえ，航空機とまったく関係もないにもかかわらず航空機の落下など危険に常にさらされ，被害者となる可能性があるのであるから，元来，運航者と地上第三者は不平等な関係にある。それゆえ，航空機のような危険なものを利用する者には，結果の発生については責任を負わせることが妥当であると考えられる（危険理論）。そのうえ，絶対責任の下では，被害者は運航者の過失を証明せずに賠償請求が認められるため，被害者の負担が軽減される意味においても合理性がある。ただし，損害が被害

者の過失による場合，または被害者の過失が損害の発生に寄与したことが証明されたときは，その限度において責任は減免される（3条）。

(2) 有限責任

運航者の責任は，法定額に制限される。通常，損害賠償責任は無限であって，被害者保護の観点からもそれが望ましいところ，これを有限責任とした理由は，高額な賠償請求と多額の保険料負担から航空企業を保護するためである。当時の航空産業は黎明期にあり，政府の補助金がなければ存続が困難だったから，有限責任のシステムが当然必要であると判断されたのである。ただし，損害が運航者もしくはその被用者の故意または重過失によることが証明された場合は責任制限阻却事由となるが，この場合でも，運航者において，損害が航空上の過失から生じたこと，または損害防止のための適切な措置をとったことを証明すれば責任制限を享受できる（14条a号）。

運航者の責任限度額は，1事故ごとに航空機の重量1キログラムに対して250金フランとし，航空機の重量にかかわらず，その下限を60万金フラン，上限を200万金フランとする（8条1項・2項）。人損・物損双方が生じている場合には賠償額の3分の2を人損，3分の1を物損に割り当て，人損については被害者1人当たり20万金フランを限度とする（8条3項）。地上第三者責任制度について国内法を有する国の多くが，絶対責任かつ無限責任（加えて付保義務）を定めていたため，責任制限を認めるべきかをめぐって激しい論争があった。それゆえ，責任制限の程度や方式をめぐっては，この後の改正においても論点の一つになる。

(3) 責任の保証

有限責任の代償として，運航者には責任限度額をカバーしうる保険その他保証といった担保措置が要求される（12条1項）。担保措置を怠った場合の制裁は無限責任が課される（14条b項）。運航者に付保義務などを課すことで，責任限度額が，地上第三者の損害を補償するものとして確実に提供されることを確保するものである。なお，保険者は一定の事由のある限り保険金の支払拒絶の抗弁をなすことができるのが通常であるが，1933年ローマ条約では保険者が地上第三者からの保険金請求に対してなしうる抗弁の範囲につき規定が欠落していたため，地上第三者の保護が不完全であるとの問題があった。この点については1938年に作成されたブリュッセル追加議定書において，保険者の抗弁は，損害が，①保険期間の終了後に発生したとき，②保険契約で定められた

締約国の領域外で発生したとき、③国際武力紛争又は内乱に起因したときに限定して認められることが明文化された（1条1項・2項）。

2　1952年ローマ条約

　第二次世界大戦後，CITEJAの活動を引き継いだ国際民間航空機関（ICAO）は，1933年ローマ条約および1938年ブリュッセル追加議定書の双方の改正作業に着手した。1933年ローマ条約は，大戦の影響や大戦後の航空事情の変容を受け，これを批准する国は5カ国にとどまり，法統一の目標の達成からはほど遠い状況であった。そのため，民間航空の発達に即した条約の近代化を図るべく，1947年からICAOで条約改定が取り組まれた結果，1952年ローマ条約（1958年発効）が成立した。1952年ローマ条約は，1933年ローマ条約および1938年ブリュッセル追加議定書の締約国間にとっては，これらに置き代わるものとされている（29条）。

　1952年ローマ条約は，1933年ローマ条約の基本原則を引き継いでいるが，責任の範囲および保険制度等においていくつか修正が図られた点がみられる。①責任制限が阻却される場合に関して，運航者又はその被用者が損害を発生させる意図をもってした故意の行為または不作為により損害が生じたことを被害者が証明した場合に限定した（12条1項）。②責任制限の方式に関して，航空機の重量を基準に責任額を定める方式に変更された（11条1項）。その他，最低責任額につき60万金フランから50万金フランへの引き下げ（11条1項），人損に対する責任限度額の被害者一人当たりの額につき20万金フランから50万金フランへの引き上げ（11条2項），一事故で発生した損害額が責任限度額を超え，人損・物損双方が生じている場合には，人損に対する賠償額の2分の1の優先的な割り当て（14条）など人損を重視した点に特色がある。③責任の担保に関しては，1933年ローマ条約が保険等の担保提供を強制していたことに代えて，締約国が外国航空機の運航者に対して責任の担保を要求することができるものと定めるにとどめた（15条1項）。

　上記の通り，1952年ローマ条約は，責任限度額の引き上げを図り，賠償責任の担保に関する規定を拡充するなど，被害者の保護を厚くする改正が行われ，批准・加入国は51カ国となった（2024年8月現在）。ただ，欧米の航空大国は，同条約で引き上げられた責任限度額が国内法で定める額よりも低すぎること，騒音や原子力損害に未対応であることなどを理由に批准していない。

3　1978年モントリオール議定書

1952年ローマ条約の批准が伸び悩み，改正の必要性が認識されたことから，1964年にICAO理事会は，1952年ローマ条約の体制を再検討するよう法律委員会に指示した。法律委員会は，その小委員会による予備的作業を踏まえ，検討の方向性として，運航者の絶対責任および有限責任の原則を維持することを前提に，責任限度額を引き上げるべきこと，騒音およびソニックブームが引き起こす損害や原子力損害についても責任対象として含めるべきことなどを示した。その後の数次の小委員会での検討を経て，1978年に「1952年10月7日にローマで署名された外国航空機が地上第三者に引き起こす損害に関する条約を改正する議定書」(2002年発効) が採択された。

1952年ローマ条約からの主な変更点は，①責任限度額の表示変更と，②人身傷害に対する限度額を含む責任限度額の引き上げについてである。①については，1952年ローマ条約で責任限度額の貨幣表示単位として用いられた金フランを，国際通貨基金（IMF）の特別引出権（SDR）に置き換えた（11条）。②運航者の責任限度額の引き上げについては，ほとんどの国が限度額の増額を主張する意見であったが，引き上げの程度が焦点となった。各国の生活水準や航空産業の発展の度合いを反映した多様な提案がなされ，また，航空機の重量に比例して損害が生じるとは限らないことを理由に，当時の最大重量の航空機（Boeing 747）の限度額への配慮を求める意見なども出された。最終的には，小型航空機の限度額を減額し，Boeing 747の限度額を増額するなどメリハリのある妥協案で決着した。この結果，責任限度額は，1952年ローマ条約に比較すると，6千キログラムの航空機の場合は6倍，3万キログラムの航空機の場合は5倍，35.2万キログラムのBoeing 747機型の場合は8.64倍への増額となった。また，人損に対する責任の限度額についても激しい議論がなされ，人損に関する責任は一人当たり12万5,000SDRを上限とし（11条2項），1952年条約の3.75倍となった。損害賠償額が限度額を超えた場合に，物損と人損の双方が発生していれば，人損に優先的に充当されることも明文化された（14条）。

以上のほか，騒音やソニックブームによる損害を適用範囲に含めるか否かの問題については，活発な議論が行われたが，その規律は各国の国内法や判例に委ねるべきなどとして，これらの損害を条約の対象から除外する意見が大勢を占めた。1974年の法律委員会で，騒音およびソニックブームによる損害はローマ条約とは別の条約で対応することが決定されたが，新条約の作成は時期尚早

として見送られている。なお，原子力損害については条約の適用対象から除外され（27条），原子力施設運営者への責任集中を行うことで決着された。

1978年モントリオール議定書は，責任限度額の増額および人損への優先的補償を行ったが，批准状況は好転しなかった。運航者が実際に付保している保険金額に比べて，責任限度額が低すぎることが，賠償水準が高い欧米主要国の条約への加入を妨げ，12カ国の批准にとどまっている。

Ⅲ　9.11同時多発テロ後の条約の新展開

1　新条約採択の背景

ICAOの法律委員会は，1999年モントリオール条約を採択し，運送人の契約責任の現代化と乗客旅客の権利保護の強化を実現した。これに合わせて，地上第三者にも同等以上の保護を与えるべきとの機運が高まり，2000年のICAOの法律委員会で，1952年ローマ条約における地上第三者に対する責任制度の現代化に向けた検討を開始する提案が承認された。ところが，その矢先に起きたのが，2001年9月11日の米国同時多発テロ事件（9.11事件）である。米国国内線の民間航空機4機がテロリストにより乗っ取られ，米国経済を象徴するビルに相次いで激突する自爆テロ事件が発生した。9.11事件は，民間航空機が爆弾のごとく使用され，地上での犠牲者は当日だけで3,000人近くに上り，地上第三者の生命および財産に空前絶後の規模の損害を生じさせた。そのため，保険者は，戦争・テロに起因する地上第三者損害保険特約（AVN52C）の解約通告を行い，航空業界および航空保険業界が混乱に陥る事態を招いた。

ICAOは，テロがもたらす地上損害の問題に対処しうる責任体制の構築も併せて目指す決定をし，1933年ローマ条約以来の地上第三者責任制度は，2つの条約に分岐することになった。2009年，テロなどの不法妨害行為による地上損害に関する責任原則を定めた「航空機を巻き込む不法な妨害行為の結果として第三者が蒙った損害の補償に関する条約」（以下，「不法妨害損害条約」という）と，不法妨害行為以外による地上損害に関する責任原則を定めた「航空機が第三者に与えた損害の補償に関する条約」（以下，「通常損害条約」という）が採択された（以下，両条約を合わせて「2009年条約」という）。航空機による地上損害が発生した場合に，いずれの条約が適用されるかについては，航空機の与えた地上損害が「不法な妨害行為」に起因するかどうかにより決せられる（不法妨

害損害条約2条1項)。「不法な妨害行為」とは,「1970年12月16日にハーグで署名された航空機の不法な奪取の防止に関する条約,または1971年9月23日にモントリオールで署名された民間航空の安全に対する不法な行為の防止に関する条約において犯罪と定義される行為および当該事象が発生した時点で効力を有する改正条約において犯罪として定義されている行為をいう」とされ(不法妨害損害条約1条a号),国際刑事法に関する条約で定められている犯罪行為の定義を借用している。

2　2009年条約の特徴
(1)　適 用 範 囲

2009年条約は,国際飛行(出発地と目的地が2つの国の領域内にある飛行または他国に目的地のある同一国内の飛行をいう(1条d号))を行っている航空機に起因して締約国の領域内で生じた第三者の損害に適用されると定める(2条1項)。1952年ローマ条約では,外国航空機(1978年議定書で他国に運航者の主たる営業所または住所地を置く自国航空機も含める)による締約国の領域内で損害に限定していたため,2009年条約では航空機の登録国が自国か他国かを問わず,適用範囲を拡大している。加えて2009年条約は,国際飛行にあたらない飛行に起因して発生した損害に対しても,締約国による委託者(ICAO)への宣言をもって条約を適用する,いわゆるオプトイン規定を新設し,条約の適用範囲を拡大させる選択肢を締約国に与えている(2条2項)。

(2)　責 任 原 則

2009条約の責任原則は,1933年ローマ条約以来の絶対責任および有限責任の基本原則を維持し,不法妨害行為に起因する損害であるか否かによって,被害者の損害を補償する仕組みが異なっている。以下,分説する。

まず通常損害条約においては,地上第三者は損害が航空機によって発生したことのみを証明すれば賠償を受けることができるとし(3条1項),絶対責任を原則とする。ただし,損害が事故の直接の結果でない場合または航空交通規則に適合した結果であった場合には免責され(同2項),また,損害が被害者の過失その他の違法な行為若しくは不作為によって生じたこと,またはそれが損害の発生に寄与したことを証明すれば,その限度で免責される(10条)。

運航者の責任限度額は,航空機の最大離陸重量に応じた10段階の定額制となっており,最軽量クラス500 kg以下の場合は75万SDR,最重量クラス50

万kg超は7億SDRである（4条1項）。なお，損害が，運航者自身もしくはその被用者の過失その他の違法な行為もしくは不作為によって発生したのではないこと，または他の者の過失その他の違法な行為もしくは不作為のみによって発生したことが証明された場合でない限り責任制限が認められず，その証明は運航者が負うものとする（4条3項）。1952年条約では責任制限の阻却にあたって被害者による証明を要求していたのに対して，責任制限を援用する運航者に証明責任を転換しており，運航者の過失が推定された無限責任に近い制度設計となっている。

　次に不法妨害損害条約は，テロ行為を通じて運航者が想定外の過大な責任を負担するおそれがあるため，損害の分担を図りつつ，地上第三者への補償を確保するための三層型の制度設計を導入している。その第一層は，運航者は，損害が事故の直接の結果でない場合を除き，その損害が飛行中の航空機に起因するものであることのみを条件として賠償する絶対責任を負い（3条1項・2項），責任限度額は，上記①通常損害条約と同一の内容であり（4条1項），運航者の付保義務（7条1項）によってその限度額が担保される仕組みである。第二層として，責任額が限度額を超える場合には，国際民間航空補償基金（International Civil Aviation Compensation Fund: ICACF. 以下，「国際基金」という）を通じた補償が認められる。国際基金への拠出金は，締約国の空港から出発する国際商業飛行（オプトインの宣言をした場合は国内2地点間の飛行）の場合，旅客1人および貨物1トンにつき一定金額を運航者が徴収し，国際基金に送金する（12条1項(a)号）。国際基金による補償の要件は，運航者の責任要件（3条）と同一であり，1事故につき30億SDRを上限とする（18条2項）。最後に，基金による補償によっても損害がてん補されない場合には，第三層として，被害者が運航者への追加の補償を求めることを認め（23条1項），運航者またはその従業員（employees）が，故意または損害発生のおそれがあることを認識して無謀に（recklessly）行われた行為が事故の発生に寄与したことを被害者が証明すれば，運航者に対して追加の賠償が認められるとする（同2項）。よって，第三層が適用されると，運航者の責任制限が事実上阻却されることになるといえる。ただし，運航者において，従業員の選任および監督のための適切なシステムが構築されていることを証明できた場合はこの限りでなく（同3項），また，運航者（法人の場合は経営陣）が1944年シカゴ条約第17附属書の定める保安基準に従ったシステムを確立し，実施していることを証明すれば「無謀」でなかっ

たことが推定される（同4項）。

　加えて，連続テロ行為などにより航空会社が保険を調達できなくなった場合など，大規模テロにより航空保険の調達が困難になることに備え，締約国会議の決定に基づき，国際基金が，運航者の負うべき第一層の責任（3条，4条）を代わりに履行し，運航者の責任を免除するものと定める（18条3項）。また，不法妨害行為を原因として航空機の乗客が損害を受けた場合についても，地上第三者の受ける補償との均衡が保たれない場合，国際基金は乗客に対する追加補償の実施について決定できる（9条ⅰ号）。さらに，非締約国で不法妨害行為を原因とする損害が発生した場合であっても，締約国会議の決定に基づき，国際基金から締約国の運航者に対する財政支援を行うことができる（28条）。

　以上の通り，国際基金を中核とする責任の三層構造をもって，運航者の賠償資力を強化し，テロの被害者を救済する仕組みとなっている。なお，被害者に対して賠償を行った運航者および補償を行った国際基金には求償権の行使が認められる（24条，25条）。国際基金は，運航者が故意または損害発生のおそれがあることを認識して無謀に行われた行為により事故の発生に寄与した場合には，運航者に対して求償できる（25条ｂ号）。これらの求償権には制限がないが，不法妨害行為を実行した者（組織）およびその資金提供者以外の者（航空保安事業者やグランドハンドリング事業者等）に対しては，その者が付保する範囲に求償権の行使が限定される（26条1項。ただし同条2項は，これらの者が故意または損害発生のおそれがあることを認識して無謀に行われた行為により事故の発生に寄与した場合を除く）。

(3) 責 任 主 体

　通常損害条約では，被害者には運航者以外の主体に対する賠償請求が認められており，運航者への責任集中がなされていない。ただし，運航者ではなく，航空機の所有権または担保権を保持する所有者，賃貸人もしくは融資者は，責任主体から除外される（13条）。これに対して，不法妨害損害条約は，被害者の賠償請求権および補償請求権は，運航者および国際基金に対してのみ行使が認められるものとして，運航者への責任集中を明文化する（29条1項）。航空機の所有者や運航者には運航者以外の航空関連業者（グランドハンドリング事業者等）への責任追及を排除し，これらの事業者にも保護を与えている。なお，不法妨害行為を実行した者やその資金提供者に対しての直接の賠償請求は当然認められる（同2項）。

第 6 章　地上第三者に対する責任

(4) 填補される損害

　2009 年条約は，填補される損害の範囲を，死亡，身体的傷害（人損）および財産損害（物損）に加えて，精神的損害（3 条 3 項前段）および環境損害（3 条 5 項）にも拡大している。通常損害条約では，填補されるべき損害額が責任限度額（4 条 1 項）を超える場合には，精神的傷害を含む人損に優先的に比例して充当され，残額がある場合にはその他の損害に関する請求に比例して支払われるものとする（5 条）。不法妨害損害条約でも，填補されるべき損害額が第一層および第二層の限度額を超える場合，人損を優先して比例的に配分し，残額があれば他の損害に比例的に支払われる（22 条）。人損における限度額は，1999 年モントリオール条約に倣って撤廃されている。航空機の旅客より地上第三者は無防備であるから当然の改正である。

　ただし，2009 年条約で填補される精神的損害は，身体的傷害または差し迫った死亡もしくは身体的傷害のおそれに直接にさらされたことから生じた認識できる精神障害と定められ（3 条 3 項後段），身体的傷害を伴わない純粋な精神的損害（テロ事件報道に接して間接的に受けた心的ストレスなど）については補償されない。精神的損害の範囲を限定することによって，責任が過度に拡大することを避けるためである。また，環境損害は，その範囲の特定が困難であるため，損害発生地の締約国の法の下で補償が定められている範囲内において条約の対象となる（3 条 5 項）。

(5) 責任の保証

　2009 年条約は，運航者の有限責任原則の下，損害賠償の支払いを確実にさせるため，締約国は，運航者に対して，責任限度額に見合う保険または保証の手配を求めなければならないとする（通常損害条約 9 条 1 項，不法妨害損害条約 7 条 1 項）。1999 年モントリオール条約に倣い，付保などの担保措置につき任意としていた 1952 年ローマ条約の立場を変更するものである。

3　2009 年条約の課題

　本章 II の通り，地上第三者責任制度に関する国際的な法統一の取組みは，国際条約の成立という形で結実してきた。その意味では，航空機による地上損害の問題の解決について，国際的な立法のレベルに引き上げることに成功したといえる。しかし，通常損害条約および不法妨害損害条約の発効要件は，35 カ国の締約国を要するところ，それぞれ 10 カ国程度（2024 年 8 月現在）にとど

まっており，その発効の目途が立っていない。そのため，結果的にその法統一の試みが成功したとは言い難いとするのが内外の一般的な評価である。加えて，制度上の課題もある。例えば，2009年条約は，運航者の責任制度が損害の原因により異なることになるが，被害者からすれば，損害の原因が不法妨害行為であるか否かによって補償の実効性に差異が生じることになるため不合理である。また，航空機重量基準による責任制限の方式を維持することにも，必ずしも合理性があるとはいいがたい。たとえ軽量な航空機であっても，ガス工場，石油精製所などに墜落すれば，甚大な損害をもたらす可能性があるためである。以上の通り，被害者救済における公平性を欠くという本質的な問題が残されている。

ただ，国内法で責任制度を有する主要国では絶対責任と無限責任に付保義務を課すパッケージを確立しているうえ，責任原則は，絶対責任か過失責任か，また無限責任か有限責任かという大きな対立軸を前提としてデザインされるものであり，不法行為責任制度自体が，政策判断に左右される側面を有する。それを超える理論的かつ合理的な制度を構築しなければ，航空大国を中心とする多くの国の足並みを揃えることは困難であろう。

Ⅳ　わが国の地上第三者損害に対する法対応と課題

1　国内法における責任制度と課題

わが国は，本章Ⅱおよび Ⅲ で挙げたいずれの国際条約にも加入していないため，これらの規定に拘束されることはない。また，航空機による地上第三者に対する責任に関して特別の国内法も整備していないから，わが国では，この問題の解決は，民法の一般原則に委ねられる。つまり，航空機運航者は，故意または過失によって地上第三者に与えた損害につき，不法行為に基づく損害賠償責任を負うことになる（民法709条）。

しかし，わが国の現在の法制度には 2 つの課題が残されている。一つは，不法行為責任は過失責任主義に立ち，不法行為責任を追及するには，被害者である地上第三者において航空機運航者の故意又は過失を立証することが必要となる点である。航空機事故の原因の究明は難航することが一般であり，その立証は極めて困難となるため，被害者救済の実効性に大きな疑問がある。地上第三者損害の場面で当事者となるのは，常に不可避的な危険をもたらす加害者たる

航空機運航者と，被害者として損害を被るだけの地上第三者であり，両者の地位に互換性はないから，その不均衡は歴然である。また，わが国も批准する国際航空運送に関する1999年モントリオール条約が，航空の便益を受ける旅客に運送人の無過失責任を一定の範囲で問うことを認めていることと比較しても，地上第三者の立証責任の負担は過重であるといえる。もう一つの課題は，不法行為責任は無限責任であるため，航空機テロの場合に付保額を超える損害額が発生した場合には，運航者が賠償責任を確実に履行できない可能性があることである。この場合は，国家レベルの支援措置に頼らざるを得ないが，損害の範囲が広いために，地上第三者の救済が十分に実現できないおそれがある。

　以上の通り，わが国には対地上第三者責任規定がないため，被害を受けた地上第三者による賠償責任の追及は中途半端なものになりかねない。ただ，現実のケースでは，航空機による地上第三者の損害が発生した場合，運航者は，世論や被害者感情に考慮して損害賠償金を支払う事例が見られる。その一例として，1957年9月30日に日本航空の雲仙号が稲田に不時着した事故で，日本航空は，過失の有無が明らかでない状況下で，責任の成否を争うこともなく，法的な責任があるものとして稲田の所有者に対して損害賠償を行い，保険会社もこれを了承して保険金の支払いに応じている。被害者のみならず加害者である運航者，そして保険会社においても，地上損害については結果責任を負うべきとする考え方が根底にあるともいえる。わが国では，広範囲の地上損害を発生させた大事故が起きていないうえ，実際の事故では航空会社と保険会社によって自主的に問題が解決されてきたこともあって，長年にわたり立法対応に迫られてこなかったとも考えられる。ただ，このような実務対応を行なうのであれば，その法的根拠となる制度を整備する必要性は高いといえる。

2　航空機落下物に関する問題

　近年では，航空機からの部品等の落下やそれによる地上損害が問題になっている。近年の例では，2017年9月23日，関西空港発のKLMオランダ航空機から脱落した重さ約4.3kgの胴体パネルが，大阪市内を走行中の車両に衝突し，当該車両が損傷する事故や，2018年5月24日には熊本航空発の日本航空機から落下したエンジン部品が，熊本県益城町の建物等を直撃し，車両のフロントガラスを損傷させる事故などが生じた。

　こうした航空機からの落下物事故が主要空港周辺などで散見される状況を受

け，航空当局で航空機落下物に関する問題に取り組む動きが見られる。2018年9月に，国土交通省は，航空機からの落下物防止と落下事故発生時の対応方針について定める「落下物対策総合パッケージ」を策定した。まず，落下物の未然防止策として，航空機の運航に伴う部品または氷塊の脱落の発生を防止するために必要な技術基準を定める落下物防止対策基準を新たに制定し，本邦航空会社および日本に乗り入れる外国航空会社を対象として，事業計画への落下物防止対策の記載を義務付けた。ハード面（機体の改修等）およびソフト面（整備・点検の実施，教育訓練，部品等落下が発生した場合の原因究明・再発防止の検討体制の構築等）の観点から，当該基準に適合する対策を新たに要求するものである。このような落下物防止対策は，国際基準にもなく，世界的に類を見ない独自の基準である。また，事案発生時の被害者救済策として，航空機落下物被害者救済制度を創設し，全国の主要空港周辺で落下事故を起こした航空機が特定できない場合に，その可能性のある複数の航空会社が按分して補償するものとし，さらに速やかな被害者救済を実現するため，空港運営者等が当該補償の立替金の支払いを行うことを求める。加えて，こうした補償とは別に，被害者に対して，空港運営者等が各空港での離発着に伴う航空機からの落下物に起因する被害の程度に応じた見舞金の給付を行うものとする航空機落下物見舞金制度も整備した。

3　今後の展望

　航空産業の黎明期からおよそ1世紀が経過したが，わが国においては，航空機による地上第三者に対する責任に関する法整備は未だに行われていない。従来，航空機による地上損害に対する責任を一般法における法解釈に委ねることには理論的に限界があり，特別立法による直接の規律付けをすることが望ましいことが指摘されてきた。国際的な法統一が困難な状況を辿り続けてきた歴史に照らしても，国内での立法を通じた被害者保護の必要性は明白である。

　21世紀に入り，人類は宇宙空間に産業の活路を見出し，今や地上損害の問題は，航空分野から宇宙分野へと広がりつつある。わが国は，2016年に宇宙活動法を制定し，ロケットや人工衛星の落下等による地上損害について第三者責任制度を整備した。同法は，被害者の金銭的救済を確実にするため，ロケットの打上げを行った者および人工衛星を管理する者に対して，無過失責任を課す（35条・53条，本書第10章も参照）。また，ロケット打上げ実施者に対して，

責任集中をし（36 条 1 項），ロケット落下等損害賠償責任保険契約の締結等を義務づけるとともに（9 条，付保義務），ロケット落下等損害に係る賠償額が付保額を超える場合には，国が一定額までの補償を行う仕組みを定めている（40 条 1 項，政府補償）。ロケット打上げ実施に伴う地上損害につき責任分担を図ることで，わが国の宇宙産業の国際的競争力の強化を高める狙いである。航空機による地上第三者に対する責任制度に関して，地上第三者の金銭的救済と過度な責任から航空企業を保護することを目的に法整備を行うのであれば，こうした宇宙分野における第三者責任制度は一つのモデルとして参考になろう。

〔重田麻紀子〕

参考文献
小町谷操三『航空機事故と賠償責任』（有斐閣，1948 年）
池田文雄『国際航空法概論』（有信堂，1956 年）
坂本昭雄・三好晋『新国際航空法』（有信堂高文社，1999 年）
藤田勝利編『新航空法講義』（信山社，2007 年）
小塚荘一郎「航空機による地上損害の条約から見た統一私法の『成功の条件』(1)(2・完)」『法学会雑誌』50 巻 1 号 2 号（2014 年，2015 年）

第7章　航空機製造物責任

要　旨

Ⅰ．製造物責任とは，製造物の欠陥に起因して生じた，買主または第三者の人身被害・財産損害に対する，製造者，加工業者または売主の責任である。航空機も製造物であるから，事故によって被害を受けた旅客，乗員，機体所有者，その他の第三者に対して，当該機の製造者等は製造物責任を負う可能性がある。

Ⅱ．航空機の場合には，用途や種類による製造物責任の違い，安全規制と責任の関係，準拠法や国際裁判管轄の問題など，他の製造物責任と異なる点があるため，この特殊性に留意しながら，対象となる欠陥の内容や類型，責任の主体等，製造物責任成立の要件を把握しなければならない。航空機製造物責任が成立するためには，航空機による被害であるとともに，後記の厳格責任が適用される場合には当該航空機に「欠陥（defect）」があったことが要件となる。欠陥の類型には，製造上の欠陥，設計上の欠陥，指示・警告上の欠陥がある。また，製造物責任の請求を受けた側としては，欠陥や過失がないことの主張・立証を行うことに加えて，①過失相殺・寄与過失，②危険の引受け，③誤用，④因果関係の不存在・中断等を主張することになる。なお，後記のとおり，準拠法によって法理や主張の詳細が異なることは言うまでもない。

Ⅲ．航空機製造物責任を考察するためには，主要な航空機生産国であり，実際に製造物責任訴訟が提起される可能性の高いアメリカ合衆国の判例によって構築された過失責任，保証責任，厳格責任という考え方を検討することが重要である。現実の訴訟では，厳格責任を問うものが主流的な地位を占めているが，厳格責任にも一定の限界があるため，訴状にこれら3つの原因が併記される場合が多い。

Ⅳ．欧州における製造物責任に関して重要なのはEC指令であるが，ここでは開発危険の抗弁が認められている。

Ⅴ．わが国では数多くの航空機部品が製造・輸出されている現状があるため，製造物責任法を論じる意義は小さくない。なお，日本国内で発生した航空機事故であっても，その多くが外国で製造された航空機であることから，被害者が外国の製造者に対し，国内の裁判所に製造物責任を求める訴訟を提起する場合には，裁判管轄の有無が問題となる。

I 製造物責任の意義

製造物責任とは，製造物の欠陥に起因して生じた，買主または第三者の人身被害・財産損害に対する，製造者，加工業者または売主の責任である。すなわち，製造者から小売商などを通じて販売された製造物に欠陥があるため，消費者，利用者，その他の者が損害を被ったときに，製造者などに賠償責任を負わせようとする法理をいう。

II 航空機製造物責任（総論）

1 航空機製造物責任の特殊性

航空機も製造物であるから，事故によって被害を受けた旅客，乗員，機体所有者，その他の第三者に対して，当該機の製造者等は，製造物責任を負う可能性がある。ただし，航空機の場合には，次のとおり，他の製造物責任と異なるいくつかの点に留意する必要があろう。

第1に，航空機の用途ないし種類により，製造物責任の在り方に違いがある。小型機を自家用で使用する場合には，自動車等の製造物責任とおおむね大差はない。これに対して，航空会社が運航する商業航空機の場合には，他の製造物責任とは異なる点が認められる。そもそも航空機事故は，その性質上，搭乗者や地上の第三者の死傷を伴う事故となることが多いが，これが大型の商業航空機の場合には，多数の死傷者や巨額の物的損害を伴う大規模事故に至る可能性がきわめて高い。

したがって，航空機に製造上または設計上の欠陥があった場合には，航空会社が独立して航空機製造者に製造物責任を追及する場面も考えられる。しかし，航空会社と航空機製造者といういわば大企業の間では，消費者保護の考え方は馴染まないため，不法行為上の厳格責任の適用が制限されるなど（後記Ⅲ3(3)参照），個人の被害者が製造者に対して損害賠償を請求する場合とは異なる場合もある点に注意しなければならない。

第2に，航空機運航の安全性を確保するため，各国政府等によって厳格な監督規制がなされている。たとえば，アメリカ連邦航空法では，連邦航空局（Federal Aviation Administration）が航空機の安全性を証明しない限り，いかなる

航空機も運航できない。すなわち，航空機の型式についての設計の安全性を確認する型式証明（type certificate），および，個々の航空機の性能の安全性を確認する耐空証明（airworthiness certificate）が要求される。また，わが国の航空法も，国土交通大臣は，申請により，航空機や装備品がその強度，構造および性能において国土交通省令に定める安全基準に適合しているかどうかを検査し，適合していると認めれば，それぞれ型式証明（航空法12条），耐空証明（同10条）をしなければならないと定めている。

そこで，これらの証明を得ていることが，航空機製造者の責任を減免する効力をもつものかが検討されなければならない。この点については，後記Ⅱ2(4)で検討する。

第3に，準拠法および国際裁判管轄の問題がある。完成した機体であれ航空機部品であれ，輸出入により国際的に移転するし，また，航空機の運航範囲も全世界に及ぶ。加えて，航空機は，その原材料や部品の製造から完成機の販売に至るまで，多数の国の企業が参画する。たとえば，A国で設計・製造された航空機には，B国の部品・装備品が使用されており，当該航空機を購入したC国の航空会社がこれを運航していたところ，D国で墜落事故が発生し，C・D・E国籍の旅客が死亡した，というような事例は珍しくない。

したがって，航空機事故が訴訟となる場合には，どの国の法律によって解決するかという準拠法（governing law）の問題や，どこの裁判所が事件を受理し審理するのかという裁判管轄（jurisdiction）の問題が生じる。国際裁判管轄の問題については，後記Ⅲ4(2)・Ⅴ2(1)で触れたい。

2　航空機製造物責任成立の要件

(1) 欠陥の対象と類型

航空機製造物責任が成立するためには，航空機による被害であるとともに，後記の厳格責任が適用される場合には当該航空機に「欠陥（defect）」があったことが要件となる。この場合の欠陥とは，航空機が通常有すべき安全性を欠いていることである。

この点，米国の1965年不法行為法第2次リステイトメント402条A1項では，"defective condition unreasonably dangerous（不当に危険な欠陥状態）"と規定していた（後に第3次リステイトメントにより再定義）。リステイトメントは，アメリカ法律家協会（American Law Institute）が，各州判例にあらわれた法理の体系化

および標準化した準則であり，それ自身に法的拘束力はないが，各州の立法府・裁判所によって尊重されている。

また，わが国の製造物責任法（製責法）上の欠陥とは，「製造物が通常有すべき安全性を欠いていること」であり，①製造物の特性，②通常予想される使用形態，③流通に置かれた時期，④その他当該製造物にかかる事情等を考慮して判断される（製責法2条2項）。

欠陥の対象としては，航空機の機体および製造部品のみならず，鋼材等の原材料や装備品，さらには航空機の運用に伴う一切の書類やマニュアルの類も含まれることが多い。ただし，現実の航空機製造物責任が問題となる大半の事例は，航空機または部品に欠陥が認められる場合である。

また，欠陥の類型については，i)製造上の欠陥，ii)設計上の欠陥，iii)指示・警告上の欠陥があるとする国が主流である（1997年に採択された米国の不法行為法第3次リステイトメントでは，この3つの概念に分けて「欠陥」を再定義している）。

i)製造上の欠陥とは，航空機または部品が，設計・仕様と異なっていた場合である。製造者には，予見し得る製造上の欠陥に関して，相当な（reasonable）検査を行う義務がある。したがって，航空機製造者が相当な検査をしなかったと認められる場合には，製造上の欠陥があるとされる。

ii)設計上の欠陥とは，航空機または部品の設計・仕様自体に問題があるため，当該航空機の安全性を欠いている場合である。製造者には，当該製品について，予見し得る事故の発生を回避すべく設計する義務があり，この義務の履行が不十分であったと認められる場合には，設計上の欠陥があるとされる。製造上の欠陥では，航空機の事故発生後には航空機が大破していることが多く，どのような欠陥があったかが一般的に判明しにくいのに対して，設計上の欠陥については，製造者側に残存している設計書面等を原告側が入手し欠陥の存在を証明できる可能性は，相対的には高いと言えるであろう。特に米国のように訴訟手続きにおいて証拠開示手続きが存在する国においては，製造者側に残存している設計書面等を原告側が入手できる可能性が高い。

iii)指示・警告上の欠陥とは，適切な指示をしないために生ずる欠陥である。航空機製造者は，航空機の製造上または設計上の欠陥がある場合のみならず，特定の航空機の危険な性質を知り，もしくは知りうべかりしことを適切に警告せず，または誤った指示を与えた場合にも製造物責任を負うことがある。ちな

みに，米国判例法によれば，製造者が危険な隠れた欠陥を見出した場合には，その危険を警告する義務が継続し（continuing duty），さらには欠陥を改善・改良する義務もあるとされている。

(2) 責任の主体

航空機製造物責任の主体として，航空機製造業者，航空機装備品・部品製造業者が含まれることに異論はない。

わが国の製造物責任法において，製造物責任を負う者は，製造業者，加工業者，輸入業者，表示製造業者，実質的製造業者である（製責法2条3項・3条）。表示製造業者とは，その製品を実際に製造した者ではないが，その製造物に製造業者として，あるいは製造業者と誤認させるような氏名，商号，商標等を表示した者をいい，実質的製造業者とは，他の事情からみて実質的な製造業者と認めることができる氏名等の表示をした者をいう。したがって，航空機の販売業者や賃貸・リース事業者は，原則として，わが国の製造物責任法の責任主体とはならず，民法の不法行為責任が問題となるに過ぎない。ただし，航空機の販売業者やリース事業者が，設計上または製造上の指示を与えるなどして製造に深くかかわった場合には，実質的製造業者と認められるから，製造物責任法の責任主体となり得るであろう。

これに対して，米国の不法行為法第2次リステイトメント402条A1項では，"one who sells any product（製品を販売する者）"と規定されており，これには，原材料や部品の供給者から完成品製造者・卸売業者・小売業者に至るまで，製品の製造・流通過程にある関係者すべてが含まれると解釈されている。したがって，責任の主体としては，航空機製造業者，航空機装備品・部品製造業者のみならず，航空機の販売業者や賃貸業者・リース事業者を含む。ただし，いずれも販売または賃貸する業務に従事していなければならず，（航空事業者が行うような）一時的な販売・賃貸には，厳格責任は適用されない。

(3) 因果関係

製造物責任において厳格責任を追及する場合は，欠陥の存在およびその欠陥と損害との因果関係の証明を，被害者（すなわち，原告）の側で行わなければならない。この点，米国の判例実務では，その欠陥が損害に寄与（contribute）したことを明らかにすれば足り，欠陥が損害の唯一のまたは主たる原因であることを証明する必要はないと解釈されている。

逆に，被害者の損害が，製品の欠陥によって生じたものではないことが証明

できれば，製造者の厳格責任は否定される。たとえば，第三者の行為が介在することにより，因果関係が中断したと評価される場合である（intervening cause）。しかし，現実には，被告側で，因果関係の不存在ないし中断を証明することは相当に難しい。

⑷　抗　弁

製造物責任訴訟において，被告側に過失がないことや製造物に欠陥がないことを主張することに加えて，製造物責任を求める側に対する抗弁事由としては，①過失相殺（comparative negligence）または寄与過失（contributory negligence），②危険の引受け（assumption of risk），③誤用（misuse），④因果関係の不存在ないし中断（因果関係の不存在の主張立証は，民事訴訟上の要件事実的に考察すれば，厳密的には抗弁ではなく，請求原因事実に対する否認に該当する）がある。①過失相殺または寄与過失とは，損害賠償責任の成立または賠償額の算定に際して，被害者（原告）側に過失があったことを斟酌するものである。また，②危険の引受けとは，被害者が，製品に欠陥があり危険であることを知りながらあえて使用したことであり，③誤用とは，正常でない，あるいは意図されない使用（abnormal or unintended use）の意味である。これらも，製造物責任訴訟においては，過失相殺と同様に機能する。

航空機製造物責任の抗弁事由として，特に検討しなければならないのが，製造者の側が安全性確保のための監督規制を遵守したという事実である。前記Ⅱ1のとおり，航空機運航の安全性を確保するため，各国政府は，厳格な監督規制を実施し，型式証明や耐空証明といった各種証明書を交付する。そこで，これらの証明を得ている事実が，一種の違法性阻却事由として，航空機製造者の責任を減免する抗弁となり得るかが問題となる。

安全性確保のための証明を得ていないなど，そもそも制定法や行政法規に定める基準に違反するならば，ただちに航空機製造者の注意義務違反となる。しかし，これらの基準を遵守し，証明を得ていたとしても，それだけで製造者が免責されることには必ずしもならない。なぜならば，航空機の安全に関する法規の要求するところは，通常の状況の下で適用される最低限の基準というべきであるとの主張が可能だからである。この点，米国の不法行為法第2次リステイトメント288条Ｃは，通常人（reasonable person）なら特別の措置を講じたと思われる場合であれば，法規を遵守したとしても，過失の認定を妨げないと規定している。

一方，欧州 EC 指令やわが国の製造物責任法では，いわゆる開発危険の抗弁を認めている。開発危険とは，製造物を流通過程に置いた時点の科学的・技術的水準では，当該製品の欠陥の存在を発見することが不可能な危険をいう。したがって，航空機製造者が開発危険であることを証明した場合には，賠償責任を免れることができることとなる（後記Ⅳ2・Ⅴ1参照）。米国においても，同種の概念として state of the art という法理として判例法上広く認められている。

Ⅲ　米国における航空機製造物責任の法理

　そもそも製造物責任とは，20 世紀初頭より，主にアメリカ合衆国における判例の蓄積によって発達してきた概念である。しかも，米国は，ボーイング社等を抱える主要な航空機生産国であり，かつ，航空輸送網の発達という面でも代表的な航空大国である。したがって，航空機製造物責任を考察するには，米国の判例によって構築された法理を検討することが最も重要である。

1　過失責任（negligence）

　19 世紀中期の英米法では，契約法上のみならず不法行為法上も，当該物品を直接に購入した買主に対してのみ，製造物責任が及ぶとの先例が存在していた。しかし，20 世紀以降，判例は，製造物責任につき，加害者・被害者間に直接の契約関係（privity of contract）がなくとも，不法行為法上の過失責任（negligence）の成立を認めるに至った。ネグリジェンスとは，製造者等の過失によって生じた製造物の事故について，製造者等に不法行為（tort）による損害賠償責任を負わせる考え方であり，わが国民法上の不法行為責任に相当するものである（民法 709 条）。この法理の下では，被害者と製造者等との間に売買契約等の契約関係がない場合であっても，製造者等の責任を追及することができるが，被害者側は，製造者等に過失があったことを立証しなければならない。

　しかし，現実には，製造業者である企業と被害者個人との間に，技術的・経済的な力の格差がある。そこで，事故発生の事実をもって，製造者等の過失を推定することができるという考え方が導入され，被害者側の立証責任の緩和を図った。これを「事実推定則（Res Ispa Louquitur）」という。①事故発生の原因手段が被告の排他的支配に属し，②その事故が過失なしには通常発生しないものである場合には，被告の過失につき直接証拠を得られなくとも，事件を陪審

員に付託することができる。

この事実推定則は，いくつかの製造物責任訴訟にも適用されているが，事故発生の時点では，製造者が製品の排他的支配を離れていることが通常であるため，この原則に依拠する事例は多くない。このことは，航空機製造物責任の場合も同様である。すなわち，運航中の航空機は，航空会社の管理下にあり，すでに航空機製造者の排他的支配を離れていることから，事実推定則が適用される事例はきわめて限定されるものと解される。

過失責任を問われた製造者（被告）は，自らに過失がなかったことを主張・立証するとともに，被害者（原告）に，①寄与過失，②危険の引受け，③誤用，④因果関係の不存在ないし中断があったことを抗弁として主張し（前記Ⅱ2(4)），これを立証できれば，責任を免れることができる。なお，寄与過失の考え方では，被害者の過失が加害者のそれと比較して軽微なものであっても，加害者の不法行為責任を全面的に阻却するものとされていたが，現在では，比較過失（comparative negligence）の原則が発展したため，過失割合に応じて責任減額を認めるのが一般的である。

2 保証責任（breach of warranty）

(1) 保証責任の及ぶ範囲

航空機製造物責任の責任原因としては，不法行為法上の過失責任と併存して，契約法上の保証ないし担保責任（warranty liability）違反を理由とする場合がある。すなわち，航空機が表示された品質と異なるため，損害を受けた被害者は，製造者や販売者に対して契約違反による損害賠償を請求できるのである。

保証責任は，明示の保証責任（express warranty）と黙示の保証責任（implied warranty）に区別される。明示の保証責任とは，契約書・カタログ・広告等の内容が製品の品質性状に合致しているか否かを問題とするものであり，黙示の保証責任は，製品が商品性（merchantability，平均的品質を有し，通常の一般的使用に適するという，商品としての適性のこと）と特定目的適合性（fitness of a particular purpose）を具備しているか否かを問うものである。この点，統一商事法典（Uniform Commercial Code）は，売買される商品には，商品性についての黙示の保証責任があるとし（2-314条），また，特定目的適合性についても，買主が特定目的に使用するために商品を買い，その商品の適性につき売主の判断に依存していることを売主が知っている場合には，黙示の保証責任があるとしている

(2-315条)。

　過失責任（negligence）と異なり，保証責任においては，製造者の過失の有無を問わない。したがって，原告としては，被告の過失を立証する必要がない。その反面，契約法上の責任であることから，当事者間の直接の契約関係（privity of contract）が要件とされるため，その適用範囲は限られていた。

　しかし，1960年，ハンドルに欠陥があった自動車について，直接の契約関係にない被害者（ディーラーからの買主である運転者の配偶者）に対しても，黙示の保証責任が及ぶとする判例が登場し，これを契機に，契約関係の存在を前提とすることなく，製造者等の保証責任を追及する道が開かれた。この点，統一商事法典でも，人身被害については，直接購買者のみならず，製品の使用・消費により被害を受けた第三者に対しても，明示または黙示の保証責任の範囲を拡大している（2-318条）。その後，直接の契約関係を要件とせずに，黙示の保証責任を肯定する考え方は，航空機事故の場合にも適用されている。

(2) 免責条項

　航空会社が航空機製造者より航空機や航空部品を購入する場合，その売買契約には，免責条項（disclaimer clause）が規定されている。免責条項の内容には種々のものがあるが，目的物の瑕疵に関する一定期間の保証を定め，売主の故意または重過失を除いて，その余の責任を一切負担しないと定めるものが多い。

　この点，統一商事法典では，非良心的な（unconscionable）契約ないし条項を制限する一方で（2-302条），一定の制約の下では，かかる免責条項の有効性を認めている（2-316条）。すなわち，明示の保証を免責する条項は，合理性が認められない場合を除いて有効であり，黙示の保証を免責する条項についても，明確に商品性・特性目的適合性を記述することにより，その有効性が認められる。

　また，判例も，航空会社との航空機売買契約の免責条項を有効としている。なお，航空機の欠陥により事故が発生した事例において，旅客が航空会社に損害賠償を請求し，航空会社がこれを賠償した後，航空会社が航空機製造者に求償する場合にも，製造者が航空会社の経済的損害を含めて一切の責任を負担しない旨を規定した免責条項は有効と解されている（Philippine Airlines v. MacDonnell Douglas, 189 Cal. App. 3d 234（Ct. of App. CA, 1987））。

3　厳格責任 (strict liability)
(1) 判例法理の確立

1960年代初頭に至ると，製造物責任における厳格責任（strict liability in tort）の法理が認知されるようになってきた。厳格責任とは，不法行為法上の法理のひとつであり，行為者の故意・過失の立証を要せず，発生した結果について責任を負わせるものである。したがって，厳格責任の下では，製造者に過失があったことも，契約上の保証責任に違反したことも立証する必要がない。

製造物責任においては，製品の製造過程が高度に専門的・技術的であるため，個人の被害者が製造者の過失を立証することは事実上きわめて困難である。そこで，被害者保護の観点から，過失責任 (negligence) における立証責任の負担を緩和すべきであるとの社会的な要請が出てくる。また，そもそも欠陥ある製品を製造・販売・流通させること自体に重大な危険が認められるため，無過失責任を問うべきであるし，製造者等にこのような厳しい責任を負わせれば，より安全な製品の管理・開発に努めるであろうとの政策的な判断もあった。

判例上，不法行為法上の厳格責任の法理を確立したのは，1963年，カリフォルニア州最高裁判所の判決である（Greenman v. Yuba Power Products Inc. 59 cal. 2d 57 27 Cal. Rptr. 697. 377 P. 2d 897 13 A. L. R. 3d 1049（1963））。これは，電動工具の欠陥のために原告が負傷した事故について，電動工具の欠陥と負傷の事実，および欠陥と負傷の因果関係を認定し，被告製造者の過失の有無を問うことなく，不法行為法上の損害賠償責任の成立を肯定したものである。

この厳格責任の法理は，不法行為法第2次リステイトメント402条A1項に明定され，その後，各州で採用されるに至っている。すなわち，同項は「利用者または消費者の身体もしくはその財産に対して，不当に危険な欠陥状態を有する製品を販売する者（one who sells any product in a defective condition unreasonably dangerous to the user or consumer or to his property）は，最終利用者または消費者もしくはその財産が当該製品により被った損害を賠償する責に任ずる」ものとし，同2項は「販売者がその製品の製造・作業および販売にあたりすべての可能な注意を尽くし，かつ，利用者または消費者が当該販売者からその製品を購入しなかった場合，または，販売者と契約関係になかった場合」にも適用されると規定する。この場合の「製品を販売する者」には，製品の製造・流通過程にある関係者すべてが含まれると解釈されているため，製造者等もこれに該当する。ただし，第3次リステイトメントでは，厳格責任の法理が「製造上の欠陥」に

のみ適用され，「設計上の欠陥」および「指示・警告上の欠陥」には予見可能性を判断基準とする過失責任を問うものとしている（2条）。また，販売者には製品販売後も継続的な指示・警告を行なうことが義務づけられたほか，製造物責任が合併や買収等の場合にも承継されることなども盛り込まれた（10条）。

過失責任では，被害者にとって立証困難な製造者側の過失を要求するのに対して，厳格責任においては，より客観的な欠陥（不当に危険な欠陥状態）を要件としている。このように，厳格責任は，その責任原理を過失から欠陥へと変更したものである。

(2) 航空機製造物責任と厳格責任

1960年代以降，航空機製造者に対しても，厳格責任が適用されている。

航空機製造物責任訴訟の著名事件としては，トルコ航空DC–10型機事故がある。これは，1974年3月，パリ郊外でトルコ航空DC–10型機が墜落し，旅客・乗員346人全員が死亡したものである。事故調査の結果，運航中に航空機後部貨物室扉が開いたことから，床下のケーブル等を切断し，操縦不能に至ったと推定され，その原因としては，貨物室ドア・ロックの設計上の欠陥と，製造業者の警告文の不備（すなわち，指示・警告上の欠陥）が指摘された。

事故後，23カ国に及ぶ遺族からは，トルコ航空とともに，機体製造業者マクダネル・ダグラス社および貨物室扉製造者ゼネラル・ダイナミックス社に対して約200件の損害賠償請求訴訟が提起された。訴訟は複雑化したが，最終的には製造業者に責任を課し，約7,000万ドルを支払う旨の和解が成立している。

また，1977年3月，スペイン領カナリア諸島テネリフェ空港の滑走路上で，KLMオランダ航空のボーイング747型機とパンアメリカン航空の同型機が衝突し，575人が死亡した事故でも，衝突直後に火災が発生し，旅客が避難するための時間的余裕がなかったことから，航空機製造業者に対して，厳格責任に基づく製造物責任が求められた。本件では，製造業者であるボーイング社が，火災による損害防止につき適切な措置を講じていなかったことを理由として，補償総額の10％に相当する賠償金を支払っている。

(3) 厳格責任の限界

厳格責任の法理が登場した背景には，個人の被害者が製造者の過失を立証することが困難であることや，製造者等の企業が，個人と比較して経済的に優位にあるため，その危険もまた負担するのが公平と考えられることなどがあった。したがって，製造業者とほぼ同等の専門性・技術性を有し，経済的にも劣位と

はいえない大規模企業の場合には、厳格責任の適用を修正しなければならない。

この点に関し、航空機製造物責任に厳格責任が適用されなかった主要な事例としては、日本航空 DC-8 型機事故を挙げることができる。これは、1972 年 12 月、日本航空の所有・運航するマクダネル・ダグラス社製 DC-8 型機が、モスクワ空港を離陸中に墜落し、旅客・乗員 61 人が死亡した事故であり、事故直後の日ソ合同事故調査委員会は、着陸する際ブレーキの役目を果たすスポイラーを、離陸直後の最も加速の必要なときに、副操縦士が誤って作動させたと発表している。その後、日本航空の引受保険会社であった東京海上火災保険は、マクダネル・ダグラス社に対し、厳格責任に基づき航空機の損害の賠償を求めた。しかし、控訴裁判所は、売買契約が相対的に対等な経済力をもつ立場で交渉する 2 大企業間でなされていることから、不法行為法上の厳格責任の法理は適用されないと判示している（Tokio Marine and Fire Insurance Co. Ltd. Et al. v. MacDonnell Douglas Corp. v. Japan Airlines Co. Ltd.（Third-Party Defendant-Cross-Appellee）, US Court of Appeals（2nd Cir. 1980））。

なお、厳格責任においても、製造者（被告）の側が、①寄与過失、②危険の引受け、③誤用、または、④因果関係の不存在ないし中断を主張し、これを立証できれば、責任を免れることができる可能性があることは、過失責任の場合と同様である。

4 航空機賠償責任をめぐる諸問題

(1) 懲罰的損害賠償（Punitive Damages）

米国の製造物責任を論じるに際しては、懲罰的損害賠償金（Punitive Damages）についても検討する必要がある。懲罰的損害賠償金とは、加害行為に対する非難性が大きい場合に、一種の懲罰的な意味あいから、通常の填補損害賠償（compensatory damages）に加算して認められる賠償金のことである。

近年、この懲罰的賠償金は、被害者ないし原告代理人の弁護士が賠償金を増額するための手段として利用される傾向がある。とりわけ製造物責任訴訟では、保証責任や厳格責任に基づいて無過失責任を求める一方、製造者側の過失を立証することにより、これを故意または重過失に準ずるものであるとして、多額の懲罰的賠償金を請求する事例もみられる。

(2) ロング・アーム法とフォーラム・ノン・コンヴィニエンス

航空機製造物責任訴訟は、事故ないし損害の発生地にかかわらず、米国の各

州裁判所に提起される場合が多い。この理由は，米国が主要な航空機生産国であるとともに，多くの州がいわゆる「ロング・アーム法（Long Arm Statute）」を採用していることにある。

ロング・アーム法の下では，いかなる者も（any person, whether or not a citizen or resident of this state），州内での事故の場合はもちろん（commission of tortious act within this state），州域外の事故であっても，事故に関係する製造者等が域内で営業行為を行っていると認められる場合には（the transaction of any business within this state），当該州の裁判所の管轄に服する。したがって，被害者側としては，米国の裁判所で製造物責任訴訟を提起し，より有利な判決を得ようとする。その結果，事故と直接かかわりがないような州で訴訟が提起される可能性も増大した（ただし，その後の米国連邦最高裁判所による裁判管轄に関する複数の判決が，この傾向に歯止めをかける結果となっている）。

そこで，訴えの提起を受けた裁判所は，当事者の便宜や正義の実現のために，他の裁判所で審理するほうが妥当であると考えた場合，裁量により自らの裁判管轄権を行使せず，訴えを却下することが判例上認められている。これを「フォーラム・ノン・コンヴィニエンスの法理（forum non conveniens, 不便宜法廷）」という。

フォーラム・ノン・コンヴィニエンスの法理は，1981年の連邦最高裁判決により，航空機製造物責任訴訟にも適用が認められた。その後の航空機事故の訴訟にもこの法理が適用されている。後記V2(1)の遠東航空機事故判決は，日本人遺族ら（原告）がボーイング社を相手取り，カリフォルニア州で提訴したものの，フォーラム・ノン・コンヴィニエンスにより台湾での裁判が命じられて却下されたため，東京地裁に提訴した事件である。

昭和60（1985）年8月，日本航空御巣鷹山ボーイング747型機事故が発生し，単独機の事故としては航空史上最大の520人が死亡した。日米合同の事故調査によれば，日本航空において当該機が以前しりもち事故を起こしており，その際の圧力隔壁破損をボーイング社へ修理に出したことが指摘されている。そこで，一部遺族がボーイング社に対して，製造物責任に基づく損害賠償請求訴訟をワシントン州の裁判所に提訴したが，フォーラム・ノン・コンヴィニエンスにより却下された。

(3) 小型機に関する製造物責任連邦法

1994年，一般航空再興法（General Aviation Revitalization Act）が立法化され，

連邦航空法に収録された。

これによれば、座席数が20席未満の小型航空機の製造業者が、最初に当該機を所有者または販売業者に引き渡してから18年経過した後の事故については、製造業者に対して、死亡・傷害・財産損害に関する賠償請求をすることができない。小型航空機部品に関しても、同様に、当該部品を交換・追加してから、18年経過した後の事故につき賠償請求できないとされる。

ただし、①小型航空機が定期運送事業として使用されていた場合の事故、②製造業者が連邦航空局の認可取得中または取得後、当局に対して誤った申告を行った、または情報を隠したことが事故に関連している場合、③被害者が治療中の旅客として輸送されていた場合、④被害者が地上にいた場合等、事故時に航空機に搭乗していなかった場合、においては適用が除外されている。

Ⅳ 欧州における航空機製造物責任

1 欧州における製造物責任の概観

欧州は、エアバス社等を擁する航空機生産国であり、また、域内の航空輸送網も相当に発達している。したがって、航空機製造物責任を考察するには、欧州の法制度を知ることも重要である。

欧州における製造物責任に関して重要なのは、1985年に欧州共同体（EC）閣僚理事会が採択した、製造物責任に関するEC指令（directive）である。その目的は、加盟各国間の製造物責任法制の相違がもたらす、企業間競争条件の歪みと商品流通への悪影響を是正し、域内消費者の保護を図ることにある。この指令に基づき、ヨーロッパ各国は国内立法化を進め、1998年までに当時のEU加盟15か国のすべてにおいて立法がなされた。

2 EC指令の内容

EC製造物責任指令では、厳格責任を導入している。すなわち、製造者は、過失の有無を問わず、製品の欠陥により生じた他人の死亡、身体傷害および財産損害について、損害賠償責任を負う（1条）。被害者側としては、損害と欠陥、および両者の因果関係のみを立証すれば足りる（4条）。なお、被害者は消費者保護の観点から、消費者を想定している。

適用対象製品は、第1次農産物および狩猟物・漁獲物を除くすべての動産と

されており，航空機の機体および製造部品も対象となる（2条）。ただし，責任の存続期間については制限がなされており，原告が，損害の発生，欠陥の損害ならびに製造者等の責任を知った日から3年，また，被害の原因となった製品が流通に置かれた日から10年を経過した以降は製造物責任を求めることができない（10条1項・11条）。

EC指令では，開発危険の抗弁が認められる。開発危険とは，前記Ⅱ2⑷のとおり，製品を流通過程に置いた時点の科学的・技術的水準では，当該製品の欠陥の存在を発見することが不可能な危険をいう。しかし，この抗弁は，加盟国の裁量によって認めないこともできる（オプション条項）。また，同様に加盟国の裁量により，同一の欠陥を有する同一の製品に起因する死亡・身体傷害の賠償責任額に上限を設定することも認めている。

このEC指令のほかにも，1992年に制定され，2001年12月に改正されたEU製造物安全一般指令があり，約半数の加盟国が国内立法化している。製造物安全一般指令は，生産者および流通業者が「安全ではない」製造物を市場に供給しないという義務を課すものであり，生産者・流通業者がこの義務を遵守しない場合には刑事責任が生じる。

Ⅴ　日本における航空機製造物責任

1　製造物責任法の内容

平成6（1994）年6月，製造物責任法が，民法の特別法として成立し，翌7（1995）年7月から施行されている。同法は，製造物の欠陥による被害者の保護を図ることを目的としており，このため製造物を使用あるいは消費する最終的な立場にある消費者の被害に限らず，第三者が被害を受けた場合にも適用される（製責法1条）。なお，わが国の場合，数多くの航空機部品が製造・輸出されている現状があるため，航空機製造物責任を論じる意義は決して小さくない。

製造物責任法における製造物の範囲は，製造または加工された動産となっており，航空機の機体および製造部品も含まれる（製責法2条1項）。また，欠陥の定義については前述した（Ⅱ2⑴参照）。

製造物責任を負う者は，製造業者，加工業者，輸入業者，表示製造業者，実質的製造業者である（製責法2条3項・3条）。したがって，航空機の販売業者や賃貸・リース事業者は，当然には製造物責任法の責任主体とならない。ただ

し，事業者が設計上または製造上の指示を与えるなどして製造に深くかかわった場合には，実質的製造業者と認められるから，製造物責任法の責任主体となり得る。

　なお，わが国航空会社が航空機を外国から輸入して運航に供した場合にも，当該航空会社が「輸入業者」に該当することを疑問視する所説がある。しかし，国外の製造者に対して損害賠償することの困難さなどから，輸入業者に危険な欠陥製品の輸入をコントロールさせ，その責任を負わせることが合理的であるとした立法趣旨や，自己使用目的であっても「業として」の概念より排除されるわけではないことにかんがみれば，これを積極的に否定する理由は見出しがたい。

　製造物責任法は，EC 指令と同様に，開発危険の抗弁を認めている（製責法 4 条 1 号）。したがって，航空機製造者が開発危険であることを証明した場合には，賠償責任を免れることができることとなる。また，責任期間については，製造物を引き渡した時から（ただし，蓄積損害，遅発損害は，損害または症状の現れた時から）10 年，損害および賠償義務者を知った時から 3 年（人の生命・身体の侵害では 5 年）である（製責法 5 条）。

2　航空機製造物責任に関する裁判例
(1)　国際裁判管轄をめぐる裁判例

　わが国の場合，日本国内で発生した航空機事故であっても，その多くが外国で製造された航空機であることから，被害者が外国の製造者に対し，国内の裁判所に製造物責任を求める訴訟を提起する場合には，裁判管轄の有無が問題となる。

　その初期の裁判例として，原告が，ボーイング社が欠陥のある航空機を製造したことを理由に，製造物責任に基づく損害賠償請求を東京地方裁判所に提起した全日空ボーイング 727 型機の事件がある（東京地中間判昭和 49 年 7 月 24 日下民 25 巻 5・6・7・8 号 639 頁）。本判決は，製造物責任の法的性質について，報償責任と危険責任を包含する一種の不法行為責任であるとしたうえで，旧民事訴訟法 15 条 1 項（現民訴法 5 条 9 号）の趣旨は，国際裁判管轄の決定にも原則として妥当するが，同項の不法行為地には，被害者の保護，証拠収集の便宜等から，結果発生地も含まれるとした。

　その後，航空機製造物責任訴訟ではないが，国際裁判管轄に関するマレーシ

ア航空事件の最高裁判決が出されている（最判昭和56年10月16日民集35巻7号1224頁）。最高裁は，民訴法の国内の土地管轄に関する規定に定められている裁判籍のいずれかがわが国内にあるときは，これに関する訴訟事件につき，被告をわが国の裁判権に服させるのが条理に適うとし，日本国内に営業所を有するマレーシア航空に対する損害賠償請求訴訟について，わが国の裁判権が及ぶと判示した。これは，外国法人を被告とする民事訴訟の国際裁判管轄についての先例的な判断を示したものである。

しかし，遠東航空機事故判決では，日本人の遺族らが航空機を製造したボーイング社および販売したユナイテッド航空に対して提起した製造物責任に基づく損害賠償請求訴訟について，わが国裁判所に管轄権がないとしている（東京地判昭和61年6月20日判時1196号87頁）。この事故は，昭和56（1981）年8月，台湾の遠東航空ボーイング727型機が，台湾上空で墜落し，日本人18人を含む旅客・乗員110人が死亡したものである。ユナイテッド航空は日本国内に営業所があり，ボーイング社も併合請求の裁判籍が生じる余地があり，また，両被告に義務履行地の裁判籍が認められる余地もまったくないとはいいきれないとしながらも，本件では，わが国の裁判所に管轄権を認めるのは相当でないと考えるべき特段の事情があるとしたものである。その特段の事情としては，本件の事故原因を審理するための重要な証拠はいずれも台湾に存在し，日本と台湾の間には正常な国交がなく，これら証拠を司法共助により利用することができないことなどが挙げられている。

(2) 中華航空エアバス機事件

平成6（1994）年4月，中華航空の運航するエアバス社製の旅客機が，名古屋空港に着陸のため降下中に墜落し，旅客・乗員264人が死亡した事故がある。死亡した旅客の遺族らは，エアバス社に対して旅客機の設計上の欠陥を理由に，また，中華航空に対して改正ワルソー条約および不法行為に基づき損害賠償を求めた。

本判決は，中華航空機の操縦につき，改正ワルソー条約上の重過失があるとし，同条約22条所定の賠償限度額を超える請求を認容した点において，航空運送法上，重要な裁判例である。そして，航空機製造物責任に関する部分は，被告エアバス社に対する判断にある（名古屋地判平成15年12月26日判時1854号63頁）。

まず，被告がフランス法人であることから，国際裁判管轄の有無が判断され

た。この点，本件は，民訴法5条9号にいう不法行為に関する訴えに該当するところ，同条項所定の不法行為地とは，実行行為のなされた土地と損害の発生した土地の双方を含むものというべきであるとした。本件事故は，名古屋において発生し，損害が発生したもので，損害発生地は名古屋であるから，裁判籍がわが国内にあるとし，また，わが国の国際裁判籍を認めることにより，かえって当事者間の公平，裁判の適正・迅速といった民事訴訟の理念に反する結果を生じるような特段の事情も認められないと判示した。

次に，旅客機の設計上の欠陥について，本件設計は，オートパイロットの異常作動に対応するとともに，意図せずにオートパイロットを解除してしまう危険を防止するものであって，他の採り得る設計と比較しても，不合理な設計であるとまではいえないから，本件設計を採用した当該事故機が通常有すべき安全性を欠くものとはいえないと判断した。

本判決は，航空機の設計上の欠陥の有無について，事実関係を相当詳細に検討しており，結論においてもおおむね妥当なものと解される。なお，本件事故の発生は，製造物責任法施行前のことであり，同法施行後にエアバス社が航空機を引き渡したものではないため，同法の適用はない（同法附則1条）。

Ⅵ　まとめにかえて

以上に検討したとおり，航空機製造物責任の責任原因を構成するのは，過失責任，保証責任，厳格責任の3つであり，近年の裁判例においては，厳格責任を問うものが主流的な地位を占めている。しかし，厳格責任も，被害者の保護にとって万能ではなく，その適用にも一定の限界があることを知らなければならない。このことから，現実の航空機製造物責任訴訟では，訴状にこれら3つの原因が併記される場合が多いのである。

一方，航空機製造者の側からすれば，製造物責任を求められた場合の十分な防御体制の確保，および損害賠償責任を負担する場合の賠償資力の確保が実務的な課題となる。このうち賠償資力の確保のための対応策としては，航空機生産物賠償責任保険（Aviation Products Liability Insurance）の付保を検討する必要がある。航空機生産物賠償責任保険とは，航空機または航空機部品・原材料等の製造・修理・整備・販売等を行った者が，その製品または修理・整備等の対象物の引渡し後に，その製品や対象物に起因する事故によって第三者が死亡・傷

害・財産損害を被ったことに関して法律上の損害賠償責任を負担する場合に，その損害賠償金を填補し，また，争訟に要した費用を填補する損害保険である。

　航空機事故を考えるとき，第一義的には運航主体である航空会社の責任が問題となるが，航空機の欠陥，航空管制の過失，空港施設の瑕疵等の諸原因が複合している場合も少なくない。その意味で，航空会社（運送人）の責任を検討するとともに（本書第5章参照），併せて，航空管制・航空管理者の責任や航空機製造物責任をも多面的に研究することが重要である。　　　〔菅原貴与志〕

参考文献
菅原貴与志「小論・航空機製造物責任の研究」慶應法学4号（2006年）

第8章　航空保険

> **要　旨**
>
> Ⅰ．航空保険は，航空機の発達とともに発展してきた新種保険の一つであり，海上保険を母体とする。
> 　航空保険には，危険の巨大性，国際性，事故原因の複雑性等といった特殊性がある。
> 　Ⅱ．危険の巨大性に見合う危険平準化が困難な航空保険においては，すべての危険を一社だけで引き受けることは不可能に近いため，航空保険プール制度が危険の分散・消化のため重要な役割を担っている。
> 　Ⅲ．航空保険を物保険と損害賠償責任保険とに分類した場合，前者の代表例として航空機自体に関する保険である機体保険があり，後者の代表例として，乗客損害賠償責任保険，第三者損害賠償責任保険等がある。
> 　航空保険を事故原因によって分類した場合，悪天候，機材の故障，操縦ミス等の事故など，免責事項に該当しない限りあらゆる損害を対象とする保険（オール・リスクス保険）と，戦争，ハイジャック等による損害に限定して対象とする戦争保険とに分けることができる。
> 　Ⅳ．オール・リスクス保険はいずれも，原則として戦争危険を免責対象としている。このため，オール・リスクス保険とは別に，戦争保険についても別に付保しなければならない。

I　航空保険の意義と特質

1　航空保険の意義

　高価な航空機の財産的価値を保全するためにも，航空機を調達するファイナンスの場面において投資の安全性を図るためにも，また，乗客や機外の第三者に対する損害賠償の原資を保全するためにも，保険の存在は必要不可欠である。かかる場面において利用されるのが，航空保険（aviation insurance）である。航空保険は，航空機の発達とともに発展してきた新種保険の一つであり，海上保険を母体とする。

　ただ，航空保険には，危険の巨大性に比して対象案件数が限定され，統計的安定性を確保することが困難であることから，保険事業運営に必要な安定性に乏しい面があった。航空保険の持つこの脆弱性は，湾岸戦争や米国をおそった同時多発テロによって明らかになったが，現在では制度が再構築されている。

　なお，航空保険の範囲は歴史的に変動してきており，かならずしも明確ではない。ここでは，航空保険が特別な市場として成立したのは，Aviation Risksという危険の特殊性によるとの指摘に留意しつつ，現行実務上行われている航空保険について解説する。

2　航空保険の特質

　航空保険とされるものには，下記の特色があり，この特色が他の保険と異なる航空保険の特質をかたちづくっている。

(1) 危険の巨大性

　航空機事故はいったん発生すると機体のみならず，多くの乗客や第三者の生命・身体・財産に影響を与える。したがって，これに対応する航空保険も，填補限度額が巨額になり，引き受ける危険も巨大なものにならざるを得ない。例えば機体保険でも場合によっては一機で数百億円になりうるし，乗客等に対する賠償保険については補償限度額が数千億円にのぼることもある。航空機同士が衝突すれば，額は一気に倍増する。このような巨大な危険を引き受ける航空保険の分野においては，一社だけで保険を引き受けることは到底できず，全世界レベルでの再保険の活用が不可欠であり，後述のとおり，航空保険プールの役割が重要なものとなる。

第 8 章　航空保険

(2) 国　際　性

　危険が巨大な航空保険においては，危険を分散するため再保険の手段を用いることが不可欠であり，しかもかかる再保険は，国際的規模のものにならざるを得ない。このことは他面において，海外の再保険市場の影響を受けやすくする。

(3) 事故原因の複雑性

　航空機事故は，様々な原因が重なって発生することが多く，その上いったん事故が生じた場合に全損となる確率が他分野と比べて高い。そのため，事故の原因解明が他の事故に比べ困難である。また，国際政治の動向を反映しやすい航空業界においては，これまで予想もしなかった事故が発生しがちである（例えば，米国同時多発テロなど）。

(4) 市場変動のボラティリティの高さ

　航空保険においては，そのリスク数が，保険制度の前提となる大数の法則が機能するレベルに達していないため，市場の成績が不安定になりやすい。このため収入保険料に比して支払保険金が少ない場合（例えば，事故の少ない時期など。ちなみに保険金を保険料で除したものを損害率という）には，保険者の引受能力の供給意欲が高まることによって市場の競争原理が働き保険料が低下に向かう（ソフト・マーケット）。他面，いったん巨大な事故が発生すると損害率が上昇し，保険市場は保険料の引き上げを志向する（ハード・マーケット）。このように航空保険は，市場の変動の度合いが激しいのである。

(5) 担保内容の多様性

　航空機の運航には，様々な業務（航空機の誘導，牽引，清掃から手荷物・貨物の積みおろしや機内食の手配まで）が付随する。また航空会社が何らかの損害を被る可能性のある事態は，単に航空機事故に限られるわけではない。こうした航空事業の性格を反映して，いきおい航空保険も幅広い危険を担保することが必要になる。このため，航空保険は，多種類の危険を総合的に担保するものとして商品設計がなされている。

(6) 契約条件の柔軟性

　航空保険においては，契約者の数も，契約対象たる航空機の数も家計分野の保険に比べて極めて限られる。また，航空会社ごとに保険手配に対する方針等が異なっている。こうした状況により，航空保険は，保険契約者の意向や状況を反映した契約条件を設計することが可能となっており，定型性の強い自動車

141

保険や火災保険などとは異なり，保険契約内容が個別交渉に委ねられ，自由裁量の余地が大きい。

(7) 専 門 性

航空保険の契約対象は，主に航空会社であるので，基本的に航空保険の分野においては，関係当事者がすべて航空に関する専門的知識を有しているといってよい。航空保険は海上保険と同様，深い知見を有する専門家によって購入される保険である。ただし，自家用機を保有する個人や，行政目的のために航空機を所有する官公庁が航空保険契約を締結する例など，例外もある。

II 航空保険の引受

危険の巨大性に見合う危険平準化が困難な航空保険においては，すべての危険を一社だけで引き受けることは不可能に近い。そこで，危険を分散して消化するために航空保険プール制度が重要な役割を担うことになる。航空保険プールとしては，Global Aerospace が有名だが，わが国においても航空保険の事業を行っている損害保険会社全てが加盟している日本航空保険プールが存在している。ちなみに日本航空保険プールに対しては，独占禁止法の適用が除外されている（保険業法101条1項1号，102条1項）。

日本航空保険プール会員である保険者（元受保険会社）は，同プールが対象とする契約（プール物件）について航空保険を締結した場合，自己の責任で元受契約を行い，自己の名で保険証券を発行する。プール会員は，引受額全額について一旦再保険に出さなければならない。つまりプール会員が引き受けた航空保険契約は，一度全部プールに投入され（プールへの100パーセント出再），所定の割合で会員に再配分される。そして，会員の消化能力を上回る分については，海外にさらに再保険に出される。このようにプールへの100パーセント出再がなされるため，日本航空保険プールが再保険料率を決定する際，プール物件は，同一物件・同一条件であれば，どの保険者が引き受けても同一の保険料・料率となる。

他方，日本航空保険プールが対象としない物件（非プール物件：例えば，空港の保険，飛行船・グライダーやPL保険の一部等）については，保険者が独自に引き受け，引受限度を超えるものについては，再保険に出される。

その他に，保険者によっては，海外の航空保険プールに加盟し，その参加分

についての再保険手配を行う場合や，海外の保険ブローカー（ロンドンのブローカーのことが多い）を通じて再保険を引き受ける場合もある。後者の場合は，危険の規模からいってすべてではなく一定の割合を決めて引き受けることになろう。

Ⅲ　航空保険の種類

1　全体像

　航空保険は，損害の対象及び事故原因によって分類することができる。まず損害の対象を基準にすると，物保険と損害賠償責任保険とに大別できる。前者は，(1)航空機自体に関する保険である機体保険（Hull Insurance），(2)航空機装備品・予備部品保険（Spares Insurance）等が挙げられる。なお，機体保険に任意に付保する保険として，(3)捜索・救助費用保険（Search and Rescue Insurance）等がある。

　後者としては，(1)乗客損害賠償責任保険（Passenger Legal Liability Insurance），(2)第三者損害賠償責任保険（Third Party Legal Liability Insurance），(3)航空機搭乗者傷害保険（Aviation Personal Accident Insurance）及び(4)貨物賠償責任保険等が挙げられる。

　次に，事故原因によって分類すると，悪天候，機材の故障，操縦ミス等の事故など，免責事項に該当しない限りあらゆる損害を対象とする保険（これを「オール・リスクス保険」という）と，戦争，ハイジャック等による損害に限定して対象とする戦争保険（War and Allied Perils Insurance）とに分けることができる。ここでは平時におけるオール・リスクス保険につき説明し，戦争保険についてはⅣで述べることとする。

2　機体保険（Hull Insurance）
(1)　意　義

　機体保険は，航空機（被保険航空機）自体に関する物的損害（physical loss or damage to an aircraft）を担保する保険である。中でも代表的な位置づけを占めるのは，航空機に生じる物的損害をオール・リスクス条件で担保する機体オール・リスクス保険（Aircraft Hull All Risks Insurance）である。

　機体保険には，大きく分けて保険価額型（insured value）と協定保険価額型

（agreed value）とがある。これは保険填補の限度を定める基準の違いによる分類である。前者は，契約締結時に填補最高限度額だけ決めておき，保険価額は保険填補実行時に損害発生の日の航空機の市場価格を基準として合意するのに対し，後者は，契約締結時に航空機の保険価額までも予め合意しておくものである。全損の場合両者の効果が違ってくる。すなわち前者において，保険者は保険価額を支払うか，同等の代替航空機を提供するかの選択権を有するのに対し，後者においてかかる選択の余地はなく，保険価額の支払いがなされることになる。被保険者が定期航空会社の場合，航空機の修理等に相当の経験を有する定期航空会社に対して保険者が代替航空機を手配し，現物填補することは実情にそぐわず，後者によるのが一般的である。

(2) 損害及びその支払

機体保険の支払の対象となる損害は，墜落，衝突等偶然な事故によって生じた物的な損害に限られ（直接損害），間接損害を含まない（間接損害を填補する保険としては，航空機使用不能損害保険がある）。

機体保険には，通常，約定された金額まで保険者は保険金支払義務を負わないとする免責金額（Deductible）が設定される。免責金額による自己負担が大きく，最終的な自己負担を軽減したい場合の保険として，航空機免責金額保険（Deductible Insurance）が用意されている。

直接損害は全損と分損とに分けられる。全損とは，被保険航空機を事故発生の直前の状態に復旧することが物理的もしくは技術的に不可能な場合や修理費が協定価額を超える場合または被保険航空機が行方不明となった場合をいう。全損の場合には免責金額の適用はない。

分損は，全損以外の場合であり，分損の場合，損害額または保険金額のいずれか低い額から保険証券記載の免責額を差し引いた額が支払われる（ただし約款で，現物による支払の選択肢を留保する例もある）。

(3) 免　責

ただ，オール・リスクスといっても，免責とされる場合があるので，注意が必要である。

免責事由としては次表に掲げるものが挙げられる。
特に④〜⑥のように，急激かつ偶然な外来の事故によらずに発生した損害についても免責とされていることに，注意が必要である。また，⑦については免責の対象とされているものの，この中の一部は戦争保険で復活担保される。

①	保険契約者，被保険者，保険金を受け取るべき者またはこれらの者の同居の親族もしくは法定代理人（保険契約者，被保険者が法人である場合には，その理事，取締役または法人の業務を執行するその他の機関）の故意により損害が生じた場合	
②	これらの者が被保険航空機の耐空性の維持または航行の安全性に関する法律等に故意に違反した場合	
③	詐欺・横領の場合	
④	自然の消耗 （wear and tear）	反復して使用している間にシャフト軸受部がすりへり，シャフトが折損した場合
⑤	機能の低下	長期間使用している間に規定のエンジン出力が得られなくなった場合
⑥	故障	電気的なトラブルにより計器が動かなくなった場合
⑦	戦争危険，戦争関連危険	テロやハイジャック等

　免責が適用される範囲は，これらの損害が生じる原因となった部分と機能的に一体となった航空機の部品の最小単位（単位部分）に限られる。したがって，損害が他の部分に波及した場合には，他の部分についての損害は支払の対象となる。また，免責となる単位部分が原因となり，航空機に墜落，爆発等の二次的損害が発生した場合，原因となった単位部分を除いて，保険金が支払われる。

3　航空機装備品・予備部品保険（Spares Insurance）

　地上及び輸送中にある間，航空機装備品・予備部品の物的損害を担保する保険であり，オール・リスクス条件である。限度額を定めるに当たっては，事故・品目・輸送・場所等さまざまなものが用いられる。航空機に取り付けられていない予備エンジンも対象としうる。機械の故障が免責事由とされていることは，機体保険の場合と同様である。

4　機体保険に任意に付保する保険

　機体保険に任意に付保する保険として，捜索・救助費用保険（Search and Rescue Insurance）がある。これは，航空機が遭難したり行方不明になった場合において，航空機や搭乗者の捜索や救助活動にかかる費用を担保する保険である。

5　損害賠償保険

⑴　pay on behalf of 型と indemnity 型

航空保険における損害賠償保険の型については，大きく分けると，被保険者が支払うべき賠償額を保険者が被保険者に代わって支払う型（pay on behalf of）と，被保険者がまず被害者に賠償金を支払い，その後に保険者が被保険者に対し補填する型（indemnity）とがある。どちらの場合にせよ，実務上は保険者が被保険者の代理人たる弁護士の選定への助言を行い，当該弁護士と協働する等，賠償プロセスに深く関与することが一般的なので，あまり大差がないともいえる。

⑵　強　制　保　険

賠償責任の履行を確実にし，被害者を保護するための手段として，付保を強制することがある。これを強制保険といい，わが国の例でいうと，自動車保険におけるいわゆる自賠責保険が挙げられる。では，航空保険においてはどうか。

まず，現行法をみてみる。わが国では，国土交通大臣は，公共の福祉を阻害している事実があると認めるときは，わが国の航空運送事業者に対して，航空事故により支払うことあるべき損害賠償のため保険契約を締結することを命ずることができるとされている（航空法 112 条 6 号）。学説の中には，航空法に基づき，航空運送事業の許可を申請する際に，当該申請が法に掲げる許可基準（航空法 101 条 1 項）に適合する旨の説明を求められる中で（航空法施行規則 210 条 3 項 1 号イ），相当の付保が指導されるとしても当然であると説くものもある。

次に条約についてみてみる。これまで航空運送の分野においては，直接的に付保を強制する条約はみあたらなかった。付保の強制はもっぱら間接的な手段によりなされてきた。例えば，公の安全の見地から外国航空機の飛行を禁止・制限するシカゴ条約 9 条は，ローマ条約（1952 年）の規定に従った付保を行わない航空運送人に対しても適用されることを挙げることができる。

ところが，モントリオール条約（1999 年）は，条約として初めて，直接的に付保を強制する規定を設けている。すなわち，同条約 50 条は，「締約国は，自国の運送人に対して，この条約に基づく責任についての適切な保険を維持するよう要求する。運送人は，締約国の領域内への運送を行う場合に，当該締約国から，この条約に基づく責任についての適切な保険を維持している旨の証拠を提出するよう要求されることがある。」と規定する。同条約は，ワルソー条約を近代化したものであるが，同条のような規定はワルソー条約には存在せず，

モントリオール条約において初めて創設されたものである。この規定の評価については，同条により，これまで以上に乗客が保護されることになると積極的に評価する見解と，航空運送の世界では付保は当然になされていることであり，付保を求めるとしても国内法に基づいてなせば足り，あえて条約で規定する必要はないとする見解とがある。

(3) 免責金額

損害賠償保険については，機体保険と異なり，通常，免責金額は設定されない。したがって，保険者が承諾した適正な賠償額全額が支払われる。

(4) 乗客損害賠償責任保険 (Passenger Legal Liability Insurance)

これは，被保険航空機の所有，使用もしくは管理に起因し，または運送契約の履行に起因し，偶然な事故によって，乗客の生命もしくは身体を害し，あるいは乗客の手荷物を滅失，破損もしくは汚損することにより，被保険者が法律上の損害賠償責任を負担することによって生ずる損害を担保する保険である。

乗客とは，被保険航空機に飛行の目的をもって搭乗中または乗降中の者で，被保険航空機の乗組員としての職務に従事する者を除くすべての者をいう。

乗組員は本保険でなく，航空機搭乗者傷害保険の対象とされる。

乗客の手荷物とは，乗客が携行もしくは装着する機内持込手荷物または運行者等が原則として乗客の搭乗する航空機で運送することを目的として乗客から受託した受託手荷物（積載中，積み込み中または積みおろし中の物に限る）のうち，見回品（日常生活の用に供する動産）等の財物をいう。

通常，対人・対物賠償共通で，一事故あたりの填補限度額を設定する。

(5) 第三者損害賠償責任保険 (Third Party Legal Liability Insurance)

これは，被保険航空機の所有，使用もしくは管理に起因し，または運送契約の履行に起因し，偶然な事故によって，機外の第三者の生命もしくは身体を害し，あるいは機外の第三者の財物を滅失，破損もしくは汚損することにより，被保険者が法律上の損害賠償責任を負担することによって生ずる損害を担保する保険である。

例えば，飛行機が空中衝突し，他の航空機，空港その他の関連施設や人員に損害を与えた場合，航空機の墜落あるいは機体，積荷の落下により地上の第三者に損害を与える場合等が挙げられる。自動車保険でいう対人・対物賠償責任保険に相当するが，自動車保険と異なり，機内の搭乗者は対象とならない。これらは前述した乗客損害賠償責任保険の対象となる。

飛行機が頻繁に離着陸する空港周辺では，落下物等により第三者に損害が発生しても，落下物を落とした飛行機を特定することが困難である。本邦の成田空港乗り入れ航空会社では，このことを考慮して，全ての保険契約の特約条項の章に「成田空港落下物条項」を入れて対処している。これは，航空会社，空港公団，保険会社により作られた審査機関が，落下物を落としたと思われる航空会社の範囲を指定し，指定された航空会社は共同して補償を行うとともに，補償すべき責任を各航空会社の航空保険で担保するというものである。航空保険の特徴である契約条件の柔軟性が発揮された一例である。

　なお，第三者賠償責任保険は，乗客損害賠償責任保険と組み合わせて，単一の填補限度額を定める場合もある。これを第三者・乗客包括賠償責任保険という。この場合，両保険の間で填補限度額を相互に融通処理できる利点がある。

(6) 航空機搭乗者傷害保険（Aviation Personal Accident Insurance）

　これは被保険航空機に搭乗中または乗降中の者（被保険者）が急激かつ偶然な外来の事故によって身体に傷害を被った場合に，一定の保険金が支払われる保険である。乗客損害賠償責任保険の対象とならない乗組員も対象とすることができるので，労務管理上有益である。

　もちろん飛行機に乗り込む者が自分自身を被保険者として契約することも可能である（なお，空港等で自動販売機により購入できる保険は，保険カバー内容はこれと似ているが，航空保険ではなく，傷害保険のひとつである）。

　本保険は定額払いの保険であり，運送人の責任の有無，実損害如何にかかわらず一定の保険金が支払われる。したがって，乗客損害賠償責任保険が支払われない場合でも本保険により支払がなされうる。本保険は，乗客損害賠償責任保険の補完的機能を営んでいる。逆に，運送人に賠償責任が発生する場合，本保険から保険金が支払われても，当然に賠償金に充当されるわけではない。本保険は，通常の傷害保険と異なり，被保険者の氏名を特定せず，事故当時に被保険航空機に搭乗していた者全員を被保険者とすることができる。

(7) 貨物賠償責任保険

　これは，航空運送人の貨物に対する賠償責任を担保する責任保険である。貨物に関する保険としては，この他に，貨物の所有者または荷主として貨物に生じる損害を担保する物保険としての貨物保険もある。

Ⅳ 戦 争 保 険

1 はじめに

多数の人命を運ぶ航空機は，戦争，テロ，ハイジャックなどの対象となりやすく，しかも一旦事故が発生すると多数の人命に関わる損害を発生させるので，特に定期航空会社としては，かかるリスク（戦争リスク）に対しても航空保険を付保する必要がある。ところが，オール・リスクス保険はいずれも，原則として戦争危険を免責対象としているので，オール・リスクス保険とは別に，付保しなければならない。

戦争保険は，オール・リスクス保険よりも新しく，第二次世界大戦以後に生まれ，その後ハイジャックの頻発を機にハイジャックをも担保されるように独自の発展を遂げてきたが，近時湾岸戦争や米国の同時多発テロにより，さらに大きく変容した。さらに近時のロシア・ウクライナ情勢に関連し，戦争リスクのレートアップがなされる等，現在，流動的な情勢にある。いずれにせよ，航空賠償責任保険契約は通常１年契約であることから，長期間にわたる付保が確約されているわけではなく，戦争やテロの危険性が世界的に再び高まった場合には，戦争危険に起因する第三者への賠償責任保険市場から一部の保険者が撤退し，世界的な引受体制が再び脆弱となる可能性が否定できない。

2 戦争危険に対する航空保険のカバー

(1) 航空機機体賠償責任保険（Hull and Liability combined Policy）

航空保険の種類としては，Ⅲで述べたように実に様々なものがあるが，定期航空保険会社が通常付している航空保険は，保険の種類毎に個別に契約するのではなく，包括的な契約方式（航空機機体賠償責任保険：Hull and Liability combined Policy 通常，メインポリシーと呼ぶ）がとられている。

メインポリシーは，機体損害については，戦争リスクを担保しないが，乗客に対する賠償責任損害及び第三者に対する賠償責任損害については，戦争危険までも復活担保する。すなわち，航空保険において，戦争危険は一般的な免責条項とされるところ，免責とされる戦争危険による損害のうち，乗客，第三者に対する賠償責任損害については，特約条項で担保する。これは，一旦排除した戦争リスクを引き受け直すことから，復活担保とかライトバック（Write

back）と呼ばれる。
　(2) **機体戦争保険**（Hull War Insurance）
　メインポリシーは，機体損害に関して戦争危険を担保しないので（機体保険については，ライトバックが行われない），機体損害を担保するためのものとして，別途機体戦争保険（Hull War Insurance）が用意されている。戦争保険が，オール・リスクス保険とは別に発展してきたことを反映し，機体戦争保険は，ライトバックではなく，メインポリシーの航空保険市場とは別に主としてロイズ（ロンドンの保険市場）の再保険者によって引き受けられている。ちなみに，機体戦争保険においては，三機分程度の填補限度額（aggregate limit）が付されるのが一般である。
　このように機体保険については，オール・リスクスと戦争危険とが峻別されている。このため，発生した事故がどちらによるか特定できない場合の処理が問題となる。
　1985年6月にインド航空のボーイング747機がアイルランド沖に墜落した際に，この問題が顕在化し，1億米ドルを超える機体保険金をどちらの保険で支払うのかが議論となった。この事件においては，当初両方の保険事業者が半分ずつ負担して支払い，その後時間をかけて事故の原因調査を行い，その結果を待って仲裁により，いずれの対象とするか決することとし，後日回収された機体片の鑑定により，戦争危険によるものとされ決着をみた。
　現在では，どちらの保険で支払うべきか決しきれない場合は，双方の保険事業者が仮に半分ずつの割合で保険金を支払い，その後仲裁でいずれが支払うか決めることとされ，かかる旨の条項がロイズの標準文言集に収録されている。これをフィフティ・フィフティ条項（50/50 Provisional Claims Settlement Clause）という。
　ちなみに，賠償保険については戦争危険がライトバックされているので，かかる問題は生じない。

3　戦争保険における2つの制約
　(1) **7日前解約予告条項**（7 Days Cancellation Clause）
　注意すべきは，戦争保険には，2つの重大な制約があることである。1つは，7日前解約予告条項（7 Days Cancellation Clause）である。これによると被保険者・保険者は，7日前に予告すれば，相手方の同意なしに契約を解除すること

ができる。但し，解約の発効以前に，両者が新しい保険料率，条件，適用地域に合意すれば，契約を更新することができる。規定の上では保険者・被保険者が対等に解除権を行使できるようであるが，被保険者がこの条項を利用することはまず考えられないので，実際上は保険者側に有利にできた条項である。

　この条項は，1990年8月，イラクがクウェートに侵攻した際に発動され，1991年2月イラクが降伏し，湾岸危機が一応の解決を見るまで，湾岸地域一帯について全くの無保険状態が生じた。

　このような状態の下で，救援機などを派遣する場合，個別に救援機を担保する保険を手配せざるを得ないが，かかる保険が常に手配できるとは限らず，仮に手配できても保険の有効期間が数日に限られるなど，不十分なものになりがちである。

　ただ現在では，核兵器の敵対行為としての爆発（Pure War Risk のみ）による自動終了以外は解約されない保険が提供されている。

(2) 自動終了条項（Automatic Termination Clause）

　もう1つの制約は，自動終了条項（Automatic Termination Clause）である。核兵器の使用，5大国（イギリス，アメリカ，フランス，ロシア，中国）間における戦争勃発の場合には，通告の有無にかかわらず，保険契約は自動的に終了する旨の条項である。これらの場合には，保険契約が前提としている社会秩序が失われるという趣旨から，全ての戦争保険契約の中に挿入されている。かかる場合は，民間の保険事業者でなく国家による措置が必要となる。

　この条項が発動されると，前述のライトバックされた分を含め，全世界の戦争保険が自動的に終了するため，不安定な状態が出現する。　　〔松嶋隆弘〕

参考文献
松嶋隆弘＝中島智之「航空保険の現状と課題」日本法学78巻3号（2013年）
原茂太一『イギリス法における航空保険』（損害保険事業総合研究所，1991年）
Katherine Posner, Tim Marland, Philip Chrystal, *Margo on Aviation Insurance*（4th ed., LexisNexis, 2014）

〔追記〕
　本章執筆に際し，東京海上日動火災保険株式会社航空宇宙・旅行産業部・松岡慎二氏から有益なコメントをいただいたことを特記する。

第 9 章　航空機金融

　　　　　　　　　　　要　旨
　Ⅰ．エアラインなどが航空機を調達する場合，所有権留保売買やリースなどさまざまなファイナンスの仕組みが利用されている。また，航空機エンジンは独立の取引対象として，同じようにリース取引などの対象となる。現在では，航空機やエンジンの資産としての価値を引き当てとしたアセット・ファイナンスの手法を用いることが多い。エアラインなどの資金調達の方法としては，銀行による貸付（間接金融）と資本市場からの調達がある。
　Ⅱ．銀行の貸付による場合，複数の銀行が共通の取引条件で同時に貸付を行うシンジケート・ローンの形態をとることもある。また，航空機メーカーやエンジンメーカーの所在国は，自国製品の輸出を促進するため輸出信用機関によるファイナンスを提供する場合が多い。
　Ⅲ．そうしたファイナンス取引の担保として，日本法には航空機抵当の制度が存在し，また独自の実行方法が定められている。
　Ⅳ．アセット・ファイナンスには担保付き貸付け，所有権留保売買，リース取引がある。
　Ⅴ．資本市場から資金を調達する場合，米国で発達した設備信託や，日本における匿名組合といったスキームが用いられている。
　Ⅵ．航空機担保に係る各国法の相違から生ずる不都合を解消するため，国際的には，各国法にもとづく航空機上の権利を相互承認するというジュネーヴ条約と，各国の国内法とは独立に条約にもとづく国際担保権の制度を創設したケープタウン条約がある。日本はどちらの条約も批准していないが，航空機ファイナンスに対する投資家の間ではケープタウン条約の利用が進んでいる。

I　航空機金融の手法

　航空機はエアラインにとって主要な資産であり，収益を生み出す源泉である。中長距離用の機体であれば一機あたり数百億円に上る資産を，エアラインは数十機ないし数百機の単位で調達するため，必要な資金の金額も大きい。そのため，航空機を調達するための金融（ファイナンス）は，航空産業において大きな課題となってきた。

　航空機の買い手にはさまざまなタイプの主体があり，それに対応して，航空機のファイナンスにも多様な手法がある。かつて，主要国にそれぞれの国を代表するナショナルフラッグキャリアが存在していた頃は，それらの多くは国営企業であり，企業の信用にもとづく貸し付け（コーポレートファイナンス）がもっぱら行われていた。しかし現在は，先進国にも新興国，途上国にも，一定以上の価格で伝統的なサービスを提供するフルサービスキャリア（FSC）と低価格で限られたサービスを提供するローコストキャリア（LCC）があり，さらには貨物専業の運送事業者も存在する。大企業や富裕層などの間にはプライベートジェットに対する需要も大きい。手元資金（キャッシュ）を潤沢に持つ主体であれば，ファイナンスの仕組みを必要とせず，一括払いによって新造機を購入することも可能であろう。そうではない場合には，資産としての航空機の価値を引き当てとしたアセット・ファイナンスが広く行われるようになっている。

　資金の出し手側を見ると，現在の航空機ファイナンスでは，銀行による貸付（間接金融）だけではなく，資本市場からの調達が大きな役割を果たしている。欧州の投資銀行や日本の投資家，新興国の富裕層などは，資本市場における航空機ファイナンス向け資金の重要な出し手である。そこで，資産担保金融による航空機ファイナンスは，さまざまな仕組みを介して，資本市場から資金を調達できるようになっている場合が多い（後述Ⅴ）。

　航空機は，メンテナンスを十分に行い，必要に応じて部品の交換などを実施していれば，十数年から二十年以上も使用することができる。そのため，中古機体の売買や，リース取引も多く行われている。なお，交換により取り付けられた部品は機体に付合して独立の動産としての地位を失うが，エンジンだけは独立の物件として売買やリース取引の対象となることが取引慣行として確立し

ている。航空機エンジンは，1機あたり数億円と高額である上に，不具合が発見された場合などにはすぐに機体から取り外され，交換されるためである（つまり分離に「過分の費用」（民法243条）を要しない）。その結果，航空機エンジンを除いた部分としての航空機体と，航空機エンジンとが，それぞれ独立の動産として取引されることになる。

II　銀行貸付け

1　シンジケート・ローン

　銀行の貸付による場合，航空機ファイナンスは調達額が大きいため，複数の銀行が共同して貸し手となるシンジケート・ローンの形態をとることもある。シンジケート・ローンとは，複数の債権者（銀行）が，共通の取引条件にもとづいて，同時に貸付を行うことである。担保も共通に設定され，エージェントと呼ばれる銀行がすべての貸し手を代表して管理する。借り手（エアラインなど）が支払いを停止し，デフォルトに陥ったときは，貸し付け契約に規定された手続に従い，貸し手間で意思結集を行って対応を決定する。

2　公的金融機関

　航空機ファイナンスに特徴的な仕組みとして，公的金融機関による信用補完がある。公的金融機関とは，政府が全部または一部出資する特殊な銀行または保険会社である。信用補完の方法としては，銀行の場合，貸し付けに参加した上で貸し手間の取り決めにより債権回収の順位を劣後させたり，自らは貸し手にならないものの借り入れの保証を行ったりすることで，他の銀行による債権回収を容易にする方法が用いられる。保険会社の場合には，貸し付けが回収不能になるリスクについて信用保険を提供する。米国や英国，フランス，ドイツなど主要な航空機メーカー，航空機エンジンメーカーが所在する国では，自国製品の輸出を促進する目的を持ってこうした公的金融機関が設立されており，「輸出信用機関（Export credit agency: ECA）」と呼ばれている。

　輸出信用機関は自国の製品の輸出を後押しするための組織であるから，製造業に対する補助金と同一の性質を持っており，ともすれば過当競争に陥りやすい。そこで，OECD（経済協力開発機構）では，「公的輸出信用アレンジメント」と呼ばれる国際的な取り決めにより，公的機関による輸出信用に一定の限界を

設けて，公平な競争環境を確保しようとしている。その付属書の一つが「航空機セクター了解」（Aircraft Sector Understanding: ASU）である。この中では，航空機の輸出信用に関して，購入者が支払う頭金の割合，ECAによる融資の割合，返済期間，利率等の融資条件につき，許容される範囲が取り決められている。

　ところで，日本にも，株式会社国際協力銀行（JBIC）と株式会社日本貿易保険（NEXI）という輸出信用機関があるが，輸出力を持った航空機メーカーが国内に存在しないため，航空機の輸出に関連したファイナンス業務は行われていない。しかし，国際協力銀行は，米国製の航空機を日本のエアラインが輸入する際に，債務保証を提供している。これは，1980年代の日米貿易摩擦を背景として導入された輸入金融の制度であり，世界的に見るときわめて珍しい。

III　航空機担保

1　担保パッケージ

　航空機ファイナンスの担保は，航空機に担保権を設定するほか，航空機のリースにより発生するリース債権や，航空機が滅失，損傷した場合の保険金支払い請求権も担保目的で譲渡することが多い。これらの債権や請求権は，航空機の資産価値を実現したものであり，債務者に対して支払いがなされてしまったり，他の債権者によって差し押さえられてしまったりすると，担保としての航空機の価値を毀損することになるからである。日本法の下では，債権の譲渡担保ということになり，債権譲渡登記制度を利用して対抗要件を具備することもできる（動産・債権譲渡登記法4条）。

2　航空機抵当

　航空機は動産であるが，担保権を設定した状態で購入主体が運航できなければ航空機ファイナンスは成立しない。そのため，動産にモーゲージを設定することが認められていない大陸法系においても，航空機には抵当権を設定できることとしている国が多い。日本では，航空機抵当法が，民法の特別法として航空機に対する抵当権の設定を認めている。ここにいう「航空機」は，飛行機および回転翼航空機（ヘリコプター）であって，航空法の規定による登録を受けたものをいう。

　航空機抵当の法的性質は，民法上の不動産抵当とほぼ等しい。その本質は優

先弁済権であり（航空機抵当法4条），航空機の付加一体物に及ぶ（同法6条）。抵当権には不可分性があり，被担保債権の全額について弁済を受けるまで，航空機の全部について抵当権を行使することができる（同法7条）。また，抵当権者は，航空機の売却，賃貸，滅失または毀損の場合には，それによって生じた債権に対して物上代位することができる（同法8条）。また，根抵当を設定した場合は，民法上の不動産に対する根抵当の規定が準用される（同法22条の2）。

航空機抵当が設定されると，航空機登録簿に登録することができる（船舶抵当と異なり，公法上の登録と私法上の権利を公示する登記は区別されていない）。この登録は，対抗要件である（航空機抵当法5条）。同一の航空機に複数の抵当権が設定されたときは，登録の前後によって順位が決定される（同法10条1項）。航空機登録簿は，国土交通省航空局に保管されており，誰でも閲覧することができる。

航空機抵当の実行方法には，不動産抵当および船舶抵当の実行方法に関する規定が準用される。抵当権の実行は，抵当権の登記事項証明書等を提出することで開始される（民事執行規則175条，民事執行法181条。民事実体法の要件として被担保債権の弁済期が到来していることが必要であり，執行裁判所は提出された証拠からその点を判断する）。担保権実行の手段は航空機の強制競売であるが，航空機は移動性の高い物件であるため，とりあえず移動を止める必要があるから，執行裁判所は競売開始決定前に航空機登録証明書等の引渡しを命ずることができる（民事執行規則175条・174条2項）。駐機中の航空機に車止めを設置するなど海外で認められているような物理的手段は，特に規定されていない。

3 国際的な航空機担保の承認と実行

大陸法系の国で認められる航空機抵当と英米法系のモーゲージは，非占有型の担保権という点で共通するとはいえ，私的実行が認められる範囲などの差異もある。また，イングランド法には，企業財産を包括して担保権の対象とする浮動担保（フローティング・チャージ）の制度があるが，米国法や大陸法にはこれに対応する制度は存在しない。航空機は国際的に移動するため，そのような法制度の相違は，国外で航空機に対して担保権を実行することの障害となる可能性がある。こうした事情から，国家間で航空機上の権利を相互に承認する枠組が求められ，第二次世界大戦以前から国際航空法専門家委員会（CITEJA）に

おいて議論が行われていたが、戦後に至り、1948年に「航空機に対する権利の国際的承認に関する条約」（ジュネーヴ条約）が採択された。現在、91か国が当事国となっている。日本は、ジュネーヴ条約の締約国ではない。

ジュネーヴ条約の締約国は、①航空機の所有権、②後述のハイヤー・パーチェスまたは条件付き売買において買取権を行使する権利、③航空機の賃貸借契約にもとづいて航空機を占有する権利（後述のリース契約や設備信託における債権者の実行手段）、および、④航空機上のモーゲージ、抵当権等、を相互に承認する（同条約1条1項）。ジュネーヴ条約は各国法上の権利を相互承認する条約であり、実体法を統一する条約ではないので、これらすべての権利を自国の法制度として採用する義務はない。しかし、租税債権も含め、それらの権利に優先する権利を設定することは禁止される（同条約1条2項）。これらの権利の実行により航空機が競売される場合、その手続は競売実施国の法によるが、担保権の実行を申し立てた権利者に優先する権利がすべて弁済されるか競落人によって引き受けられなければ、競売の効果を発生させてはならない（同条約7条1項4項）。競落人が引き受けた権利以外の権利は消滅する。すなわち消除主義がとられている（同条約8条）。

日本はジュネーヴ条約の締約国ではないので、外国の航空機に対して担保権の実行が申し立てられた場合には、まず担保権の準拠法を考えることになる。一般的に言えば、航空機のように移動性が高い物件上の担保物権については、現実の物件所在地法（lex rei sitae）ではなく登録国法（lex registrii）によるとする考え方が一般的である。もっとも、日本の国際私法では、船舶上の担保物権について船舶の旗国法と被担保債権の準拠法を重畳適用するという見解が有力であるとされるため、それと同じように考えるならば、被担保債権の準拠法を重畳適用することになろう。また、外国航空機に対する強制執行や担保権実行の手続については明文の規定がないため、一般の動産執行の手続（民事執行法123条）を適用して、空港管理当局の指示により格納庫等に停留させ、監視人を付けて監視する等の手段により執行官が占有を取得するとされている。

なお、以上の民事執行手続とは別に、競落人が航空機を現在の登録国から他国に移転しようとする場合には、現在の登録を抹消しなければならない（航空法8条1項3号・4条。国によっては輸出許可も必要となる）。しかし支払いを停止したエアラインはこれに協力しない危険もあるため、登録抹消および輸出許可手続に関する取消不能の委任状（Irrevocable deregistration and export request au-

157

thorization: IDERA）をあらかじめ取り付けておくことが一般的である。実際に担保権が実行されたときは，担保権者がIDERAにもとづき，債務者の代理人として，当局に手続を申請することとなる。

4　先取特権

　ジュネーヴ条約は，航空機の救助報酬と航空機の保存に不可欠な特別な費用について，救助作業または保存作業が完了した地（締約国）の国内法が航空機を対象とする担保権（charge）の発生を認める場合には，その担保権は他の締約国によって承認され，他の権利に優先すると定める（同条約4条1項）。日本法の下では，いずれも動産保存の先取特権（民法311条4号）に該当すると思われるが，それらの先取特権は航空機抵当に劣後する（航空機抵当法11条）。しかし，運輸の先取特権がそれよりも高い優先順位を持ち，航空機抵当と同順位とされる点において（民法330条1項1号），日本法はジュネーヴ条約の考え方と異なっている。

5　航空機の運航の保護

　担保権の実行のため航空機が差し押さえられると，航空機は運航できなくなり，航空運送に障害が発生する。そのため，航空機に対する過剰な執行手続を抑制する必要性が早い時期から議論されてきた。

　第二次世界大戦前の1933年には，ローマで開催された第3回国際航空私法会議において「航空機の保全差押えについてのある規則の統一に関する条約」が採択された。その内容は，①郵便業務を含む政府の非商業的業務にもっぱら用いられる航空機，②現に公共運送のための定期運航に従事している航空機，および③有償の旅客運送または貨物運送に用いられる航空機であって出発の準備を完了したもの（当該運送のために契約された債権または運送中に発生した債権にもとづく差押えを除く）は，権利保全のため差し押さえることができないというものである（同条約3条1項）。1933年条約は現在までに31か国によって批准されているが，日本は批准していない。また，日本法には，こうした状況にある航空機の差押えを制限する規定も存在しない。

　戦間期とは異なり現在では国際航空運送の路線や頻度はきわめて多いので，代替的な航空便を見出すことは比較的容易であり，定期航空業務に用いられているとか航空機が出発準備を完了したというだけで，債権者による差押えの権

利を制限する必要性があるとは考えにくい（船舶に関する商法689条も，平成30年改正で差押え制限の範囲が限定された）。しかし他方で，航空機が所有者から実際の運航者にリースされて運航されている場合に，所有者が債権者に対して支払いを怠ったとしても，リース料の支払いが滞りなく行われている限り，その状態を維持することが債権者の利益にもなる可能性は高い。運航者が支払うリース料債権は，担保として債権者に譲渡されているので，その支払いを直接受領して債権に充当すればよいからである。そこで，債権者は，運航者であるレッシーに対して，リース料の支払いが継続している限り担保権の実行を行わない旨を約した quiet enjoyment letter を発行することがある。仮に quiet enjoyment letter に反して担保権の実行を開始すれば，債権者には義務違反が成立する。手続を停止する効果までが認められるか否かは，各国の手続法の問題であろう（日本法の場合，担保権実行の停止事由（民事執行規則175条，民事執行法183条）にはあたらない）。

Ⅳ　アセット・ファイナンス

すでに述べたとおり，現在の航空機ファイナンスは，債務者（航空機調達者）の信用ではなく，航空機という資産の価値を引き当てとしたアセット・ファイナンスとして行われることが多い。航空機の資産価値は，理論上は，航空機の運航によって生み出される将来キャッシュフローの現在価値によって決定されるはずであるが，実際の市場価格は，航空運送の需要等の要因によって大きく変動する。

アセット・ファイナンスの手法を法的なストラクチャーから分類すると，担保付き貸付け，所有権留保，およびリースなどがある。そして，これらのファイナンス手法は，航空期待とは独立に取引される航空機エンジンのファイナンスにも用いられる。

1　担保付き貸付け

伝統的な航空機上の担保権（日本法では航空機抵当）を設定した貸付けは，債務者が支払いを停止するなどデフォルトに陥ったときには航空機に対して権利を実行できるわけであるから，アセット・ファイナンスのスキームである。航空機上の担保権は，通常，航空機の登録国の国内法に基づいて設定されるが，

登録国が途上国の場合など，国内法が実効的ではないとみなされるときは，イングランド法やニューヨーク州法などにもとづく担保が設定されることもある。

2　所有権留保

　航空機を納品するメーカーやその関連会社がファイナンスを提供する場合には，代金が完済されるまで航空機の所有権移転を留保し，弁済が滞ったときは所有権にもとづいて航空機を引き揚げるという条件で航空機を売却することがある。イングランド法では，売主が所有権を留保したまま目的物を引き渡す売買を条件付き売買（conditional sale）と呼ぶ。

　条件付き売買であれば，代金が完済されると所有権は契約条項に従って買主に移転するが，当然に所有権が移転するのではなく，航空機の調達者が，完済時に購入オプションを権利として持つこととした契約を，イングランド法ではハイヤー・パーチェス（hire purchase）と呼んでいる。売主（メーカー）が所有権を留保している間，調達者（エアライン）は航空機を賃借して賃料を支払う。賃料の合計額は分割払いによって支払う航空機の代金額に一致している。全額の支払が完了した時点で，調達者は対価（名目的な金額のことも多い）を支払って航空機を購入することができるが，オプションを行使せず，購入を見送ってもよい。調達者に，契約期間の途中でハイヤー・パーチェス契約を解約する権利が与えられている契約もある。

　このような取引を実質的に見れば，所有権を利用した担保取引であると言える。しかし，イングランド法上，ハイヤー・パーチェスは担保取引ではなく，売主は完全な所有権を保有し続けるものと解されている。これに対して，同様の所有権留保取引が米国の担保取引法（統一商事法典（UCC）第 9 編）や，カナダ，オーストラリアの動産担保法（PPSA）の下で行われると，実質的な機能に着目して担保権と評価される。日本法は，所有権留保売買を担保取引と性質決定するわけではないが，留保所有権者が権利を実行する時には清算義務を負うとする見解が強く，また買主の倒産手続の中では担保権（別除権）として扱われるので（最判平成 22・6・4 民集 64 巻 4 号 1107 頁，最判平成 29・12・7 民集 71 巻 10 号 1925 頁），後者に近い。

3　リース

　航空機のリース取引は，貸し手（レッサー）が，借り手（レッシー）に対し

て航空機をリースし，使用させる取引である。リース契約の条件として，リース料の支払いが滞った場合，レッサーはリース契約を解除し，所有権にもとづいて航空機を引き揚げることができると定めるので，航空機の資産価値を引き当てとしたアセット・ファイナンスとなる。大別すると，ファイナンス・リース取引とオペレーティング・リース取引があり，取引の性質や当事者の経済的な利害は大きく異なる。

　ファイナンス・リース取引は，ハイヤー・パーチェスと同じく賃貸借契約の形式を借りた金融取引である。リース料はレッサーが航空機代金と金利の合計額を回収できるように決定される。レッシーはリース期間の中途で契約を解約することができず，約定に違反して解約した場合には規定損害金を支払わなければならないが，その金額は残存リース期間のリース代と同一となっている。ハイヤー・パーチェス取引とは異なり，レッシーは，リース期間の満了時に航空機を購入する義務を負わないことが本来である。もっとも，業務上は，名目的な金額（1米ドルなど）を対価として，レッシーに航空機を購入できるオプションを権利として付与する購入オプション付きリースが一般的である。

　日本の判例では，（航空機ファイナンスの事案ではないが）フルペイアウト方式によるファイナンス・リース契約には実質的には金融取引であるとして，リース料債権は，倒産手続においてリース物件を担保とする担保付き債権（別除権ないし更生担保権）として位置づけられる（最判平成7・4・14民集49巻4号1063頁，最判平成20・12・16民集62巻10号2561頁）。この判例の下では，少なくとも倒産手続が開始されると，レッサーは所有権にもとづく権利行使を制限されることになる。

　オペレーティング・リースは，航空機の使用権をレッサーがレッシーに対して提供する取引であり，リース料は，航空機の売却代金とは独立に，航空機に対する市場の需給などを反映して決定される。エアラインの中でもLCCは，需要に応じて路線の運行や休止を頻繁に変動させるため，航空機を所有せず，オペレーティング・リースによって航空機を調達し，必要がなくなるとリース契約を解約して返却するといった行動をとる。こうした背景から，近年はリース事業者が大量の航空機を購入・保有して，オペレーティング・リースにより運用している。オペレーティング・リースの場合，リース物件が返還されるとレッサーは新たなユーザーに対して航空機をリースすることになるので，レッシーに対して機体のメンテナンスを適切に行う義務を課す。そして，その実行

を確保するため，必要な費用を積み立てさせることが一般的である。

　航空機の所有者がいったん機体を売却した上で，改めてリースを受けることがあり，「セール・アンド・リースバック取引」と呼ばれている。その例として，エアラインが航空機を購入した後，その航空機をただちに特別目的会社（SPC）に対して売却した上で，SPCからリースを受けるという取引スキームがある。この場合のリースはファイナンス・リースである。これに対して，新造機ではない航空機をリース会社や総合商社に売却してリースを受けるというセール・アンド・リースバック取引も行われており，この場合のリースは，エアラインの必要に応じて期間が設定されるオペレーティング・リースとなる。

　なお，国際的には，航空機の機体だけではなく乗務員や機体整備サービスなども併せてリース取引の対象とするウェット・リースという取引形態も存在する（船舶の場合の定期傭船契約に相当する）。さらに損害保険も提供する形態は，ACMI（Aircraft, crew, maintenance and insurance）と呼ばれる。しかし，日本では，エアラインは運航および機体整備を自社で行うことを前提に，運航規程・整備規程を定めて国土交通大臣の認可を受けなければならないとされており（航空法100条・104条），これらの業務管理を委託する場合には，厳しい基準の下で国土交通大臣の許可を受けることが必要とされる（航空法113条の2）。そのため，実態としてウェット・リースはほとんど利用されていない。

V　証券化と資本市場へのアクセス

1　設備信託証券（ETC）

　Ⅰで述べたように，航空機ファイナンスでは資本市場から資金を調達することが重要になっている。米国では20世紀前半から，鉄道車両の調達に設備信託の仕組みを利用して設備信託証券（Equipment trust certificate: ETC）を発行し，投資家から資金を調達する仕組みが発達してきており，第二次大戦後，航空機ファイナンスにも応用されるようになった。現在では，発行される証券にいくつかのトランシェを分けて優先劣後構造を設けたり，支払いが滞った場合のため貸出枠（リボルビング・クレジット・ファシリティ）の設定による流動性補完を行ったりして格付けを取得したEETC（Enhanced equipment trust certificate）が利用されている。

　設備信託とは，単純化すると以下のような取引スキームである（図参照）。

第9章　航空機金融

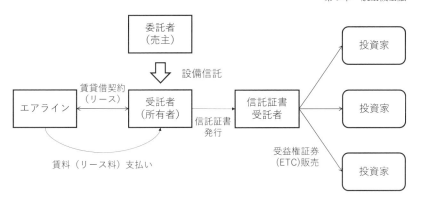

　航空機の販売者が，代金の完済まで航空機を受託者に対して信託する。受託者はその航空機を航空機の購入者に対して賃貸（ハイヤー・パーチェス）またはリースによって利用させる。航空機の購入者は，賃借料ないしリース料の支払いという形で購入代金を弁済していくが，その支払いを受ける権利は信託の受益権として商品化される。この信託受益権について受益権証券が発行され，市場の投資家に対して販売されるのである（実務上は，航空機そのものではなく航空機を担保として発行された債券（Equipment Note）を信託財産とするなど高度化された仕組みが用いられる）。

2　匿名組合を用いたスキーム

　日本では，同じような取引が匿名組合の仕組みを利用して行われている。このスキームでは，まず特別目的会社（SPC）が設立され，匿名組合の営業者として航空機を所有する。投資家は匿名組合員となる。リースによって利益が発生すれば，匿名組合員に分配される（商法535条）。匿名組合員による出資のほかに，営業者である SPC が銀行から借り入れをすると，銀行が優先的な資金提供者，匿名組合員はそれに劣後する資金提供者となる。銀行からの借り入れに対する担保として，航空機に抵当権が設定されるほか，リース料債権が譲渡担保として提供される。この場合，匿名組合の組合員の権利も金融商品であるが（金融商品取引法2条2項5号），銀行による貸付けを金銭債権信託としてその信託受益権を投資家に販売した「日本版 EETC」の事例も公表されている。

　匿名組合を用いた航空機ファイナンスは，投資家に対する税法上の効果を目的として行われることもある。そのためには，匿名組合員の出資を航空機価格

の一定割合に抑え，借入れによる調達部分を大きくしてレバレッジを効かせることが必要である。こうした仕組みによって税法上のメリットが得られる理由は，航空機の購入からしばらくの間は定率法によって減価償却が行われるため，匿名組合に大きな費用負担が発生し，匿名組合員はそれを損金算入することができるからである（商法538条）。1980年代から90年代初頭までは，こうした課税繰り延べ効果の大きい航空機リースのスキームが多数組成され，「日本型レバレッジド・リース」と呼ばれていた。しかし，国税庁はそれを租税回避と認識して規制を強化し，平成10年の税制改正以降は，海外のエアライン向けには定率法による減価償却が認められず，日本国内のエアライン向けのスキームも，リース期間を法定耐用年数の120％以内とする等の範囲内でのみ許容される。その結果,「日本型レバレッジド・リース」は役割を終え，現在ではJapanese Operating Lease with Call Option（JOLCO）という仕組みが使われている。

Ⅵ　ケープタウン条約

　以上に述べたような航空機ファイナンス取引は，仕組みとしては確立しているものの，法的な効果が世界各国で同じように保障されているとは限らない。とくに，英米法国のモーゲージと大陸法国の抵当権の法的効果が異なることに加え，資産担保金融のスキームで重要な役割を果たす所有権留保売買やリースにおける担保としての所有権（いわゆる title finance）の法的な効果についても各国法の考え方が大きく分かれている。そこで，資産担保金融による航空機ファイナンスが容易に行われるような法的レジームが国際条約によって創設された。それが，2001年に採択された「可動物件の国際担保権に関する条約」およびその航空機議定書である。同条約は，外交会議の開催地にちなんでケープタウン条約と呼ばれている。本体条約と航空機議定書は一体として適用されるので，航空機議定書を含むレジーム全体をケープタウン条約と呼ぶことも多い。現在，本体条約は87か国，航空機議定書は84か国が締約国となっている（いずれも，これに加えてEUが地域経済統合機関として加入）。日本は，本体条約も航空機議定書も批准していないが，ケープタウン条約は債務者の所在地国が締約国であれば適用されるため（本体条約3条1項），ケープタウン条約にもとづくファイナンスのスキームに資金提供者として日本の投資家が参加している事例は多いと言われる。

1　国際担保権の設定と登録

　ケープタウン条約は，各国の国内法を統一する条約ではなく，国内法とは別に条約上の権利として国際担保権を創設するレジームである。条約上，担保契約にもとづく権利（航空機抵当に相当する権利），所有権留保契約にもとづく売主の権利，およびリース契約にもとづくレッサーの権利を総称して「国際担保権」とされ（本体条約2条2項），当事者が合意によって国際担保権を設定したときは，国際登録簿に登録することができる（本体条約20条1項）。国際担保権は国内法にもとづく権利とは独立しているので，債権者は，国際担保権と国内法上の権利を併存させ，それぞれに必要な手続をとることが通常である。たとえば，米国に登録された航空機にファイナンスを提供する債権者は，ケープタウン条約にもとづく国際担保権を国際登録簿に，また米国法上のモーゲージを米国連邦航空局（FAA）の登録簿に，それぞれ登録する（FAAを窓口として国際登録を行うこともできる）。

　国際担保権を設定する合意は，書面により（電子的記録でもよい。本体条約1条(nn)），かつ国際担保権の対象となる航空機物件を特定しなければならない（本体条約7条）。航空機物件の特定は，メーカー名，型式と製造番号による（航空機議定書Ⅶ条。国際登録簿のオンラインシステム上，プルダウンメニューで表示される）。なお，航空機議定書では，「航空機物件」の定義に航空機エンジンも含まれているので（航空機議定書Ⅰ条2項(c)），航空機エンジンのリース契約にもとづく権利なども，国際担保権として登録することができる。

　国際担保権が登録されると，それよりも後れて国際登録簿に登録された権利および未登録の権利に優先する（本体条約29条1項）。これは，国際担保権相互間の順位が国際登録の先後によって決まることを意味するだけではない。国内法上のモーゲージ等は国際登録簿に登録することができないため，国際担保権は，国内法上の権利に対して常に優先することになるのである（その意味で，国内法上の権利を並行して設定することは，いわば念のために行っているものであるといえる）。

2　国際担保権の実行

　国際担保権の効果は，担保権設定者（債務者）がデフォルトに陥った場合に，救済の権利を行使できることである。担保契約にもとづく権利に認められる救済は，航空機物件の占有取得（いわゆる引き揚げ），売却またはリース，管理に

よる収益の取得，および航空機の登録抹消と輸出のうち，担保契約の中で定めたものであり（本体条約8条1項，航空機議定書IX条1項），これらの救済方法によって回収された金額は弁済に充当される（本体条約8条5項）。剰余があれば後順位の権利者に分配され，最終的に残額が生じたときは担保権設定者に返還される（本体条約8条6項）。所有権留保売買とリース契約にもとづく権利の場合は，契約を解除し，所有権にもとづき占有を取得すること（引き揚げ）である（本体条約10条）。この場合は，所有権にもとづく権利の行使なので，剰余の分配義務はない。

担保権の実行について，裁判所による執行手続を原則とするか，担保権者による私的実行を許容するかは，各国法が大きく分かれている問題である（日本法は，建前として裁判所の手続を必要としつつ，銀行取引約定書やリース契約などに含まれた私的実行の約定はおおむね有効と解されている）。そこで，ケープタウン条約は，救済の実行に際して裁判所の手続を必要とするか否かについては締約国が宣言により選択するものとして，その宣言を条約締結の文書とともに寄託者（私法統一国際協会（ユニドロワ））に対して通報しなければならないこととした（本体条約54条2項・56条）。実際のところ，これまでに締約国となった国のほとんどは私的実行を許容する宣言を行っている。

担保権設定者について倒産手続が開始された場合に，国際担保権がその中でどのように処遇されるかは，とくに EETC が発行される場合，その評価（格付け）にかかわる重要な関心事である。ケープタウン条約は，倒産手続の開始以前に登録されていた国際担保権は手続開始後に有効性を否定されないと定める（本体条約30条1項）。さらに，航空機議定書にもとづく選択肢の一方（選択肢A）を締約国が選択していると，管財人または債務者は，所定の待機期間内にすべてのデフォルト事由を解消し，かつ将来の債務支払を確約しないかぎり，待機期間の終了時に航空機物件の占有を引き渡す義務を負う（航空機議定書XI条）。つまり選択肢Aの下では，国際担保権の権利者は倒産手続に制約されない権利の実行をほぼ保障されるわけである。

なお，締約国が選択肢Bを選択していると裁判所が権利者に保証の提供等の手続を要求することができる。また，どちらの選択肢も選択されていなければ，国際担保権は倒産準拠法に従って処遇される（本体条約30条2項）。これまでに締約国となった国の大半は選択肢Aを選択し，待機期間の長さは60日と指定している。

第 9 章　航空機金融

　ケープタウン条約は，このように，私的実行の可否や倒産手続における処遇など重要な問題について締約国の宣言による選択の余地を残しており，一定の組み合わせを選択すると債権者にきわめて強い権利が認められる仕組みになっている。そして，多くの締約国は，債権者に強い権利を認める選択肢を選択している。これは，そのような選択をすることが，輸出信用に関する OECD の航空機セクター了解（前述Ⅱ2）において「適格宣言」とされ，低いリスクプレミアム（結果として低い金利）の適用を認められるための条件となっているからである。新興国や途上国はもとより，英国やオーストラリアなども，自国のエアラインが有利な条件でファイナンスを受けられるように，あえて債権者に有利な選択肢からなる「適格宣言」を行ってきた。

3　国際登録簿

　ケープタウン条約にもとづく国際登録簿の運営は，監督機関である ICAO 理事会の監督のもと，登録機関に委託される（本体条約 17 条）。実際には，2006 年の稼働以来，一貫してアイルランドに所在する Aviareto という会社が運営している。国際登録簿は完全オンラインで運用され，登録や登録情報の検索を 24 時間体制で受け付ける（本体条約 17 条 2 項(i)，航空機議定書 XX 条 4 項）。2022 年には 37,193 機の航空機物件に 150,805 件の登録がなされ，119,670 件の検索結果証明書が発行された。実務上は，取引当事者を代理する各国の法律事務所等が，専門家ユーザー（professional user entity: PUE）として登録や検索を行うことが多い。　　　　　　　　　　　　　　　　　　　　　〔小塚荘一郎〕

参考文献
佐藤育己『航空機ファイナンスにおける担保制度統一の分析』（法律文化社，2016 年）
西村あさひ法律事務所編『ファイナンス法大全（上）（全訂版）』（商事法務，2017 年）
Ole Böger & Eva-Maria Kieninger（eds），*The Cape Town Convention: An International Commentary*（Edward Elgar, forthcoming）

〔付記〕
　本章は，科学研究費・基盤研究（A）（課題番号 20H00051）「多極化時代グローバル私法の新地平：私法統一の弾性化と国内受容における偏差の研究」として助成を受けた研究の成果にもとづいている。

第 10 章　新技術と航空

要　旨

　Ⅰ．新技術の進展に伴い，無人航空機（ドローン）の利用が急速に拡大し，航空法の改正が必要となった。2015 年の改正では，ドローンが「無人航空機」として新たに定義され，飛行禁止区域や飛行方法に関する基本的な規制が導入された。それ以前はドローンは模型航空機と見なされ，規制が限られていたが，技術の進化により安全性やプライバシー侵害，テロのリスクが高まり，また，自動運転技術が進化したこともあり，より厳格な規制が必要となった。重要施設周辺での飛行を禁止する特別法はドローン規制を航空法に入れた改正法の翌年から制定・施行されていたが，その上で，2020 年にはドローンの登録制度が導入されるなど，安全性確保のための法整備が進展した。さらに，2021 年の航空法改正では，飛行リスクに応じた新たな規制も導入され，補助者なしでの目視外飛行（レベル 4 飛行）が許可されるようになった。これにより，商用利用の範囲が大きく拡大し，物流や災害対応，さらには点検・農業分野でのドローン活用が期待されている。これらの改正により，安全性を担保しながらも技術の発展を促進する法整備が進められている。

　Ⅱ．航空に関わる新技術として宇宙技術を取り上げる。宇宙とは，地球の外にある空間を意味する。現在のところ，科学的にも法的にも，空域と宇宙空間との境界は定まっていない。しかしながら，典型的な宇宙活動であるロケットの打上げと航空機の飛行とでは，安全性確保の考え方が異なる。航空機が耐空証明に基づいて航空の用に供されるのとは異なり，ロケットの打上げは，他物件との衝突を回避するために一定区域への立入りを制限することにより行われる。また，異常時にはロケットの飛行中断措置を行うことで地上の安全を確保する。近年では，ロケットの酸化剤として空気を使用するエンジンや，空域では航空特性を使用して飛行する機体（航空宇宙機）が現れており，宇宙を目的とした活動への航空法の適用が問題となる。また，ロケットまたは航空宇宙機を用いて人工衛星や旅客を輸送する活動に対して，航空運送に関わる商法や条約の規定が適用される可能性もある。

I　無人・自動運転技術と航空

1　無人航空機(ドローン)に対応するための航空法改正
(1) 無人航空機(ドローン)規定導入以前の航空法

　無人航空機(以下「ドローン」ともいう)は,もともと軍事用途物として開発されてきたが,近年では機械の小型化および低コスト化が進み,また,自動運転技術も進化した結果,様々な分野での利用が拡大している。特に,火口や人が容易に立ち入ることが困難な場所における画像撮影が可能であることから,災害時の状況把握や大規模建造物(例:橋梁)の劣化状態の点検や診断などにおいて,その有用性が高く評価されている。災害監視や観測,建築物の点検,さらには警備分野における活用が進められており,加えて,ドローンを用いた配送事業などの新たな用途も模索されている。このように,産業の発展に寄与すると期待されるドローンに関しては,2015年の航空法改正により,「無人航空機」として新たに法的に定義され,その飛行に関する基本的な規制が定められた。それ以前の日本の航空法においては,無人機は航空法上の「航空機」には含まれず,主に航空機の飛行に影響を与えるものとしてのみ規制されていた。具体的には,従来のドローンは模型航空機の一種と見なされており,航空機の運航に支障をきたす可能性がある空域(上空250m以上)での飛行が禁止されていただけであった。

　一方で,民間団体においては,特に農業用の無人ヘリコプターの利用が発展しており,例えば一般財団法人農業水産航空協会は,無人ヘリコプターに関する厳格な運用ルールを自主的に制定し,その認証なども実施していた。また,日本産業用無人航空機協会(JUAV)の安全基準や,宇宙航空研究開発機構(JAXA)が行うUAVを用いた飛行実験における安全運用技術ガイドラインなども,運用上の指針として存在していた。

　ドローンは,近年の技術進展に伴い,災害観測・監視・警備に加えて,物流(配送)分野への活用が期待されている。

　しかし,その一方で,事故による安全性の問題や,ドローンを用いた盗撮によるプライバシー侵害の懸念,さらには攻撃やテロなどへの対策が課題となっている。実際,2015年4月22日に発生した官邸ドローン事件を契機として,航空法改正案が取りまとめられ,ドローンの飛行規制に関する基本的な法整備

を含んだ改正航空法が2015年12月に施行された。さらに，2016年3月には，特定の無人機等の飛行を禁止する特別法も公布されることとなった。

(2) 2015年航空法改正

官邸ドローン落下事件も航空法改正の契機となったことは確かではあるが，そもそも，無人航空機（ドローン）が軽量化などの技術進展により，一般的に広く利用されるようになり，それに伴って新たなドローンサービスの発展が期待される中で，落下事故などが頻発するようになっていたという現状があった。このため，ドローンの運航に関するルールの整備が急務となり，基本的な運用原則を定めることで事故を防ぎ，安全性を確保するために，航空法の一部改正が行われた（平成27年法律第67号）。この改正航空法は，無人航空機の飛行に関する基本的な規則を定める必要性に基づき，①許可が必要となる空域，②飛行方法，③事故や災害救助等の特例及び罰則について規定したものである。

2015年の航空法改正により，無人航空機は新たに第2条第22項で定義されることとなった。それによれば，「無人航空機」とは，「航空の用に供することができる飛行機，回転翼航空機，滑空機，飛行船その他政令で定める機器であって構造上人が乗ることができないもののうち，遠隔操作または自動操縦（プログラムにより自動的に操縦を行うことをいう）により飛行させることができるもの（その重量その他の事由を勘案してその飛行により航空機の航行の安全並びに地上及び水上の人及び物件の安全が損なわれるおそれがないものとして国土交通省令で定めるものを除く）」と定義されている。

また，2015年改正航空法第132条では，飛行禁止空域が規定されている。これには，①航空機の航行の安全に影響を及ぼす恐れがある空域，②人や家屋の密集している地域の上空が含まれ，これらの空域では原則として飛行が禁止されたため，該当する空域で飛行させるには，国土交通大臣の許可が必要となった。

さらに，飛行方法についても，①日出から日没までの飛行，②目視による常時監視，③人や物件との国土交通省令で定められた距離の保持，④多数の人が集まる場所の上空以外での飛行，⑤危険物の輸送禁止，⑥物件の投下禁止（省令で定める場合を除く）などが定められた（2015年改正法第132条の2）。これらの原則に従わずに飛行を行う場合は，国土交通大臣の承認が必要となる。

これらの規定に違反した場合，50万円以下の罰金が科される（2015年改正法第157条の4）。また，捜索や救助活動のための特例として，飛行禁止区域や飛

行方法の原則の例外規定も存在している（2015年改正法第132条の3）。

(3) 重要施設周辺小型無人機飛行禁止法の成立

2015年の航空法改正と同時に審議されていたものの，第189回国会では成立せず，継続審議となったドローンに関する重要な関連法として，2016年3月16日に第190回国会で成立した「国会議事堂，内閣総理大臣官邸その他の国の重要な施設等，外国公館等及び原子力事業所の周辺地域の上空における小型無人機等の飛行の禁止に関する法律」（平成28年法律第9号，以下「小型無人機飛行禁止法」）がある。この法律は，特に2015年4月22日に発生した内閣総理大臣官邸に小型無人機が落下した事件を契機に，重要施設の上空におけるドローン等による危険を未然に防ぐことを目的に制定された。

小型無人機飛行禁止法では，国会議事堂や内閣総理大臣官邸などの対象施設（告示により重要施設として指定される）およびその周囲約300メートルの上空での小型無人機等の飛行を禁止している（第10条第1項）。この規制対象には，ドローンなどの小型無人機だけでなく，特定航空用機器も含まれている。

ただし，同法にはいくつかの例外規定があり，①対象施設の管理者またはその同意を得た者が行う飛行，②土地の所有者もしくは占有者（正当な権利を有する者）またはその同意を得た者が行う飛行，③国や地方公共団体が業務を遂行するために行う飛行については，適用除外となる。これらの飛行を行う際には，国家公安委員会規則に基づき，事前に飛行区域を管轄する警察署を通じて都道府県公安委員会に通報することが求められる（第10条）。

また，警察官は，小型無人機飛行禁止法に違反して飛行する者に対して，機器の撤去やその他の必要な措置を命じることができ（第11条第1項），必要に応じて飛行の妨害や機器の破損などの措置を講じることも可能である（第11条第2項）。さらに，第11条第7項では，国や地方公共団体がこれらの措置によって損失を被った者に対して，通常生じうる損失を補償する義務が規定されており，損失に対する補償の枠組みが設けられていることが特徴的である。

小型無人機飛行禁止法に違反して，対象施設やその周辺区域で小型無人機等の飛行を行った者，または警察官の命令に従わなかった者は，1年以下の懲役または50万円以下の罰金に処される（第13条）。航空法における無人航空機関連の罰則が最大50万円の罰金であるのに対し，この法律の罰則はより厳しいものとなっている。

⑷ 審査要領によるドローン飛行の審査 —— 関連ガイドラインによる審査要件の定めとその修正

2015年11月17日，無人航空機が飛行禁止空域で飛行する場合や，飛行方法の制限に従わずに飛行する際に必要な国土交通大臣の許可・承認に関する審査基準が，「無人航空機の飛行に関する許可・承認の審査要領」として，航空法の改正に伴い策定された。

この審査要領では，許可・承認を取得するための手続きや基準が明確にされた。具体的には，①無人航空機の機能や性能に関する基準，②無人航空機を操縦する者の飛行経験，知識，技能に関する基準，③安全な飛行を実現するために必要な体制に関する基準が設けられた。また，基本的な基準に加え，飛行の形態に応じて追加の基準も定められた。

2015年に定められた審査要領では，目視外飛行における安全を確保するため，原則として，飛行経路全体を見渡せる位置に補助者を配置し，無人航空機の飛行状況や周囲の気象状況の変化を常に監視する体制を求めていた。しかし，経済産業省が発表した「空の産業革命に向けたロードマップ2018〜小型無人機の安全な利活用のための技術開発と環境整備〜」において，レベル3（無人地帯における目視外飛行）の活用が2018年頃から本格化するという目標が掲げられ，補助者なしでの目視外飛行に関する新たな要件を定める必要が生じた。

これを受け，国土交通省は2018年3月29日に「無人航空機の目視外飛行に関する要件」を公表した。この要件では，補助者なしでの目視外飛行に関する条件が定められており，まず飛行場所については「第三者が存在する可能性が低い場所」が原則とされた。また，交通量の少ない道路や鉄道を横切る飛行や，DID（人口集中地区）外の家屋上空における一時的な離着陸時の飛行も許可されている。個別の要件としては，①第三者の立入管理，②有人機等の監視，③自機の監視，④周辺の気象状況の監視，⑤操縦者等に対する教育訓練に関する規定が設けられている。

飛行場所を第三者が存在する可能性が低い場所（無人地帯）に限定する理由として，意見公募の際には「現在の無人航空機や地上設備の技術レベルでは，補助者の役割を完全に担うことが難しい」という説明がなされた。

また，これに伴い，国土交通省の「無人航空機の目視外及び第三者上空等での飛行に関する検討会物流分科会」は，2018年9月18日に「無人航空機による荷物配送を行う際の自主ガイドライン」を公表した。このガイドラインは，

山間部等での無人航空機を用いた荷物配送を，より安全かつ信頼されるものにするため，審査要領とは別に自主的に取り組むべき事項をまとめたものである。

ガイドラインの項目は，安全な荷物配送を行うために必須とされる事項と，社会的信頼性を高めるために推奨される事項に分かれている。取り組むべき事項としては，①荷物が不用意に落下しない機構を有すること，②安全な荷物配送に必要な知識を持つこと，③過積載を防止し，安全な飛行を損なう恐れのある荷物を配送しないことなどが含まれており，さらに，④落下した機体や荷物による損害に対して賠償能力を事前に備えること（保険への加入など）が求められている。

2 さらなる航空法の改正による登録制度・機体認証等の導入
(1) 2020年改正による登録制度導入

2019年3月8日，「航空法及び運輸安全委員会設置法の一部を改正する法律案」が閣議決定され，国会に提出された。その後，2019年6月13日に成立し，6月19日に公布された。当該改正法では，無人航空機に関連する主な内容として，①飛行方法に関する制限の追加と，②報告徴収および立入検査に関する規定の無人航空機への適用が含まれている。

飛行方法に関する制限の追加では，具体的にはアルコールや薬物使用時の飛行禁止，飛行前の点検の義務化，航空機や他の無人航空機との衝突回避，騒音の発生や急降下など，迷惑を及ぼす方法での飛行の禁止を定めている。これらの規制に関しては，承認を得た場合でも例外は認められない。

次に，2020年に成立した航空法改正についてであるが，この改正は，ドローンの利用が拡大する中，ドローンに関する事故や問題が各地で発生していたことを受けて，所有者の登録を義務化するものであった。2020年6月17日にこの改正が成立し，特に重要なのは，ドローンの登録制度の創設である。この改正により，2022年までにドローンの登録制度が義務化された。

2020年の航空法改正によって，無人航空機登録原簿にドローンを登録することが義務付けられた。その手続きと具体的な内容は以下の通りである。まず，ドローンは国土交通省が管理する「無人航空機登録原簿」に登録され，登録されていないドローンは飛行が許されないこととなった。また，ドローンのうち，「その飛行により航空機の航行の安全または地上もしくは水上の人もしくは物件の安全が著しく損なわれる恐れがあるものとして国土交通省令で定める要件

に該当するもの」については，登録が認められないことも同時に規定された。

　登録に必要な情報は，無人航空機の①種類，②型式，③製造者，④製造番号，⑤所有者の氏名または名称および住所，⑥登録の年月日，⑦使用者の氏名または名称および住所，⑧その他国土交通省令で定める事項である。登録が完了すると，国土交通大臣から登録記号が通知され，通知を受けた後は速やかにドローンにその登録記号を表示する必要がある。登録記号が表示されていないドローンは飛行させることができない。

　登録の有効期間は 3 年以上 5 年以内であり，国土交通省令で定められた期間ごとに更新が必要である。更新が行われない場合は，登録の効力が失われる。さらに，ドローンを使用する者は，改造などにより登録基準を満たさない状態にしないように責任を負う。また，所有者が変更された場合は，変更後 15 日以内に国土交通大臣に届け出る必要があり，その際，無人航空機登録原簿も更新される。届出がなされなかった等の場合には，国土交通大臣から所有者や使用者に対して是正措置が命じられることとなる。

　さらに，命令違反や不正な手段で登録・更新を行った場合には，登録が取り消される。また，ドローンが滅失した場合や解体された場合，あるいは登録後 2 か月間所在不明となった等の場合には，所有者は登録抹消の手続きを行う義務がある。手続きが完了すると，国土交通大臣から抹消の通知がされる。

　ドローンの登録制度は，所有者が登録番号を取得し，それを機体に表示する仕組みを通じて，事故が発生した場合に責任者を明確にし，事故の抑止効果を持つとされている。しかし，旅行者など登録義務を知らない者が登録なしに飛行させる可能性もあることから，登録義務違反には既に罰則規定が設けられており，1 年以下の懲役または 50 万円以下の罰金が課されることとなっている。

(2) 2021 年航空法改正 ── ドローン規制の方向性と商用利用の拡大

　無人航空機（ドローン）は，COVID-19 の感染拡大を受けた非接触型サービスの需要増加や，人手不足，インフラ老朽化，過疎地域での点検や農業分野での利用拡大といった背景により，その需要が急速に拡大している。このような状況の中で，2021 年 6 月 4 日に「航空法等の一部を改正する法律」が第 204 回通常国会において成立し，6 月 11 日に公布された。この改正では，飛行リスクに応じた新たなリスクベースの飛行規制が導入され，特に有人地帯での補助者なし目視外飛行（レベル 4 飛行）が可能となる。このレベル 4 飛行の拡大は，ドローンの商業利用を本格化させるための重要な制度改正であり，2020

年に導入されたドローン登録制度に続く，日本のドローン法制における大きな変革となった。

特に，2021年の改正は，ドローンの商業利用の拡大に大きく貢献するものである。2010年頃からホビー用ドローンの利用が急増し，2016年以降は農業や測量，点検といった産業分野での利活用が大きく進展している。さらに，2021年の航空法改正により，第三者上空の飛行が一定の条件下で許可されることになり，ドローン物流の活性化が期待されている。

(3) **2021年改正の概要**

2021年の航空法改正におけるドローンの飛行に関する主な改正点は以下の通りである。まず第一に，これまで国土交通大臣の許可や承認が必要だった飛行空域や飛行方法について，新たに「特定飛行」として定義され（2021年改正法132条の87），飛行リスクの程度に応じて3つのカテゴリーが設定された（2021年改正法132条の85、86。図1）。これにより，飛行空域の拡大とともに，ドローンの利活用をさらに進めるため，「有人地帯上空での補助者なし目視外飛行」（レベル4飛行）を実現するための制度が整備された。

第二に，ドローンの機体の安全性を確保するための新制度が導入された。具体的には，機体の設計や製造体制を審査する「機体認証制度」が導入され（2021年改正法132条の13），ドローンの飛行の安全性を担保するために，国土交通大臣が機体の安全性を認証する仕組みが設けられた（図2）。

第三に，操縦者の技能を証明する「操縦技能証明制度」も新設された。この制度に基づき，試験業務が国の指定を受けた機関に委託されることも可能となった（図3）。また，飛行中に事故が発生した場合（人の死傷，物件の損壊，航空機との衝突等）には，ただちに飛行を中止し，負傷者への危険防止措置を講じる義務が定められた（2021年改正法132条の90第1項）。加えて，事故の報告義務やニアミスが発生した場合の報告も義務化された（2021年改正法132条の90第2項、91）。

指定試験機関は一般財団法人日本海事協会となり，無人航空機技能証明制度（図4を参照）としては，所定の講習を受けて試験に合格した場合に，一等無人航空機操縦士，二等無人航空機操縦士という資格を得ることができ，一等の場合には，立入管理措置を講ずることなく特定飛行（カテゴリーⅢ飛行）が可能であり，二等の場合には，立入管理措置を講じたうえで行う特定飛行（カテゴリーⅡ飛行）が可能となる。資格（ライセンス）を有する者は，国土交通省への

図1　飛行のリスクの程度に応じた各カテゴリーの飛行形態と主な規制内容（交通政策審議会航空分科会技術・安全部会無人航空機の有人地帯における目視外飛行（レベル4）の実現に向けた検討小委員会『中間とりまとめ』（2021年3月）4頁）

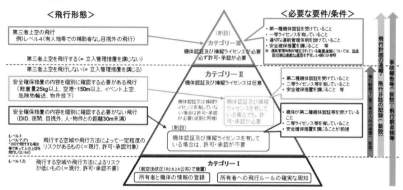

図2　機体認証のイメージ図（同『中間とりまとめ』7頁）

1）型式認証を経る場合

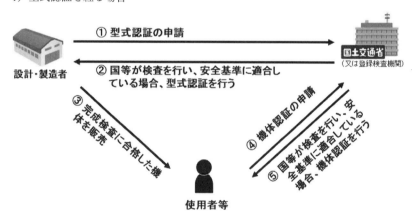

2）型式認証を経ない場合

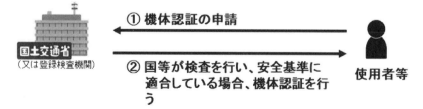

第 10 章　新技術と航空

図3　指定試験機関制度の図（同『中間とりまとめ』9 頁）

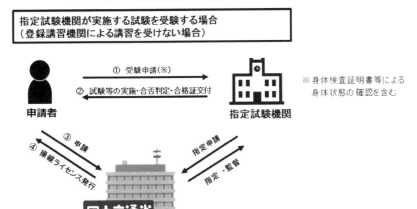

図4　無人航空機操縦者技能証明に関する法体系（令和 5 年 4 月 5 日時点）（https://www.mlit.go.jp/common/001510314.pdf）

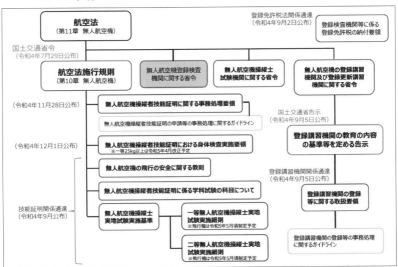

申請・審査が簡略化し，ドローン飛行の際の各種申請が容易になり，目視ができない場所においてもドローン飛行が可能となった。

　これらの改正により，技能証明を有する者が機体認証を受けたドローンを飛行させる際には，国の許可・承認を得たうえで，これまで飛行が禁止されていたリスクの高い区域（レベル4）での飛行が可能となる。また，これらの改正は従来必要だった許可・承認の手続きを合理化し，ドローンの利活用をさらに促進する制度へと進化させた。

　この改正は，2020年に導入されたドローン登録制度に加え，レベル4飛行を見据えた制度整備を行ったものであり，ライセンス制度，機体認証制度，カテゴリー制度を組み合わせ，飛行リスクに応じた許可・承認手続きをより効率的に行えるようにするものである。

3　空飛ぶクルマとドローン・特区 ── 国家戦略特区における規制緩和
(1) 国家戦略特区制度

　ドローンのみならず，空飛ぶクルマに関しても議論が進んでいるが，特に空飛ぶクルマは実現可能性も含めてどのように実施するのかが課題となっている。この点，活用可能性が検討されてきたのが国家戦略特区である。国家戦略特区は，2013年に地方創生戦略の一環として導入された。この特区は，従来の規制改革を進める拠点としても位置づけられ，各地域で大幅な規制緩和が図られている。

　国家戦略特区の特徴は，従来の地域主導によるボトムアップ型の特区とは異なり，民間の有識者の知見を取り入れつつ，国が主導するトップダウン型のアプローチが採用されている点にある。国と地域が有機的に連携し，民間も含めた三者一体のプロジェクトが進められている。この特区の狙いは，大胆な規制や制度改革の突破口となることである。

(2) 特区と規制のサンドボックス制度

　2017年6月に国家戦略特別区域法および構造改革特別区域法の一部を改正する法律案が可決された。この改正法の附則第2条第2項には，「政府は，産業の国際競争力強化および国際的な経済活動の拠点形成を推進する観点から，自動車の自動運転や小型無人機の遠隔操作，自動操縦，その他これらに類する高度技術に基づく事業活動が積極的に行われるよう，法律の施行後1年以内を目途に関連規制の見直しを行い，集中的な推進のための施策を検討し，必要な

措置を講じる」旨が規定されている。

　この改正案には無人航空機に関する規制も盛り込まれ，国家戦略特別区域諮問会議で提案されたレギュラトリー・サンドボックス制度に基づくものであった。サンドボックス制度とは，現行法の規制を一時的に停止し，特区内で新技術の実証を可能にする制度であり，ドローンや自動運転技術の実証実験を円滑に進めるための仕組みである。

(3) **サンドボックス制度活用の例 —— ドローンと特区**

　このようなレギュラトリー・サンドボックス制度を活用した規制緩和を見越して，国家戦略特区に指定された千葉市では，ドローンを用いた宅配の実証実験が繰り返し行われている。しかし，特区における規制緩和が安全性への配慮を免除するものではないため，特に人口密集地域である千葉市において，どのように安全対策を講じつつドローン宅配を進めていくかが重要な課題となっている。

II　宇宙技術と航空

1　宇宙とは

　宇宙とは，日常用語としては，地球の外にある空間（outer space）を意味する。岩石惑星である地球は，窒素，酸素等を構成要素とする大気（空気）によって覆われている。地球大気は，温度変化によって，対流圏（場所や季節により，約10〜16kmまで），成層圏（〜約50km），中間圏（〜約80km），熱圏（〜約500km）に区分され（これを，地球大気の鉛直構造という），その外が外気圏となる。高層に行くほど空気の密度は低くなり真空状態に近づく。

　現在のところ，大気圏の中で空域と宇宙空間とを空間的に区分する境界線は定まっていない。1944年国際民間航空条約（シカゴ条約）1条は，各国に領域上の空間について完全かつ排他的な主権（領空主権）を認める一方で，1967年に発効した宇宙条約は，月その他の天体を含む宇宙空間における主権の主張を制限し（領有禁止。2条），宇宙空間の探査および利用は，すべての国の利益のために行われること（1条1文），ならびにすべての国に宇宙活動の自由が保障されることを定める（同2文）。ただし，両条約ともに，「空域（airspace）」および「宇宙空間（outer space）」を定義しておらず，両者の境界についての国際的な合意は存在しない。これに対して，航空スポーツに関わる国際航空連盟

(Fédération Aéronautique Internationale, FAI) などは，機体が空気の力によって自力飛行することのできる限界として引かれた仮想の線（カーマンライン。現在のところは海抜高度100kmに設定）を基準として宇宙を定義する。その一方で，一定の高高度では宇宙空間と同様の体験（地球を外から眺める）が可能となるため，たとえば成層圏までの飛行であっても，商業的には「宇宙旅行」と称される状態にある。

ある物体が人工衛星として地球周回をするためには，一定の高度に到達するだけでなく，地球の引力によって降下しないように，低軌道（～2000km）の場合で秒速約7.9km（第一宇宙速度）の推力を得る必要がある。そのため，人工衛星が周回をすることのできる最低の高度は160km程度とされる（ギネス記録を持つJAXAの超低高度衛星SLATSつばめの周回高度は167.4km）。国際宇宙ステーション（ISS）は約400km，静止軌道衛星（放送衛星や気象衛星）は約36,000kmの軌道を周回している。月その他の天体への飛行のためには，引力を振り切って軌道を脱出する速度である第二宇宙速度（秒速約11km）が必要となる。

2 宇宙飛行のはじまり

19世紀半ばに公表されたジュール・ベルヌの二部作『月世界旅行』に代表されるように，宇宙への飛行は，長い間，創作の世界の出来事であった。宇宙飛行が物理的に可能となるためには，①地球の重力（引力）に抵抗して宇宙空間まで物体が上昇する力と②空気のない環境でも推進することのできる力が必要となる。19世紀末頃には，「宇宙飛行の父」と呼ばれるコンスタンチン・ツィオルコフスキーが，ロケットエンジンによってこれが実現できることを科学的に証明した。ロケットエンジンは，第二次世界大戦中にミサイルや戦闘機（日本海軍の桜花など）のエンジンとして実用化され，ナチスドイツ時代にヴェルナー・フォン・ブラウンが開発した弾道ミサイル・V2ロケットは，その後の米国および旧ソ連によるロケット開発の基礎となっている。

1957年から58年にかけて開催された地球観測プロジェクト・国際地球観測年（IGY）は，各国の科学技術力の高さを競い合う国家間競争の側面も有していた。1957年10月，世界初の人工衛星スプートニク1号が，旧ソ連のバイコヌール宇宙基地（現カザフスタン）から地球周回軌道に打ち上げられた。翌58年2月には米国も人工衛星エクスプローラー1号の打上げに成功し，その後も

米ソの宇宙開発競争が激化する。日本は，1970年に鹿児島県宇宙空間観測所から人工衛星おおすみを打ち上げ，世界で4番目に人工衛星の打上げに成功した国となる。

年間数十件程度であった人工衛星の打上げ輸送は，地上における宇宙システム（地球周回衛星による通信・放送，測位，地球観測など。さらに，複数の衛星が連携して機能するコンステレーション化）の普及，宇宙開発利用形態の拡張（宇宙滞在，惑星探査，デブリ除去その他の軌道上サービスの発展）などに伴い，年々増加してきた（2023年には年間200件以上）。また，打上げの90％以上が成功し，かつ打上げ輸送の大部分を民間企業が担うなど，安定した輸送手段として確立しつつある。とりわけ低軌道への小型衛星輸送や宇宙旅行ビジネスなどのマーケットには，各国で新規参入が続く。1996年から2004年に開催された有人宇宙機の開発レース・アンサリXプライズは，2000年代初頭以降から始まる宇宙産業の構造変化（NewSpace）を象徴する出来事のひとつである。同賞は，チャールズ・リンドバーグが1927年に大西洋単独無着陸飛行に成功して獲得したオルティーグ賞を参考にしたものである。

3　ロケットの打上げと航空法
(1) ロケット打上げの仕組み

航空機は，流体である空気の中を進む物体が垂直に受ける力（揚力）によって上昇する。これに対して，典型的な宇宙飛行は，機体（ロケット）に搭載されたエンジンの燃焼から発生するガスの噴射により機体を上昇させる。ロケットエンジンには，大きく分けて①固体燃料式（構造が単純で起爆力はあるが，長期間は持続しない）と，②液体燃料式（液体酸素等の酸化剤と液体燃料とを混合して燃焼させる。固体燃料式よりも制御が容易かつ比推力が高い）がある。ロケットエンジンは，酸化剤となる化学物質をロケットに搭載することで空気の薄い空間でも推進することができる（ジェットエンジンは，酸化剤として大気中の酸素を使用する）。

軌道周回のためには，さらに高速で推進する必要がある。そこで，全体の質量を軽くするために，燃焼を終えた部分を切り離しながら複数回に分けてロケット噴射を行う多段式ロケットが使用される。多段式ロケットの多くは，使い捨てロケット（expendable launch vehicle, ELV）であり，第1段ロケットその他の構成部分（衛星フェアリングやブースタ）は地球上に落下する。そのため，飛

行経路だけでなく，落下物に関しても，空域にある航空機等との接触を避ける必要がある。

また，一定の速度に達しない場合も，機体は地球の引力によって降下する。このような飛行を，とくにサブオービタル飛行または弾道飛行という。サブオービタル飛行は，空域や宇宙空間における観測（観測ロケット）のほか，短時間の宇宙体験を提供する宇宙旅行サービスにおいて使用される。

近年では，打上げコストを下げるためにロケットの再使用が進められている（再使用型ロケット。reusable launch vehicle, RLV）。再使用の方法としては，①落下後のロケットを回収するものと，②ロケットが逆噴射等をして地上に着陸するものがある。

(2) ロケット打上げの法的性質

打ち上げられたロケットは，多くの場合，領空または公海上の空域を通過して宇宙空間に到達する。1で見たように，空域と宇宙空間とを区分する境界線は法的に定まっていないため，仮に空域が人工衛星の周回高度まで続くとすれば，この人工衛星は他国上空を通過していることとなる。しかし，1957年以降の打上げによっても人工衛星の周回が被通過国の領空を侵犯しているとの主張は見られなかった。この理解を前提に，1967年宇宙条約は，すべての国の宇宙活動の自由（1条2文）を定める。打上げを含む宇宙活動に関して，条約の関係当事国には，民間企業などの非政府団体によるものも含めて許可と継続的監督が求められる（宇宙条約6条）。この義務を履行するため，日本では2016年に宇宙活動法が制定され，打上げ用ロケットによる人工衛星の打上げについて許可制度が設けられている（宇宙活動法4条1項）。

現行の日本宇宙活動法は，「人工衛星」を「地球を回る軌道若しくはその外に投入し，又は地球以外の天体上に配置して使用する人工の物体」（法2条2号）と定義するため，到達高度にかかわらず，軌道周回をしないサブオービタル飛行は宇宙活動法の許可対象とはなっていない。サブオービタル飛行を行う機体については，宇宙空間に打ち上げられたとしても，宇宙物体として国際登録を行う義務はなく（宇宙物体登録条約2条1項参照），その打上げが宇宙条約の適用対象となる活動であるかどうかも定かではない。

サブオービタル機の打上げを宇宙活動の一種として規律する国内法制においても定義の手法はさまざまある。①軌道周回をしない飛行であって，ロケット推進による上昇時の推力が揚力に勝るものとする法制（米国。ただし，高度

150km までの無人小型ロケットは，アマチュアロケットと定義される），②一定の高高度以上の飛行とする法制（イギリス（成層圏を越える），ニュージーランド（FL600 かつ航空交通管制の上限を越える）），反対に，③一定高度までの飛行であって，一定の推進力を有するロケットエンジンを用いるのかどうかを基準とする法制（オーストラリア。100km 未満）などがある。また，成層圏プラットフォーム（High Altitude Platform Station, HAPS）の運用と同様に，サブオービタル機の打上げと帰還を高高度空域活動（Higher Airspace Operations, HAO）の一種として把握しようする動きもある。

　日本では，サブオービタル機を含め，空域を通行するロケットを航空機としては取り扱っていない。航空機とは，「人が乗つて航空の用に供することができる飛行機，回転翼航空機，滑空機，飛行船その他政令で定める機器」（航空法2条1項）と定義され，有人機との限定はあるものの，ロケット噴射により上昇する機体を航空機の定義から除外していないように捉えられる（シカゴ条約第7附属書は，「大気中における支持力を，地表面に対する空気の反作用以外の空気の反作用から得ることのできる機体」として，揚力による上昇を基準に航空機を定義する）。しかしながら，航空法134条の3第1項は，航空機の飛行に影響を及ぼすおそれのある行為としてロケットの打上げを位置づけており，サブオービタルロケットを含むロケットは，空域においても航空機として飛行するものではないと解される。これに対して，ロケットであっても，空域にある間は航空機として取り扱う法制もある（ドイツ，カナダ）。

(3) 安全性の確保

　飛行物体は，機体や落下物が物理的に接触することなどにより，第三者に損害を与えることが懸念される。たとえば，周辺住民がロケットの有毒ガスを吸い込む，ロケットが空中で航空機に衝突する，ロケットの落下物が海上航行中の船舶に衝突するといった事態が考えられる。そこで，飛行に先立って，衝突回避その他の公共の安全を確保するための規制（安全規制）が求められる。

　航空機は，機体についての耐空証明を受けて航空の用に供される機体である（航空法10条，11条1項本文）。加えて，パイロットの技能証明，航空交通ルール，航空交通管制等により，人または財産との衝突を回避する。これにより，自国だけでなく他国の有人地域であっても，その上空を飛行することが認められる（シカゴ条約5条）。

　これに対して，現在のところ，ロケットには航空機のように機体の耐空性を

証明する仕組みは採用されていない。実際にも，航空機に適用される耐空性の審査基準と同等の基準をロケットに求めることは困難である。宇宙活動法は，安全確保の観点から，ロケットの性能（宇宙活動法6条1号，同施行規則7条（ロケット安全基準））および打上げに用いられる射場の適合性（同法6条2号，同施行規則8条（型式別施設安全基準））を審査する。さらに，打上げの日時，警戒区域（陸上，海上，上空）および落下予想区域を設定した上で，あらかじめ当該区域への航空機等の立入りを制限して打上げが実施される（同法6条3号）。落下予測域が一定の限界線と接触する場合は，ロケットの指令破壊等の飛行中断措置により海上の船舶や上空の航空機等との衝突が回避されることとなる。サブオービタル機の打上げについても，JAXAの内部基準や業界の自主規制（日本航空宇宙工業会（SJAC）弾道ロケット打上げ安全実施ガイドライン）に従って立入り制限などが実施されている。

(4) 第三者に対する責任

事前の安全規制にもかかわらず，第三者損害が発生した場合は，被害者に対する損害の補償が課題となる。航空機事故の場合とは異なり（本書第6章），宇宙活動法では，ロケットの打上げに伴う第三者損害（ロケット落下等損害）については，無過失責任が定められている（法35条，2条8号）。さらに，一定金額の損害賠償担保措置（第三者損害賠償責任保険への加入および政府補償契約の締結または供託）を講ずることが打上げの要件となり（法9条1項，2項，39条），損害額がこれを超える場合は，打上げ実施者が政府との間で補償契約（法40条2項）を締結することで被害者に対する賠償資力を確保する仕組みが採用される。

4　航空宇宙機と航空法

(1) 宇宙飛行の多様化

宇宙飛行は，一定高度までは空気のある空域を通過する。そこで，ロケットの軽量化，コストダウン，有人飛行における急激な減圧の回避等の目的から，宇宙飛行のうち，空域においては空気を利用して飛行をする形態がある。①まず，新たなロケットエンジンとして，空域では大気中の酸素を使用し，宇宙空間では液体酸素を酸化剤とするエアブリージングエンジンが開発されている。②さらに，米国スペースシャトル（1981-2011年）および米Sierra Space社のDream Chaserなどの往還機や有翼のサブオービタル機のように，宇宙からの降

下時に滑空機(グライダー)として降下する機体,③一定の高度までは航空機に牽引されるロケット(米 Virgin Galactic 社の SpaceShipTwo など)がある。②および③の機体は,打上げ射場ではなく,滑走路や航空交通管制などの航空インフラを使用する。②および③の機体は,航空宇宙機(aerospace object)と呼ばれている。

(2) 航空宇宙機の法的性質

航空宇宙機は,飛行の過程で揚力を用いること,空港などの航空インフラを使用することから,航空機として航空法制の適用を受けることが考えられる。日本では,小型の無人サブオービタル機について無操縦者航空機(航空法87条1項)として飛行を許可した実績がある。また,国際民間航空機関(ICAO)も,有翼サブオービタル機によって地上二地点間の輸送が行われる段階では,国際航空運送としてICAOの所掌事項となるとの見解を有している。しかしながら,宇宙往還機の場合,有翼サブオービタル機の飛行が一定の高高度を越える場合,有翼サブオービタル機から人工衛星が発射される場合については,既存の宇宙活動としての特徴も備えている。そこで,このような航空宇宙機の持つ両面性に即した新たな法体系(航空宇宙機法)の確立が模索されている。

5 宇宙運送と航空法

(1) 商法の適用

宇宙輸送の多くは,打上げ輸送サービス契約や宇宙旅行契約に基づいて商業的に実施されている。日本でも,人工衛星の輸送のほか,航空宇宙機を用いた有人輸送が計画されている。航空運送における債権債務関係は,モントリオール条約,商法,各社の航空運送約款等によって規律される。これに対して,宇宙輸送を引き受ける契約の法的性質は明らかではない。運送とは,ある地点から他の地点への物または人の物理的移動を意味する(商法502条4号参照)。ロケットまたは航空宇宙機による輸送も,同様に物または人の物理的移動という事実行為を引き受けるものであり,商法上の「運送に関する行為」(同号)に該当する。しかしながら,現行の商法は,「運送人」を「陸上運送,海上運送又は航空運送の引受けをすることを業とする者」(569条1号),航空運送を航空法2条1項に定める航空機による運送と定義するため(同4号),ロケットによる打上げ輸送サービスは商法上の運送契約ではない(ロケット打上げの法的性質については,3(2)参照)。これに対して,航空宇宙機による輸送の一部は,

「航空機」によるものとして，商法上の航空運送と性質決定される余地がある（**4**(2)参照）。

(2) 人工衛星の運送

人工衛星の打上げ輸送サービス契約においては，債務の履行完了時点を「打上げ」時とする約定が一般的である。打上げとは，ペイロードとなる人工衛星が予定の軌道に投入されることではなく，メインエンジンへの点火指令などにより打上げ作業が人為的には不可逆となった時点（液体燃料の場合は，エンジン点火後も燃焼を中止させることができるため，補助となる固体ロケットブースタへの点火指令時）とされている。したがって，打上げ後に人工衛星が予定の軌道に投入されなかったとしても，運送人である打上げ実施者は対価を受け取ることができる（顧客の損失は，打上げ保険によってカバーされる）。

航空運送中の貨物の滅失または損傷に関しては，航空運送人がその責任を負うのに対して（モントリオール条約18条1項），打上げ輸送サービス契約においては，当事者間において相互免責が合意されるため，打上げ実施者は，注意義務違反があったとしてもこれによる責任を免除される。

(3) 旅客の運送（宇宙旅行）

国際宇宙ステーションや地球周回軌道に人を輸送するサービスは，米国および（現在は停止しているが）ロシアにおいてすでに実施されている（オービタル宇宙旅行）。費用面での優位性から，現在実施または計画される宇宙旅行サービスの多くはサブオービタル機を用いたものである（サブオービタル宇宙旅行）。参加者との契約は，「運送人が旅客を運送することを約し，相手方がその結果に対してその運送賃を支払うことを約する」ものであり，航空宇宙機を航空機と性質決定する場合（**4**(2)参照）には，商法上の旅客運送契約（商法589条），航空機でないとしても，これと同様の性質を有する契約と性質決定することができる。

旅客の死傷損害について，航空運送の場合は，モントリオール条約および商法の片面的強行規定が適用され，その責任を免除し，または注意義務を軽減する特約は無効となる（モントリオール条約21条1項2項，商法591条1項）。そこで，宇宙運送については，人工衛星の打上げの場合（(2)参照）と同様に，旅客との間で相互免責を合意することができるのかどうかが問題となる。先行して法整備を行っている米国では，旅客（passenger）ではなく宇宙飛行参加者（space flight participants）と性質決定し，事業者との間での相互免責の合意を要

求する。打上げライセンスの受給者は，宇宙飛行参加者に対し，宇宙飛行に関するリスク，国が機体の安全性を証明していないことなどを説明し，書面による同意を得なければならない（これをインフォームド・コンセントと呼ぶ）。

〔寺田麻佑・笹岡愛美〕

参考文献
小塚荘一郎・佐藤雅彦編『宇宙ビジネスのための宇宙法入門〔第 3 版〕』（有斐閣，2024 年）
小塚荘一郎・笹岡愛美編『世界の宇宙ビジネス法』（商事法務，2021 年）
宇賀克也『逐条解説宇宙二法』（弘文堂，2019 年）
青木節子『日本の宇宙戦略』（慶應義塾出版会，2006 年）

第11章　航空に関する国際人道法

> **要　旨**
>
> Ⅰ．国際人道法は，戦争における犠牲者の保護と戦争の方法および手段の制限・禁止を定めた条約と慣習国際法の総称である。かつては戦時国際法，戦争法と呼ばれていたが，第二次世界大戦後は武力紛争法，国際人道法と呼ばれるようになった。国際人道法には，戦争犠牲者の保護を定めるジュネーヴ法と戦争の方法と手段の制限・禁止を定めるハーグ法が存在する。
>
> Ⅱ．第一次世界大戦における航空機の本格的な使用をうけて，1923年に空戦規則が採択された。空戦法規は適用範囲などの基本的な内容のほか，戦闘の方法に関する規定や航空機の捕獲などについて定めている。この法規は未発効のままであるが，国際人道法では空戦に関する重要な文書である。
>
> Ⅲ．1949年にジュネーヴ四条約が採択され，航空衛生機の規定がおかれた。1977年にはジュネーヴ四条約に追加される二つの議定書が採択され，ジュネーヴ四条約を補完した。とくに第一追加議定書では，医療用航空機について規定され，また，地上の文民たる住民への攻撃（空襲）が禁止された。
>
> Ⅳ．現在の国際法では空の範囲は決まっていない。また，戦争においては，新しい兵器や戦闘方法が登場している。新しい課題に国際人道法の条文が対応していなくとも，これらは国際人道法の原則とマルテンス条項のもとにおかれる。

I 国際人道法の基本的内容

1 概　要

　国際人道法は，戦争における犠牲者の保護と戦争の方法と手段（兵器）の制限・禁止に関する条約や慣習国際法の総称である。条約と慣習国際法は，国際法における重要な二つの法源である。条約は，文書による国家間の合意で，国際法に規律されるものである（「条約法に関するウィーン条約」第2条1項(a)）。名称は問わないため，憲章，議定書，規程などの用語が条約のかわりに使用されることがある。慣習国際法は，「法として認められた一般慣行の証拠としての国際慣習」である（「国際司法裁判所規程」第38条1項b）。原則として，条約はその条約を締結した国家のみを拘束するのに対して，慣習国際法はすべての国家を拘束する。国内法において慣習法の果たす役割は限られてきているが，国際法においては，現在でも慣習国際法は条約とならび，法源として重要である。

　国際人道法の歴史は古く，かつては戦時国際法あるいは戦争法とよばれていたが，第二次世界大戦後，国際連合（国連）憲章下で戦争が違法化され，また，宣戦布告を伴わない戦争が増えるとともに，武力を伴う紛争という状態を重視し，武力紛争法と呼ばれるようになった。さらに1970年代頃より，人権の考え方が取り入れられ，国際人道法という名称も使われるようになった。戦時国際法，戦争法，武力紛争法，国際人道法は基本的には同じものだが，本章では歴史的な記述においても，現在一般的になってきている国際人道法を使用する。

　国際人道法は，古くは慣習国際法として存在していたが，19世紀なかばから法典化が進み，関連する条約が採択されてきた。1864年には「戦地軍隊ニ於ケル傷者及病者ノ状態改善ニ関スル条約」（ジュネーヴ条約）が締結され，陸戦における傷病兵の保護や赤十字標章について明文化された。1899年には，ロシア皇帝ニコライ二世の提唱でハーグ万国平和会議が開催された。会議の第一の目的であった軍縮には進展がなかったものの，戦争の手段と方法の制限・禁止を定めた一連のハーグ諸条約が採択された。

　なお，武力紛争に関する国際法は大きくわけると，武力行使に訴えることを合法かどうか判断する jus ad bellum と，武力紛争において交戦者の行為を規制する法である jus in bello がある。前者は，国連憲章の下，武力行使が禁止され，例外として国連安保理による軍事的強制措置と国家による自衛権の発動が許さ

れている（国連憲章第2条4項，42条，51条）。たとえば，2022年2月にロシア連邦がウクライナに侵攻して始まったウクライナ戦争は，ウクライナによる自衛権の行使の例といえる。後者は，交戦国と中立国の関係を規律する中立法と，国際人道法に分類されている。最近の事例としてウクライナ戦争では，民間人への攻撃や捕虜への拷問・虐待行為が問題となっている。本章では，航空に関連する国際人道法を扱う。中立法の分野も空戦規則やジュネーヴ諸条約に入っているが，原則として，国際人道法の分野のみを扱うこととする。

2　ジュネーヴ法とハーグ法

　上記のとおり，国際人道法には，大きく分類すると，戦争犠牲者の保護を定めるジュネーヴ法と戦争の方法と手段の制限・禁止を定めたハーグ法が存在する。現在のジュネーヴ法は主に，1949年のジュネーヴ諸条約と三つの追加議定書から成り立っている。ジュネーヴ諸条約は戦時において保護する対象別になっている。すなわち，陸戦における傷病兵の保護は「戦地にある軍隊の傷者及び病者の状態の改善に関する千九百四十九年八月十二日のジュネーヴ条約」（第一条約），海戦における傷病兵の保護は「海上にある軍隊の傷者，病者及び難船者の状態の改善に関する千九百四十九年八月十二日のジュネーヴ条約」（第二条約），捕虜の保護は「捕虜の待遇に関する千九百四十九年八月十二日のジュネーヴ条約」（第三条約），文民の保護は「戦時における文民の保護に関する千九百四十九年八月十二日のジュネーヴ条約」（第四条約）が各々規定している。

　第二次世界大戦後，国家間の戦争が減少し，ゲリラ戦が増加するなど，戦争の形態に様々な変化がみられるようになった。そして，そのような変化に対応するため，1977年に二つの追加議定書が採択された。これらは戦争の形態別に対応している。すなわち，国際的武力紛争には「千九百四十九年八月十二日のジュネーヴ諸条約の国際的な武力紛争の犠牲者の保護に関する追加議定書（議定書Ⅰ）」（第一追加議定書）が，非国際的武力紛争には「千九百四十九年八月十二日のジュネーヴ諸条約の非国際的な武力紛争の犠牲者の保護に関する追加議定書（議定書Ⅱ）」（第二追加議定書）が，それぞれ対応している。さらに，2005年には，「千九百四十九年八月十二日のジュネーヴ諸条約の追加の特殊標章の採択に関する第三追加議定書」が採択され，赤十字・赤新月標章に加えてRed Crystal（赤いクリスタルまたは赤水晶。邦訳未定）標章を導入した。

　ハーグ法は，1899年のハーグ諸条約が改正されて成立した1907年のハーグ

諸条約とおもに兵器の制限・禁止について定めた関連の条約からなる。1907年のハーグ諸条約はその後，改正されず，条約によってはすでに使用されないものもあるが，「陸戦ノ法規慣例ニ関スル条約」（ハーグ陸戦条約）のように今日でもハーグ法の中心に存在する条約もある。空戦に関しては，1923年2月12日にハーグで調印された「空戦に関する規則」（空戦規則）があるが，条約としては未発効の状態である。また，文化財への攻撃を禁止する「武力紛争の際の文化財の保護に関する条約」（武力紛争文化財保護条約）もハーグ法に分類される。

ハーグ法には兵器に関する条約が多い。たとえば，第一次世界大戦で毒ガスが使用されたことをうけて，1925年には「窒息性ガス，毒性ガス又はこれらに類するガス及び細菌学的手段の戦争における使用の禁止に関する議定書」（毒ガス議定書）が成立した。1980年には「過度に傷害を与え又は無差別に効果を及ぼすことがあると認められる通常兵器の使用の禁止又は制限に関する条約」（特定通常兵器禁止条約）が締結され，この条約の5つの議定書でブービートラップや焼夷兵器など特定の兵器の使用が制限・禁止されている。近年では，核兵器の保持や使用などを全面的に禁止する「核兵器の禁止に関する条約」（核兵器禁止条約）が2017年に国連総会で採択された（2021年発効）。

3　国際人道法の適用

国際人道法は，国家間の武力紛争と民族解放戦争，すなわち国際的武力紛争と，ある国家のなかの武力紛争である非国際的武力紛争に適用される。かつては，国際的武力紛争にのみジュネーヴ法とハーグ法の条約が適用されたが，スペイン内戦などの悲惨な内戦をうけて，1949年のジュネーヴ諸条約に共通する第3条（共通第3条）は，「国際的性質を有しない武力紛争」にも適用されるようになり，内戦にもジュネーヴ諸条約の保護が，基本的な内容のみではあるが，及ぶようになった。さらに，1977年には第二追加議定書が，国際的武力紛争ではない武力紛争で，「締約国の領域において，当該締約国の軍隊と反乱軍その他の組織された武装集団（持続的にかつ協同して軍事行動を行うこと及びこの議定書を実施することができるような支配を責任のある指揮の下で当該領域の一部に対して行うもの）との間に生ずるすべてのもの」に適用されることとなった（第1条1項）。第二追加議定書は，内戦にのみ適用される条約としては最初の条約となった。

国際人道法はこのように，国際的武力紛争であろうと，非国際的武力紛争で

あろうと，武力紛争に適用されるが，暴動や騒擾など武力紛争にいたらない状態には適用されない（第二追加議定書第 1 条 2 項）。このような場合には，国際人権法が適用される。また，赤十字国際委員会は人道的イニシアティブを行使して，犠牲者保護の活動を行うことができる。

II 航空に関する国際人道法 ── 第二次世界大戦まで

1 第一次世界大戦までの動き

国際人道法において，空に関する条約が最初に採択されたのは，1899 年であった。第一回ハーグ平和会議において，「軽気球上ヨリ又ハ之ニ類似シタル新ナル他ノ方法ニ依リ投射物及爆裂物ヲ投下スルコトヲ五箇年間禁止スル宣言」が採択された。この条約は 5 年間のみ有効であったため，1907 年に第二回ハーグ平和会議で「軽気球上ヨリ投射物及爆裂物ノ投下ヲ禁止スルコトニ関スル宣言」が採択された。しかし，主要国は批准せず，また，有効期間も第三回平和会議までとされたが，第三回の会議は開催されなかった。

1907 年に開催された第二回ハーグ平和会議では，一連のハーグ諸条約が締結されたが，これらの条約ではまだ空襲に関する規定はなかった。しかし，ハーグ陸戦条約の附属書である「陸戦ノ法規慣例ニ関スル規則」（ハーグ陸戦規則）は宗教施設や文化財への攻撃禁止を（第 27 条），また，「戦時海軍力ヲ以テスル砲撃ニ関スル条約」は軍事目標への攻撃について（第 2 条），それぞれ定め，これらの条文がもとになり，以下に説明されるような空戦規則における該当条文が成立した。

2 1923 年の空戦規則

(1) 背 景

第一次世界大戦後，1921 年 11 月から開催されたワシントン会議では，空戦に関する討議も議題に入っていたが，会議では潜水艦と毒ガスが主な議題となったため，空戦に関しては，ハーグ法律家委員会にゆだねられた。そして，1922 年から 23 年にかけて，第一次世界大戦の戦勝 5 か国にオランダを加えてハーグ法律家委員会が開催され，1923 年に空戦規則が採択された。上記 6 か国がこれに調印したが，未発効のままとなっている。しかしながら，第一次世界大戦で飛行船や航空機から敵国を空襲し，あるいは空中において戦闘が本格

的に行われたため，空戦規則はそれらを国際法に反映した最初の事例となった。以下，空戦規則の主な内容を概観する。

(2) 適用範囲・航空機の種類・交戦者に関する規定

空戦規則は，空戦法規が適用される航空機は「全ての航空機」と規定し（第1条），「軍用航空機」と「専ら公務に用いられる非軍用航空機」以外は，私航空機は（第2条）。そして，交戦権の行使は軍用航空機に限られる（第13条）。軍用航空機の要件としては，「国の軍務に関して正式に任命されるか，又は軍役に編入された者の指揮の下に置かれる」ことと，乗員を軍人に限ることが挙げられている（第14条）。乗員は，遠くからでも認識できる「固着された特徴のある記章を身に着ける」と規定されている（第15条）。

(3) 戦闘の方法に関する規定

空戦規則第4章（第18条〜第29条）は，戦闘の方法についてとくに定めている。ハーグ法は，国際人道法の保護に関連して敵の信頼を裏切る目的をもって行われる行為，すなわち背信行為を禁止している。これに関して，空戦規則は虚偽の外部標識を使用することを禁止している（第19条）。

空襲については第22条から第26条で規定している。第22条は「文民たる住民を威嚇し，軍事的性質を有しない私有財産を破壊し若しくは毀損し，又は非戦闘員を損傷することを目的とする空襲は，禁止する」と定め，民間人への空襲を禁止したのである。そして，第24条は軍事目標への空襲に限り適法とした。第24条1項はまず，抽象的な軍事目標を定義している。すなわち，軍事目標とは，その破壊または毀損が明確に軍事的利益を交戦国に与える目標である。そして第24条2項は軍事目標を列挙している。すなわち，「軍隊，軍事工作物，軍事建設物若しくは軍事貯蔵所，兵器弾薬若しくは明らかに軍需品の製造に従事する工場であって重要かつ公知の中心施設を構成するもの，又は軍事目的に使用される連絡路若しくは輸送路」が挙げられている。

第24条3項と4項は作戦行動からの距離によって，文民たる住民や民用物への攻撃に差を設けている。すなわち，「陸上部隊の作戦行動の直近地域でない都市，町村，住宅又は建物の爆撃は，禁止する」と規定する（第24条3項）一方，「陸上部隊の作戦行動の直近地域にお」ける都市，町村，住宅，建物への攻撃は，文民たる住民への危険を考慮するものの，「なお，そのような爆撃を正当化するのに十分なほどに，兵力の集中が重要であると考えることに理由」がある場合は，爆撃を適法としている（第24条4項）。

航空機から爆撃を行う対象で、保護される建物等としては、「公衆の礼拝、芸術、学術又は慈善の用に供される建物、歴史上の記念建造物、病院船、病院並びに病者及び傷者の収容所」が挙げられている。また、これらが軍事的な目的に使用されていない場合は、「指揮官は、できる限り損害を免れさせるため、必要な全ての措置をと」る必要がある（第25条）。さらに空戦規則は、保護地帯に関する規定も設けている。すなわち、「重要な歴史上の記念建造物」の周囲に「保護地帯」を設けることができる（第26条）。

間諜（スパイ）については、「敵対交戦国に通報する意思をもって隠密に又は虚偽の口実の下に行動して、飛行中に情報を収集し又は収集しようとする者」とし（第27条）、陸戦規則第30条により間諜は、現行中とらえられた場合は、裁判により罰せられうる（第29条）。

(4) 航空機の捕獲

民間航空機（空戦規則では私航空機）は捕獲の対象となる（第49条）。交戦国の軍用航空機には、非軍用公航空機と民間航空機に対し、臨検・探索のために、着陸を命じる権利がある（第50条）。敵国の民間航空機は、「全ての場合において捕獲を免れない」が（第52条）、中立国の民間航空機の捕獲には条件がある（第53条(a)～(k)）。民間航空機とその搭載貨物の捕獲は、捕獲審検手続に付され（第55条）、没収される（第56条）。

3　1944年のシカゴ条約と国際人道法との関係

1944年に採択された国際民間航空条約（シカゴ条約）は国際人道法ではないが、第89条において「この条約の規定は、戦争の場合には、交戦国であると中立国であるとを問わず、関係締約国の行動の自由に影響を及ぼすものではない」と規定している。これは、戦争が発生した場合には、シカゴ条約が停止することを意味している。そして、航空に関しても国際人道法が適用される。

Ⅲ　航空に関する国際人道法 —— 第二次世界大戦以降の動き

1　1949年のジュネーヴ諸条約

(1) 背　景

第二次世界大戦においては、戦争の主要当事国が敵の都市などへの空襲を行い、多くの民間人の死傷者が発生した。たとえば、重慶、コベントリー、ドレ

スデン,東京,ロンドンへの空襲が挙げられる。また,1945年8月に広島と長崎へ原子爆弾が史上初めて原子爆弾が投下されたが,これも空襲の事例とみることができる。

第二次世界大戦後,スイス政府は1949年4月21日から8月12日まで外交会議をジュネーヴで開催し,その結果,1949年8月12日に戦争犠牲者の保護を定めたジュネーヴ諸条約が採択された。これらの条約はその後,改正されることなく,現在にいたっている。

(2) 保護される者

1949年のジュネーヴ諸条約には,航空機に関連した規定が存在する。第一条約と第二条約はそれぞれ陸戦と海戦における傷病兵の保護を規定した条約であるが,まず,保護される者は「軍隊の構成員及びその他の者で,傷者又は病者」とされている(第一,第二条約とも第12条)。そして,「その他の者」として,軍隊に随伴し,軍隊の認可を受けている「文民たる軍用航空機の乗組員」(第一,第二条約とも第13条(4)),と「紛争当事国の…民間航空機の乗組員で,国際法の他のいかなる規定によっても一層有利な待遇の利益を享有することがないもの」(第一,第二条約とも第13条(5))が挙げられている。さらに,第二条約は海の特殊性を考慮して,傷病者以外にも「難船者」の保護を定めているが,難船を「航空機による又は航空機からの海上への不時着を含む」と規定している(第二条約第12条)。

第三条約は捕虜に関する条約であり,第4条で捕虜になる者の要件を定めている。軍隊の構成員は,敵にとらえられた場合,捕虜となるが(第4条A(1)),それに加えて「文民たる軍用航空機の乗組員」(第4条A(4))と「紛争当事国の…民間航空機の乗組員で,国際法の他のいかなる規定によっても一層有利な待遇の利益を享有することがないもの」(第4条A(5))は捕虜となるとしている。

(3) 航空機に関する規定

第一条約は第6章で,第二条約は第5章で「衛生上の輸送手段」の諸規定を置いている。両条約とも,傷病者や難船者を収容し,衛生要員や衛生材料を輸送する「衛生航空機」を,関係国間で「特別に合意された高度,時刻及び路線に従って飛行している間,攻撃の対象としてはならず,尊重しなければならない」,「衛生航空機の乗員は,敵の領域又は占領地域内に不時着した場合には,捕虜となる」と規定している(第一条約第36条,第二条約第39条)。

衛生航空機に関しては,中立国への飛行についても規定されている。すなわ

ち，衛生航空機は，中立国の上空を飛行し，「必要がある場合には」中立国の領域に着陸し，または，寄航することができるが，中立国への「事前の通告」が必要である。衛生航空機が中立地域に降ろす傷病者および難船者は，「国際法上必要がある場合」，中立国が抑留する（第一条約第37条，第二条約第40条）。

第三条約では，第75条に捕虜への救済品などの輸送手段として航空機への言及があるのみである。

第四条約は文民に関する条約である。この条約は第一，第二条約と同様に衛生航空機に関して規定している。すなわち，文民の傷病者，虚弱者，妊産婦を輸送し，あるいは衛生要員と衛生材料を輸送するのに「もっぱら使用される航空機は」，攻撃の対象とならず，尊重されなければならない（第22条）。もっとも，第一，第二条約では，衛生航空機が不時着した場合，乗員が捕虜になる旨の規定があるが，第四条約ではそのような規定はない。そのほか，第三条約と同様に第111条に非抑留者への救済品などの輸送手段として航空機への言及はあるが，第四条約における航空機に関連した実質的な条文は，第22条の衛生航空機の規定のみである。

(4) 内戦への適用

以上の条文は国家間の武力紛争に適用されるが，前述のとおり，ジュネーヴ諸条約には，内戦に適用する共通第3条が存在する。適用されるのは，「締約国の一の領域内に生ずる国際的性質を有しない武力紛争」であり，戦争犠牲者の基本的な人道的取り扱いを定めている。もっとも，共通第3条には，ジュネーヴ諸条約の他の条文にみられる衛生航空機やその他の航空機に関する規定はない。

2　1954年の武力紛争文化財保護条約

前述のとおり，空戦規則は文化財の保護を定めていたが，1954年には武力紛争文化財保護条約が採択された。航空機から文化財への攻撃について特別な規定があるわけではないが，「いかなる行為により文化財を損壊することも禁止」された（第4条3項）。なお，空戦法規では重要な歴史上の記念建造物を保護するためにその周囲に保護地帯を設けることを定めているが，武力紛争文化財保護条約は「武力紛争の際に動産の文化財を収容するための限定された数の避難施設，限定された数の記念工作物集中地区及びその他の特に重要な不動産の文化財」を特別の保護の下におく規定を設けている（第8条1項）。そして，保護を受ける条件の一つとして，これらが「攻撃を受けやすい地点となってい

る重要な軍事目標」から十分な距離にあることが求められているが，このような軍事目標として「飛行場」が挙げられている（同項(a)）。

3　1977年の二つの追加議定書
(1) 背　景
1949年のジュネーヴ諸条約成立後，戦争の形態が変化し，国家と国家の間の国際的武力紛争よりも，内戦や植民地独立のための紛争が多くなった。そして，南北ベトナム間の戦争にアメリカが介入したベトナム戦争は，ジュネーヴ諸条約の多くの課題を示した。そのような状況に対応するため，ジュネーヴ諸条約を改正するのではなく，ジュネーヴ諸条約を補完するための議定書を制定するため，「武力紛争において適用される国際人道法の再確認と発展に関する外交会議」が1974年から77年までジュネーヴで開催され，その結果，二つの追加議定書が1977年に採択された。第一追加議定書は，植民地解放戦争を含む国際的武力紛争に適用される条約である。第二追加議定書は，非国際的武力紛争に適用される条約である。

(2) 第一追加議定書と航空機
第一追加議定書は，衛生航空機について，医療用航空機（英語ではともにmedical aircraft）としてジュネーヴ諸条約より詳細に規定している。

医療用航空機は，「空路による医療用輸送手段」と定義され（第8条(j)），第一追加議定書第24条から第31条までに具体的な規定がある。第24条は，医療用航空機の尊重と保護を定める。そして，第25条から第27条は場所別に医療用航空機の保護について定めている。敵対する紛争当事者が支配していない区域では，医療用航空機の尊重と保護は敵対する紛争当事者の合意によらない（第25条）。それに対して，接触地帯または類似の地域では，「医療用航空機の保護は，…紛争当事者の権限のある軍当局の間の事前の合意によってのみ十分に実効的とな」り，また，合意のない場合は「医療用航空機は，自己の責任で運航される」（第26条1項）。「接触地帯」は，「敵対する軍隊の前線部隊が相互に接触している地域，特に前線部隊が地上からの直接の砲火にさらされている地域」と定義されている（第26条2項）。敵対する紛争当事者が支配している区域においては，「敵対する紛争当事者の権限のある当局からその飛行に対する事前の同意を得ていることを条件として」，医療用航空機は「引き続き保護される」と規定されている（第27条1項）。

紛争当事者は，医療用航空機を「軍事的利益を得ることを企図して」，あるいは情報データの収集のために使用してはならず（それぞれ第 28 条 1 項・2 項），また，自衛のためなどを除いて，武器の輸送を行ってはならない（第 28 条 3 項）。「敵対する紛争当事者が実際に支配している地域又は実際の支配が明確に確立していない地域の上空を飛行する医療用航空機」に対しては，検査のための着陸または着水を命じることができる（第 30 条 1 項）。

　(3) 第一追加議定書と空襲

　ジュネーヴ諸条約のうち第四条約は，第二次世界大戦において多数の民間人が犠牲になった反省もあり，1949 年に武力紛争における文民保護に関する条約として初めて成立したが，空襲への言及は全くなかった。

　第一追加議定書は，文民たる住民の一般的な保護を第 4 編第 1 部（第 48 条〜第 67 条）において定め，空襲という用語は使用していないが，空襲に関する規定を導入した。まず，文民たる住民と戦闘員，民用物と軍事目標を区別する区別原則を規定している（第 48 条）。また「攻撃」を「敵に対する暴力行為」と定義し（第 49 条 1 項），さらに，「この〔第一〕部の規定は，陸上の文民たる住民，個々の文民又は民用物に影響を及ぼす陸戦，空戦又は海戦について適用するものとし，また，陸上の目標に対して海又は空から行われるすべての攻撃についても適用する」と規定されている（第 49 条 3 項）。陸，海，空から地上への空襲は，第 1 部のもとにあるといえる。

　文民たる住民を攻撃の対象としてはならない（第 51 条 1 項）。無差別攻撃は禁止され，「特に」無差別な攻撃として，「都市，町村その他の文民又は民用物の集中している地域に位置する多数の軍事目標であって相互に明確に分離された別個のものを単一の軍事目標とみなす方法及び手段を用いる砲撃又は爆撃による攻撃」を規定している（第 51 条 5 項(a)）。攻撃の際は，目標が文民または民用物ではないなどを確認する予防措置を行う（第 57 条 2 項）。もっとも，「文民たる住民に影響を及ぼす攻撃については，効果的な事前の警告を与える」ものの，「事情の許さない場合は，この限りでない」（同項(c)）と規定している。

　(4) 第二追加議定書

　非国際的武力紛争について，第二追加議定書は医療用輸送手段の尊重と保護を定めているが，医療用航空機という用語を使用はせず，また，規定も一般的である（第 11 条）。また，文民たる住民の保護についても，攻撃の対象とはしてはならず，「文民たる住民の間に恐怖を広めることを主たる目的とする暴力

行為」を禁止しているが（第13条2項），第一追加議定書が定めている文民たる住民の詳細な保護規定はない。

Ⅳ 航空に関連する新しい課題と国際人道法の原則

　科学技術の進歩はめざましく，兵器の開発は日進月歩である。これに関連してここでは，二つの課題を取り上げる。まず，空の範囲が課題の一つである。領空には領域主権が排他的に及ぶが，宇宙にはそれが及ばず，宇宙法が規律する。宇宙法は本書の範囲外であるが，宇宙では平和利用が原則であり，核兵器および他の大量破壊兵器の地球の軌道上および天体への配備は禁止されている（「月その他の天体を含む宇宙空間の探査及び利用における国家活動を律する原則に関する条約」（宇宙条約）第4条）。このように国際法は空と宇宙を異なった空間として扱っているが，空の範囲については，これまで問題とはなっていなかった。アメリカ空軍は高度約80キロメートルとし，国際航空連盟は100キロメートルとしているなど，国際法上，確立した高度の範囲は存在せず，また，それであっても特に問題が生じてはいなかった。しかし，科学技術の進歩とそれに伴う兵器の進歩により，空の範囲については今後，問題となろう。

　第二に，新しい兵器や戦闘の方法が挙げられる。2011年9月11日のアメリカ同時多発テロ事件では，航空機がハイジャックされ，世界貿易センタービルなどに激突した。そして，これをうけて開始されたテロとの戦いにおいて，アメリカ合衆国などがテロリストに対してドローンを使用した。さらに，2022年2月に始まったウクライナ戦争や2023年10月から起こったイスラエル・パレスチナにおける紛争では，ドローンが兵器として多用され，これまでの戦争の方法を大きく変えるとともに，戦争とは関係のない民間人の犠牲が，問題となっている。

　国際人道法を含めた国際法において，新しい課題に対応した条約を採択するためには，多大な労力と時間が必要となり，容易ではない。では，新しい課題に国際人道法は無力か，というと，国際人道法の諸原則が存在し，これらは条約にも取り入れられている。諸原則の第一は，軍事的必要性と人道的考慮である。軍事的に必要な攻撃を行うことと，人道的な考慮をして犠牲者を保護することのバランスをとる必要がある。第二に，軍事目標と文民たる住民・民用物を区別する区別原則がある（第一追加議定書第48条）。武力紛争における攻撃は，

あくまでも軍事目標に限られる。しかし，軍事目標を攻撃する際，その周囲にある民間人・民用物に被害が生じることがある。その際は，過度な被害を生じさせないために，攻撃により得る利益と被害の均衡をとるのが均衡性の原則である（第一追加議定書第 51 条 5 項(b)）。第四に，戦争といえども，敵に対して使用できる手段は無制限ではなく，敵に過度な傷害を負わせない不必要な苦痛の防止原則がある（第一追加議定書第 35 条 2 項）。

　最後に，国際人道法で規律されていない新しい兵器や戦闘方法に対しては，マルテンス条項が存在する。これはロシアの外交官ヒョードル・マルテンスが 1899 年の第一回ハーグ平和会議で提唱したことから，このように呼ばれている。マルテンス条項は第一追加議定書にも取り入れられている。すなわち，「文民及び戦闘員は，この議定書その他の国際取極がその対象としていない場合においても，確立された慣習，人道の諸原則及び公共の良心に由来する国際法の諸原則に基づく保護並びにこのような国際法の諸原則の支配の下に置かれる」と定めているのである（第 1 条 2 項）。

　国際人道法は，新しい戦争の方法や手段に後追いで対応することがしばしばではあるが，明確に適用される条約や条文がなくとも，これらは国際人道法を流れる諸原則とマルテンス条項のもとにおかれる。　　　　　　　〔河合利修〕

参考文献

黒﨑将広・坂元茂樹・西村弓・石垣友明・森肇志・真山全・酒井啓亘『防衛実務国際法』（弘文堂，2021 年）
渡部茂己・河合利修編『国際法（第 4 版）』（弘文堂，2022 年）
岩本誠吾「標的殺害のための武装ドローンの使用に関する国際法的評価 ── 国連人権理事会報告を素材として」『京都産業大学世界問題研究所紀要』第 36 巻（2021 年）
Heinz Marcus Hanke, "The 1923 Hague Rules of Air Warfare", *International Review of the Red Cross*, No. 292, March 1993, pp.12–44
International Committee of the Red Cross HP, at www.icrc.org

〈編者〉

中谷和弘（なかたに・かずひろ）
東海大学法学部教授・東京大学名誉教授

菅原貴与志（すがわら・たかよし）
日本大学法学部教授・慶應義塾大学特任教授・弁護士

航空法学
2025年（令和7年）3月30日 初版第1刷発行

編　者		中谷和弘・菅原貴与志
発行者		今　井　　　貴
発行所		信山社出版株式会社

〒113-0033　東京都文京区本郷 6-2-9-102
TEL 03 (3818) 1019／FAX 03 (3818) 0344

Printed in Japan　　　　　　　　　印刷・製本／藤原印刷

Ⓒ編者者，2025．ISBN978-4-7972-5680-2 C3332

JCOPY〈出版者著作権管理機構　委託出版物〉
本書の無断複製は著作権法上での例外を除き禁じられています。複写される場合は、そのつど事前に、出版者著作権管理機構（電話 03-5244-5088、FAX03-5244-5089, e-mail: info@jcopy.or.jp）の許諾を得てください。

国際法研究 1〜15号 続刊
岩沢雄司・中谷和弘 責任編集

航空経済紛争と国際法　中谷和弘

経済安全と国際法　中谷和弘

世界の島をめぐる国際法と外交　中谷和弘

国家による一方的意思表明と国際法　中谷和弘

ロースクール国際法読本　中谷和弘

サイバー攻撃の国際法―タリン・マニュアル2.0の解説【増補版】
　中谷和弘・河野桂子・黒崎将広

宇宙法の位相 2025年2月最新刊
　青木節子・中谷和弘・菊地耕一・宇宙航空研究開発機構（JAXA）
　総務部法務・コンプライアンス課 編

宇宙六法　青木節子・小塚荘一郎 編

― 信山社 ―